Knacken Sie die Karrierenuss!

Jürgen Lürssen war 17 Jahre als Marketingmanager und Geschäftsführer bei mehreren großen Konzernen tätig. Seit 1999 ist er Professor für Marketing an der FH Lüneburg. Von ihm ist bereits erschienen: *Die heimliche Spielregeln der Karriere* (2001).

Jürgen Lürssen

Knacken Sie die Karrierenuss!

Alle Tools, die Sie brauchen

Campus Verlag
Frankfurt/New York

Bibliografische Information der Deutschen Bibliothek

Die Deutsche Bibliothek verzeichnet diese Publikation in der
Deutschen Nationalbibliografie. Detaillierte bibliografische Daten sind
im Internet über http://dnb.ddb.de abrufbar.
ISBN 3-593-37050-6

Das Werk einschließlich aller seiner Teile ist urheberrechtlich geschützt. Jede
Verwertung ist ohne Zustimmung des Verlags unzulässig. Das gilt insbesondere für
Vervielfältigungen, Übersetzungen, Mikroverfilmungen und die Einspeicherung und
Verarbeitung in elektronischen Systemen.
Copyright © 2003 Campus Verlag GmbH, Frankfurt/Main
Umschlaggestaltung: Guido Klütsch, Köln
Satz: Fotosatz L. Huhn, Maintal-Bischofsheim
Druck und Bindung: Druckhaus Beltz, Hemsbach
Gedruckt auf säurefreiem und chlorfrei gebleichtem Papier.
Printed in Germany

Besuchen Sie uns im Internet: www.campus.de

Inhalt

Einleitung: Was müssen Sie wissen und können,
um beruflich erfolgreich zu sein?   9

1. **Zeitmanagement: So steigern Sie Ihre Arbeitsproduktivität**   13

   Das Problem: Zeitmangel und Überlastung   13
   So funktioniert effizientes Zeitmanagement   16
   Wie Sie Ihre Prioritäten bestimmen   19
   Wie Sie den Zeitaufwand für nicht-prioritäre Aufgaben
   reduzieren   24
   Die konkreten Schritte des Zeitmanagements   28
   Bekämpfen Sie Ihren Perfektionismus   36

2. **Verbessern Sie Ihre Kompetenz, Probleme zu lösen** . . .   39

   Steigern Sie Ihre Fähigkeit zur Problemlösung durch
   strukturiertes Denken   39
   Es gibt nichts Gutes, außer man tut es: Handeln Sie! . .   46
   Kommunikation ist alles: Reden Sie!   52

3. **Wie Sie souverän mit den Managementwerkzeugen
   umgehen**   56

   Wirkungsvolle schriftliche Kommunikation   56
   Wie Sie mit Zahlen richtig umgehen   63
   So telefonieren Sie effizient   67

4. Gesprächsführung: So überzeugen Sie im Vier-Augen-Gespräch ... 71

Die Grundlagen des Überzeugungsgesprächs ... 71
Unerlässlich: die intensive Vorbereitung ... 74
Gesprächseröffnung: der richtige Einstieg ... 76
Die Basis des Erfolgs: offene Fragen und aktives Zuhören . 78
Im Zentrum der Argumentation: der Nutzen des Partners 83
Wie Sie Einwände geschickt parieren ... 85

5. Präsentationstechnik: Wie Sie andere durch einen Vortrag überzeugen ... 90

Beginnen Sie mit Zieldefinition und Zuhöreranalyse .. 90
So gliedern Sie Ihren Vortrag ... 91
Manuskript und Folien erstellen ... 96
Vor- und Nachteile von Visualisierungsmedien ... 99
Letzte Überprüfungen vor der Präsentation ... 102
Der starke Auftritt: Wie Sie mit Lampenfieber richtig umgehen ... 103
Vortragstechnik: So setzen Sie Folien optimal ein ... 105
Körpersprache: Souverän wirken ohne Worte ... 108
Redestil und Sprechtechnik: Wirkungsvoll sprechen und schweigen ... 111
Und was ist, wenn's Probleme gibt? ... 114
Ein letztes Wort: Begeisterung ... 117

6. Verhandeln nach dem Harvard-Konzept: So erzielen Sie optimale Ergebnisse ... 119

Sachgerechtes Verhandeln: die Alternative zum Feilschen . 119
Trennen Sie Sach- und Beziehungsebene und seien Sie vorbehaltlos konstruktiv ... 123
Konzentrieren Sie sich auf Interessen statt auf Positionen . 127
Entwickeln Sie Lösungsmöglichkeiten zum beiderseitigen Vorteil ... 131

Bestehen Sie auf objektiven Kriterien 137
Entwickeln Sie Ihre beste Alternative 140

7. Was Sie über Projektmanagement wissen müssen . . . 149

Zunächst ein paar notwendige Fakten: Was ist Projektmanagement? 149
Im Clinch mit dem Auftraggeber: die Grobplanung . . . 155
Paketeweise Arbeit: die Feinplanung 160
Wenn es anders kommt als geplant: die Projektsteuerung . 165
Endlich geschafft: der Projektabschluss 168
Projektmanagement: die Schule der Manager 169

8. Wie Sie Gleichgestellte ohne Weisungsbefugnis führen . 172

So motivieren Sie Ihr Team 173
Lassen Sie Ihr Team Regeln für die Zusammenarbeit entwickeln 177
Optimale Kommunikation im Team 181
So gehen Sie richtig mit Konflikten um 187
So führen Sie Besprechungen zum Erfolg 192
Sanfter Druck auf Gleichgestellte 198
Wie Sie mit Hierarchen umgehen 202
Führung von Externen 208

Schlussbemerkungen 211

Anmerkungen 213

Literatur 214

Danksagung 217

Register 218

Einleitung
Was müssen Sie wissen und können, um beruflich erfolgreich zu sein?

Dieses Buch wendet sich in erster Linie an all jene, die in einem Unternehmen oder einer anderen Organisation am Anfang ihrer Karriere stehen – also vor allem an Hochschulabsolventen in den ersten Jahren ihrer Berufstätigkeit nach dem Studium. Darüber hinaus richtet es sich an alle anderen abhängig Beschäftigten, die trotz Ehrgeiz und guter fachlicher Qualifikation noch nicht befördert wurden. Hierbei ist es egal, was Sie studiert oder welche Ausbildung Sie haben und in welcher Abteilung Sie gerade tätig sind: Sie haben jetzt eine fachlich anspruchsvolle Stelle, aber noch keine eigenen Mitarbeiter. Sie arbeiten auf ihre erste große Beförderung, auf eine Position mit Personalführungsverantwortung hin, zum Beispiel als Gruppen- oder Abteilungsleiter. Kurzum: Sie sind noch kein Manager, Sie wollen es aber werden.

Ich Manager?, werden Sie jetzt vielleicht fragen. Ja, denn unter Management kann man *alle* Führungskräfte eines Unternehmens verstehen, nicht nur die oberen. Jeder, dem Verantwortung für Mitarbeiter übertragen wurde, gehört somit zum Management – gleichgültig, ob er ursprünglich als Ingenieur, Jurist, Geisteswissenschaftler oder Betriebswirt ausgebildet und eingestellt wurde. Darum kann man jeden, der eine Führungsfunktion anstrebt, als Nachwuchsmanager oder Führungsnachwuchskraft bezeichnen, so wie es in diesem Buch geschieht.

Management beschränkt sich auch nicht nur auf Unternehmen. Zwar ist dieses Buch in erster Linie mit Blick auf die Verhältnisse in größeren Firmen geschrieben worden. So werden häufig die Begriffe »Unternehmen« oder »Firma« benutzt, und fast alle Beispiele stammen aus diesem Bereich. Nichtsdestotrotz ist sein Inhalt praktisch in jeder Hinsicht übertragbar auf andere Organisationen, wie Behörden, Verbände oder andere Non-Profit-Organisationen.

Um das erste Mal befördert zu werden und – erst recht – um im Management weiter aufzusteigen, reicht Ihre fachliche Kompetenz nicht aus. Sie müssen zusätzlich eine Reihe von nicht-fachlichen Kenntnissen und Fähigkeiten haben und beherrschen. Dabei handelt es sich um »Techniken« des Managements, die nichts mit betriebswirtschaftlichen Konzepten zu tun haben, sondern überwiegend die eigene Kommunikation und das eigene Verhalten im Umgang mit anderen betreffen. Man kann sie zusammengefasst auch als *Managementkompetenz* bezeichnen. Je weiter Sie aufsteigen, desto weniger spielen fachliche Gesichtspunkte für die Beurteilung Ihrer Leistung eine Rolle und desto mehr kommt es auf Ihre nicht-fachlichen Kompetenzen an.

Ein umfassender Ratgeber soll dieses Buch für Sie sein. Es enthält alle wichtigen Tools, die Sie für Ihren beruflichen Erfolg brauchen – mit einer Ausnahme: Das Thema Personalführung wurde ausgeklammert, weil es ja hauptsächlich für Leser geschrieben wurde, die zwar Personalverantwortung anstreben, sie aber noch nicht innehaben. Unterstellte Mitarbeiter müssen Sie erst dann führen können, wenn Sie welche haben. Die übrigen nicht-fachlichen Kompetenzen brauchen Sie jedoch schon vorher, um überhaupt befördert zu werden.

Alle Themen sind in knapper Form und doch vollständig dargestellt. Die meisten Kapitel entsprechen ganzen Büchern bei anderen Autoren. Möglich wurde dies durch strikte Konzentration auf das Wesentliche. Insofern erhalten Sie in diesem Buch nicht nur den unerlässlichen Überblick über das, was für Ihre Karriere wirklich wichtig ist – auch inhaltlich werden die einzelnen nicht-fachlichen Kompetenzen vollständig dargestellt.

In meinem Buch »Die heimlichen Spielregeln der Karriere«, das 2001 erschienen ist, geht es um das Phänomen »Politik im Büro« als wichtige Voraussetzung für den beruflichen Aufstieg. Beide Titel zusammen stellen das aus meiner Sicht wesentliche nicht-fachliche Karriere-Know-how dar.

Sie werden sehen: Alle Kapitel sind prall gefüllt mit Empfehlungen für Ihr Verhalten, vor allem Ihr Kommunikationsverhalten.

Nach der Lektüre eines jeden Kapitels werden Sie *wissen*, was Sie machen und wie Sie es machen sollten. Das heißt aber noch nicht in jedem Fall, dass Sie es auch sofort *können*. Die meisten nichtfachlichen Fertigkeiten erwerben Sie nur in der täglichen Praxis – durch Üben, Üben, Üben. Vorher aber müssen Sie wissen, »wie es geht« und worauf es ankommt.

Was Sie erwartet. Im ersten Kapitel erfahren Sie, wie Sie sich selbst besser organisieren können, um in Ihrer Arbeitszeit mehr zu erreichen oder dasselbe wie heute mit weniger Überstunden. Konzentration auf Prioritäten heißt die Zauberformel, und Sie erfahren, wie man sie konkret in die Praxis umsetzt.

In den Kapiteln 2 bis 8 geht es um die wichtigsten Managementkompetenzen. Dazu gehört einmal die Fähigkeit, Probleme zu lösen, indem man sie richtig durchdenkt und dann auch entsprechend handelt (Kapitel 2).

Eine weitere, sehr wichtige Voraussetzung für Ihren beruflichen Erfolg ist die Fähigkeit, andere durch Kommunikation zu überzeugen. Die Haupttätigkeit eines Managers besteht ja gerade darin, zielgerichtet mit Vorgesetzten, Gleichgestellten und Mitarbeitern zu kommunizieren. Immer wieder müssen Sie die anderen von Ihren Ideen und Vorschlägen überzeugen und zur Mitarbeit bewegen. Die verschiedenen Kommunikationssituationen lassen sich in drei Gruppen einteilen:

- Schriftliche Kommunikation und Telefonate (Kapitel 3),
- Gespräche unter vier Augen (Kapitel 4),
- Präsentationen oder Vorträge vor Gruppen (Kapitel 5).

Verhandlungstechnik gut zu beherrschen stellt eine weitere wichtige Managementkompetenz dar. Sie wird in Kapitel 6 dargestellt.

Projektmanagement wird heute in fast allen Unternehmen immer wichtiger. Als Nachwuchsmanager werden Sie deshalb mit großer Wahrscheinlichkeit irgendwann ein Projekt leiten oder in einem Projektteam mitarbeiten. Deshalb erfahren Sie in den Kapiteln 7 und 8, wie Projektmanagement funktioniert und vor allem, wie Sie als Projektmanager andere führen, ohne deren Vorgesetzter zu sein. Das müssen Sie können, denn diese Fähigkeit wird in vielen Unternehmen als Voraussetzung für die Beförderung in die erste Führungsposition angesehen.

Abschließend eine allgemeine Bemerkung: Dieses Buch richtet sich gleichermaßen an männliche und weibliche Führungsnachwuchskräfte. Wenn also von Manager oder Chef die Rede ist, ist selbstverständlich immer auch die Managerin oder Chefin gemeint. Wegen der leichteren Lesbarkeit wird jedoch nur die männliche Sprachform benutzt.

1.
Zeitmanagement: So steigern Sie Ihre Arbeitsproduktivität

Das Problem: Zeitmangel und Überlastung

Wahrscheinlich kennen Sie das Gefühl: Sie kommen abends nach einem langen Arbeitstag völlig erledigt nach Hause. Es war wie immer: Als Sie morgens im Büro ankamen, fanden Sie zwei Dutzend E-Mails in Ihrem PC. Sie waren noch dabei, sie durchzusehen, da kam Ihr Chef mit einem ganz dringenden Auftrag zu Ihnen. Diesen hätten Sie fast nicht rechtzeitig fertig stellen können, denn den ganzen Tag ging das Telefon – außer während der endlos langen Besprechung am Nachmittag. Als Sie dann abends Feierabend machten, war Ihr Eingangskorb noch genau so voll wie morgens. Und das, was Sie sich eigentlich für den Tag vorgenommen hatten, nämlich an Ihrem Konzept für die Reduzierung der Abteilungskosten zu arbeiten, das haben Sie wieder einmal nicht geschafft. Also dann, vielleicht morgen ...

Vielleicht. Vielleicht aber auch nicht. Denn der nächste Tag wird wahrscheinlich ganz ähnlich ablaufen. Stress und Hektik, tausend dringende Dinge und keine ruhige Minute. Sie werden überrollt von den kurzfristigen Ereignissen des Arbeitsalltags und finden nicht die Zeit, sich auf das Wesentliche zu konzentrieren. Also wieder ein Wochenende opfern, um in Ruhe das Konzept zu schreiben.

Und in diesem Stil geht es jahraus, jahrein weiter. Sie haben permanent das Gefühl, überlastet zu sein. Trotz Ihres hohen Einsatzes an Energie und Zeit – die Gewerkschaften reden von der 36,5-Stunden-Woche, Sie dagegen träumen von einer 50-Stunden-Woche – schaffen Sie nie alles, was Sie schaffen sollten und was Sie schaffen wollten. Sie haben einfach nicht genug Zeit. Insbesondere haben Sie das Gefühl, viel zu viel Zeit mit unwichtigen Dingen zu vergeuden und deshalb zu wenig Zeit für die Dinge zu haben, die Ihnen – aus welchen Gründen auch immer – wichtig sind. Auch wenn Sie im Job manchmal Erfolgserlebnisse haben, sind Sie im Grunde doch ziemlich unzufrieden mir Ihrer Arbeitssituation.

Die Ursache: fehlendes Zeitmanagement. Zeitmangel und Überlastung – darüber klagen viele Nachwuchsmanager. Der Grund liegt fast immer im fehlenden Zeitmanagement, wobei dieses Wort eigentlich unsinnig ist. Denn die Zeit als solche kann man nicht managen. Sie vergeht ganz einfach – gleichmäßig und unerbittlich, Minute für Minute, Stunde für Stunde. Sie können nur *sich selbst* managen, weshalb man besser von Selbstmanagement sprechen sollte. Der Begriff Zeitmanagement wird hier trotzdem verwendet, weil er sich allgemein durchgesetzt hat, wenn es darum geht, was wir aus der uns zur Verfügung stehenden Zeit machen. Der Zeitmanagement-Experte Lothar Seiwert definiert ihn so:

> **»Zeitmanagement ist die konsequente und zielorientierte Anwendung bewährter Arbeitstechniken, um sich selbst so zu führen und zu organisieren (= zu managen), dass die zur Verfügung stehende Zeit optimal genutzt wird.«**[1]

Konsequentes Zeitmanagement ist das einzige Mittel gegen die Zeitfresser. Diese Bösewichte stehlen unsere Zeit und sind schuld an vermeidbaren Zeitverlusten. Man kann sie aufteilen in solche, die von anderen verursacht werden, und solche, für die Sie selbst verantwortlich sind. Die meisten gehören in die zweite Kategorie, deshalb kann man gegen sie leichter etwas unternehmen. Aber auch gegen die Zeitfresser, die von anderen ausgehen, sind Sie nicht ganz machtlos, wie Sie sehen werden. Mit welchen Zeitfressern haben Sie zu kämpfen? In Übersicht 1 sind die wichtigsten aufgeführt.

Von anderen verursachte Zeitfresser

- Langwierige, überflüssige Besprechungen.
- Unterbrechungen durch unangemeldete Besucher.
- Telefonische Unterbrechungen.

Selbst verursachte Zeitfresser

- Keine Prioritäten setzen: Zeitvergeudung durch die Bearbeitung unwichtiger Dinge.
- Unfähigkeit zu delegieren: alles selber machen wollen.
- Angefangene Aufgaben nicht zu Ende führen: Zeitverlust durch immer neue Einarbeitung in das Thema.
- Perfektionismus in allen Spielarten, beispielsweise: Nebensächliches perfekt ausführen wollen; perfekte Form anstreben, wo dies nicht notwendig ist; jedes kleine Detail wissen oder planen wollen, obwohl dies überflüssig ist.
- Den Beginn einer Arbeit aufschieben: Zeitverlust durch fortwährende fruchtlose gedankliche Beschäftigung mit dem Thema.
- Unfähigkeit, nein zu sagen: für andere Personen Aufgaben übernehmen, die nicht zum eigenen Aufgabengebiet gehören.
- Selbstablenkung in vielen Varianten, etwa: Computerspiele; Surfen im Internet; unwichtige E-Mails lesen und beantworten; unnötige, weil ziellose Gespräche führen; unnötige Dienstgänge; Zeitung lesen, außer es ist aus beruflichen Gründen notwendig.
- Desorganisation, schlechtes Ablagesystem: Zeitverlust durch ständiges Suchen nach Unterlagen, Telefonnummern und Notizen.

Übersicht 1
Die wichtigsten Zeitfresser

So funktioniert effizientes Zeitmanagement

Das Ziel: mehr Zeit für das Wesentliche. Wenn Sie sich selbst und damit Ihre Zeit managen, bringt das für Sie eine Fülle von Vorteilen. Sie werden in gleicher Zeit mehr leisten und dabei weniger Stress verspüren, weil Sie viel stärker das Gefühl haben, Ihre berufliche Situation unter Kontrolle zu haben. Deswegen werden Sie auch mehr Spaß an der Arbeit haben. Und Sie werden motivierter arbeiten, weil Sie sich stärker auf die Aufgaben konzentrieren können, die Ihnen wichtig sind. Vielleicht werden Sie sogar Ihre Überstunden reduzieren können. Auf jeden Fall werden Sie im Job zufriedener sein, was sich auch im Privatleben positiv bemerkbar machen wird. Und Sie werden erfolgreicher werden, nicht nur, weil Sie quantitativ mehr leisten, sondern vor allem, weil Sie Zeit gewinnen werden für die Dinge, die Sie wirklich voranbringen.

Zeitmanagement beginnt damit, dass Sie sich bewusst machen, nur ein begrenztes Zeitbudget zu haben. Sehen Sie die Zeit als etwas Wertvolles an, als eine knappe Ressource. Knappe Güter, das sagt das Grundprinzip der Wirtschaftlichkeit, sollte man immer so einsetzen, dass sie maximalen Ertrag bringen. Auf die Zeit übertragen bedeutet dies: Sie nutzen die Ihnen zur Verfügung stehende Zeit nur dann optimal, wenn Sie sie nur für solche Tätigkeiten einsetzen, die im Hinblick auf die Erreichung Ihrer Ziele notwendig sind.

> **Entscheidend ist die Konzentration auf das Wesentliche, das heißt auf Tätigkeiten, die für die Erreichung Ihrer beruflichen Ziele notwendig sind.**

Setzen Sie Prioritäten. Zeit hat man nicht, man nimmt sie sich. Denken Sie an Ihr Privatleben, und seien Sie ehrlich: Wenn Sie für etwas keine Zeit haben, dann deshalb, weil Sie es nicht wirklich wollen. Und umgekehrt gilt: Für alles, was Ihnen wirklich wichtig ist, haben Sie natürlich auch Zeit. Wie Sie Ihre freie Zeit verwenden, drückt Ihre Prioritäten im Privatleben aus.

Genau das ist auch die wichtigste Grundlage für das Zeitmanagement im Beruf. »Machen Sie sich bewusst, dass Sie nicht alles tun können und auch nicht müssen, setzen Sie Prioritäten, und beginnen Sie mit dem Wichtigsten!«[2] Die konsequente Konzentration des beruflichen Handelns auf Prioritäten unterscheidet erfolgreiche von erfolglosen Managern. Das heißt, die erfolgreichen verwenden ihre Zeit nur damit, Aufgaben zu erfüllen, die für Ihr berufliches Weiterkommen wichtig sind, *und keine anderen*. Machen Sie sich klar: Es spielt für Ihren Erfolg keine Rolle, wie hart Sie arbeiten, wenn Sie nicht das Richtige tun. Erfolgreiches Zeitmanagement ist folglich gleichbedeutend mit erfolgreichem Prioritäten-Management.

Allerdings fällt es oft schwer, bestimmte Aufgaben entweder gar nicht oder in verringertem Ausmaß zu erfüllen. Denn anders als im Privatleben haben wir im Beruf einen Vorgesetzten und sind deshalb nicht völlig frei in unseren Entscheidungen, wofür wir unsere Zeit verwenden wollen. Deshalb bleibt uns ja eben oft nicht genug Zeit für die wichtigen Aufgaben. Also gilt es, sich »frei zu schaufeln«. Durch geschicktes Zeitmanagement müssen Sie dafür sorgen, dass Sie für die Erledigung Ihrer prioritären Aufgaben genug Zeit haben.

Unterscheiden Sie zwischen Dringlichkeit und Wichtigkeit. Das große Problem, auf das man dabei oft stößt, besteht darin, dass im Tagesgeschäft sehr vieles dringend erledigt werden muss. Die Geschäftsprozesse in den meisten Branchen haben sich in den vergangenen 20 Jahren aus vielen Gründen rasant beschleunigt, unter anderem durch Innovationen in der Bürokommunikation wie Telefax, PC oder E-Mail. Zusätzlich führt die Intensivierung des Wettbewerbs zu einem Kostendruck, auf den die Firmen wiederum häufig mit Personalabbau reagieren. Die Folge: Weniger Personen müssen mehr leisten, indem sie ihre Arbeit schneller erledigen als früher.

Eine Aufgabe, die Sie dringend erledigen müssen, ist für Sie zwar kurzfristig prioritär. Nun ist aber längst nicht alles, was dringlich ist, für Sie auch gleichzeitig wichtig im Hinblick auf Ihre langfristigen, persönlichen Zielsetzungen. In *diesem* Sinne ist eine Aufgabe nur dann für Sie wichtig und prioritär, wenn ihre Erfüllung Sie Ihren beruflichen Zielen näher bringt. Bei jeder Aufgabe müssen Sie also zwischen dem Ausmaß ihrer Dringlichkeit und Wichtigkeit unterscheiden.

Je nachdem, ob eine Aufgabe sehr oder wenig dringlich und sehr oder wenig wichtig ist, kann man vier Kategorien von Aufgaben unterscheiden. Diese Unterteilung wird dem amerikanischen General und späteren Präsidenten Dwight D. Eisenhower zugeschrieben. Abbildung 1 verdeutlicht den Zusammenhang. Zunächst wird im Überblick beschrieben, auf welche Weise Sie an die verschiedenen Aufgaben in den einzelnen Quadranten herangehen sollten. Weiter unten folgen konkrete Handlungsempfehlungen.

Der Quadrant oben rechts beinhaltet Aufgaben, die sehr wichtig und dringend sind. Oft handelt es sich um kritische Situationen, unvorhergesehene Probleme oder gar Krisen. Oder Ihr Chef ist schlecht organisiert und beauftragt Sie auf den letzten Drücker mit einer Sache. Um Aufgaben des Typs I müssen Sie sich selbst sofort kümmern.

Der Quadrant oben links umfasst alle Aktivitäten, die wichtig für die Erreichung Ihrer Ziele sind, aber nicht kurzfristig fertig gestellt werden müssen. Typische Aufgaben des Typs II sind die Erstellung von Plänen aller Art, die Ausarbeitung größerer Konzepte,

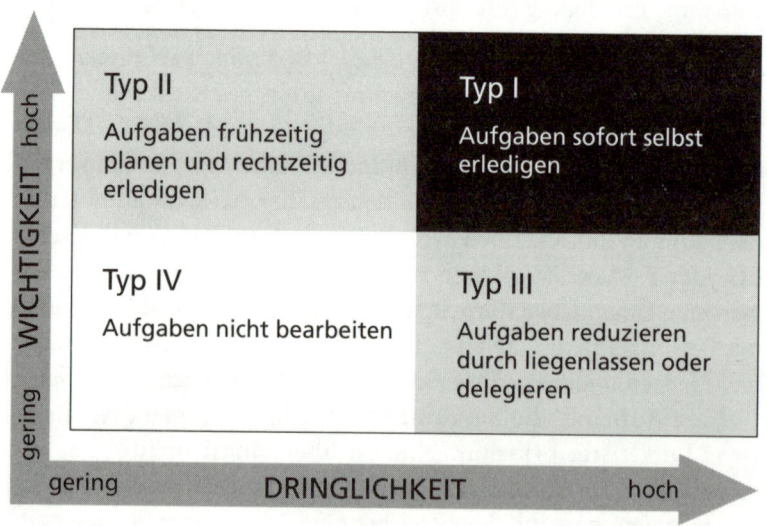

Abbildung 1
Aufgaben-Matrix

die Formulierung von schriftlichen Entscheidungsvorlagen oder die Erstellung von Präsentationen. Häufig schiebt man sie auf die lange Bank, bis sie irgendwann dringend werden und dann in letzter Minute erledigt werden müssen. Typ II-Aufgaben sollten Sie frühzeitig planen und rechtzeitig durchführen. Damit vermeiden Sie, dass sie sich in Typ I-Aufgaben verwandeln, von denen Sie ohnehin schon genug haben.

Im Quadranten unten rechts finden Sie Aktivitäten des Typs III, die dringend, aber unwichtig sind. Bei vielen Menschen verschlingen sie den größten Teil des Zeitbudgets. Von Typ III-Aufgaben sollten Sie sich, soweit es geht, fern halten, denn ihre Erledigung ist für Sie Zeitverschwendung. Prüfen Sie deshalb, wie Sie den Umfang Ihrer Typ III-Aufgaben reduzieren können, zum Beispiel durch Delegation an andere oder einfach durch Liegenlassen.

Aufgaben des Typs IV gehören in den wirklichen oder virtuellen (E-Mails löschen) Papierkorb. Sie sollten sie nicht bearbeiten, da sie für Sie weder wichtig noch dringlich sind. Sollten Sie sich in ihrer Einschätzung einmal geirrt haben, seien Sie unbesorgt. Man wird Sie schon noch mahnen oder bei Ihnen nachfragen.

Die Unterscheidung zwischen Wichtigkeit und Dringlichkeit von Aufgaben mit Hilfe der Quadranten-Analyse macht deutlich, dass eben nicht alles wichtig ist, was dringend erledigt werden muss, obwohl es im Tagesgeschäft oft den Anschein hat. Das wird Ihnen helfen, die für Sie wichtigen Aufgaben zu identifizieren. Allerdings müssen Sie hierfür noch weitere Überlegungen anstellen.

Wie Sie Ihre Prioritäten bestimmen

Die für Sie wichtigen Aufgaben, also Ihre Prioritäten, bestimmen sich nach den Zielen, die Sie persönlich mit Ihrer Arbeit erreichen wollen. Dies wurde bereits erwähnt. Nun können persönliche Ziele sehr unterschiedlich sein: So will der eine vielleicht nur ein regelmäßiges Einkommen bei möglichst geringer Arbeitsbelastung, ein anderer hingegen möchte Karriere machen und arbeitet auf seine Beförderung hin. Hier wird allerdings angenommen, dass Sie, liebe Leserin, lieber Leser, Karriereziele verfolgen, sonst würden Sie dieses Buch wohl nicht lesen. Für Sie sollten also all jene Aufgaben prioritär sein, die Sie Ihrer nächsten Beförderung näherbringen. Welche sind das nun?

Ihre Kernaufgaben, so wie Ihr Chef sie sieht. Mit Kern- und Schlüsselaufgaben bezeichnet man das, was der Inhaber einer Stelle konkret tun muss, um seinen Job in sachlicher Hinsicht erfolgreich auszufüllen. Es handelt sich um die wenigen wirklich wichtigen Aufgaben, die aus der Menge der insgesamt zu erledigenden herausragen.

Auch wenn zwei Positionen die gleiche Bezeichnung tragen, können die mit ihnen verbundenen Kernaufgaben völlig unterschiedlich sein. Vieles spielt dabei eine Rolle, beispielsweise die Branche. So hat ein Marketingleiter in der Konsumgüterindustrie andere Schlüsselaufgaben als einer in der Investitionsgüterindustrie. Auch die konkrete Situation des Unternehmens beeinflusst natürlich, welche Probleme vordringlich gelöst werden müssen und damit zu Kernaufgaben werden. Der eine Personalleiter muss etwa eine Massenentlassung organisatorisch bewältigen, während der andere das gesamte Personal für ein neues Werk zu rekrutieren hat.

Von entscheidender Wichtigkeit ist es allerdings, was Ihr Chef als Ihre Kernaufgaben ansieht. *Er* muss sie definieren. Und er wird es nach seinen eigenen Zielen und Prioritäten tun. Da Sie normalerweise seine Unterstützung brauchen, um befördert zu werden, ist Ihr Chef die wichtigste Person im Hinblick auf Ihre Karriere. Deshalb sollten Sie alle Aufgaben, die Sie von ihm erhalten und die für Ihren Chef hohe Priorität haben, mit höchster Priorität bearbeiten.

> **Konzentrieren Sie sich also zunächst immer auf die Aufgaben, die für Ihren Chef höchste Priorität haben. Ihre grundsätzliche Einstellung zur Zusammenarbeit mit Ihrem Vorgesetzten sollte von dem Wunsch geprägt sein, ihn in jeder Hinsicht bei der Verwirklichung seiner Ziele wirksam zu unterstützen.**

Bei der Analyse der beruflichen Ziele und Prioritäten Ihres Chefs müssen Sie unterscheiden zwischen vordergründigen sachlichen Abteilungszielen (zum Beispiel »Umsatz steigern«, »Kosten senken« oder »reibungsloses Funktionieren der Abteilung«) und persönlichen Zielen Ihres Chefs, die häufig nicht so offensichtlich sind.

Möglicherweise ist auch er – so wie Sie – ehrgeizig und möchte befördert werden. Will er sich vielleicht zu diesem Zweck im Unternehmen profilieren, zum Beispiel indem er neue Aufgaben an sich beziehungsweise an seine Abteilung zieht? Oder ist er an einer weiteren Karriere nicht mehr interessiert und eher defensiv eingestellt? Oder führt er eine ineffiziente Abteilung und »mauert« gegen alle Veränderungen, weil er Statuseinbußen befürchtet, wenn die Abteilung verkleinert wird? Es ist für Sie in jedem Fall wichtig herauszufinden, welche persönlichen Ziele und Interessen Ihr Chef in Wahrheit verfolgt. Nur so können Sie sicherstellen, ihn mit Ihrer Arbeit bei der Erreichung dieser Ziele zu unterstützen.

Der Chef vertritt im Zusammenhang mit der Bestimmung Ihrer Kernaufgaben die Interessen und Prioritäten des Unternehmens. Selbst wenn Sie als Mitarbeiter hierüber andere Vorstellungen haben sollten als er, werden Sie sich trotzdem anpassen müssen. Eine Auseinandersetzung mit Ihrem Chef über die Ziele und Prioritäten seiner Abteilung oder des Unternehmens können Sie nicht gewinnen, da im Regelfall seine Vorgesetzten hinter ihm stehen. Sie haben ihn ja schließlich seinerzeit einmal auf diese Position befördert.

Versuchen Sie also nicht, selbst Ihre Schlüsselaufgaben bestimmen zu wollen. Sie riskieren damit, sich mit der Erfüllung von Aufgaben zu profilieren, die Ihrem Chef unwichtig sind, und die Aufgaben zu vernachlässigen, deren Erfüllung ihm am Herzen liegt.

Was in Ihrer Zielvereinbarung steht. Zielvereinbarungen verbunden mit Incentives bei Zielerreichung gab es früher nur im Vertrieb und bei Topmanagern. Heute hingegen gibt es sie in vielen Firmen auch für Mitarbeiter in anderen Bereichen, beispielsweise Verwaltungsfunktionen. Wenn die Erfüllung Ihrer vereinbarten Ziele für Sie mit materiellen Vorteilen verbunden ist, werden Sie sie höchstwahrscheinlich als prioritär ansehen. Normalerweise sollte die Zielerreichung Sie auch der Beförderung näher bringen.

Aber prüfen Sie, wie ernst Ihr Chef das System der Zielvereinbarung nimmt. In manchen Unternehmen ist es ein ungeliebtes Instrument, das nur pro forma angewendet wird. Nur wenn Ihre Kernaufgaben in der Zielvereinbarung enthalten sind und wenn Ihr Chef die Erfüllung der Vereinbarung auch regelmäßig prüft und mit Ihnen bespricht, bedeutet sie ihm etwas. Nur dann misst er Ihre Leistung wirklich an dem, was in der Zielvereinbarung steht.

Andere Aufgaben, die Sie von Ihrem Chef erhalten. Auch wenn Ihr Chef Ihre Kernaufgaben definiert hat, wird ihn dies nicht davon abhalten, Ihnen im Tagesgeschäft immer neue, zusätzliche Aufgaben zu übertragen. Auch wenn Ihr Eingangskorb deshalb überzuquellen droht, müssen Sie alles beachten, was von ihm kommt. Glücklicherweise ist Ihrem Chef aber nicht alles, was er Ihnen aufträgt, auch wirklich wichtig. Manches davon wurde ihm selbst von seinem Vorgesetzten als Aufgabe gestellt, und er hat es lediglich an Sie weiterdelegiert. Aber auch das heißt nicht unbedingt, dass es für ihn wirklich Priorität hat. Die Analyse der Ziele und Erwartungen Ihres Chefs wird Ihnen helfen, die wirklichen Prioritäten zu erkennen.

Manchmal wird Ihr Vorgesetzter sogar Aufgaben als »nicht so wichtig« oder »nicht so eilig« bezeichnen. Diese sollten Sie dann auch nur bearbeiten, wenn Sie wirklich Zeit dafür haben. Und das bedeutet häufig: gar nicht. Ein immer wieder zu beobachtendes Phänomen besteht nämlich darin, dass sich manche Vorgänge, die man eigentlich bearbeiten sollte, von selbst erledigen – und zwar nur dadurch, dass man sie liegen lässt. Das kann verschiedene Gründe haben. So gibt es in jeder Abteilung Projekte, »die eigentlich mal gemacht werden müssten«. Leider findet man aber vor lauter Stress im Tagesgeschäft nie die Zeit dazu. Und so werden sie eben auch nie gemacht. In anderen Fällen ändern sich einfach die Prioritäten Ihres Auftraggebers: Was heute noch wichtig ist, kann morgen schon so nebensächlich sein, dass sogar Ihr Chef selbst vergisst, Sie beauftragt zu haben.

Meistens wird Ihr Chef sich allerdings nicht direkt zur Wichtigkeit einer Aufgabe äußern. Hier müssen Sie Fingerspitzengefühl entwickeln, indem Sie auf Signale achten. Ein enger Fertigstellungstermin deutet oft – aber, wie unten gezeigt wird, durchaus nicht immer – auf hohe Priorität hin. Liegt der Termin weiter in der Zukunft, wird Ihr Chef sich normalerweise gelegentlich bei Ihnen nach dem Stand der Bearbeitung erkundigen oder von Ihnen regelmäßige Zwischenberichte verlangen. Je häufiger er das tut, desto wichtiger ist das Projekt für ihn. Falls er nicht von sich aus nach Zwischenergebnissen fragt, ergreifen Sie die Initiative und präsentieren ihm welche. Aus seiner Reaktion können Sie versuchen abzuleiten, wie wichtig das Projekt (noch) für ihn ist.

Gleichgültig in welcher Organisation und Position Sie arbeiten, es gibt neben Ihren »normalen« Aufgaben unter Karrieregesichtspunkten einige andere wichtige Aktivitäten, denen Sie Priorität einräumen sollten und für die Sie folglich Zeit benötigen. Sie ergeben sich aus den allgemein geltenden Karrierespielregeln und der Notwendigkeit, sich eine innerbetriebliche Machtposition aufzubauen.[3]

- *Aufbau und Pflege Ihres innerbetrieblichen Netzwerks.* Es ist für Ihre Karriere aus verschiedenen Gründen von großer Bedeutung, zu Vorgesetzten und Gleichgestellten gute persönliche Beziehungen zu haben. Nur über Ihr innerbetriebliches Netzwerk erhalten Sie beispielsweise die für Sie so wichtigen inoffiziellen Informationen über die politische Situation in Ihrer Organisation: die innerbetrieblichen Machtverhältnisse, die Interessen der Beteiligten und ihre zwischenmenschlichen Beziehungen. Networking, das heißt gute persönliche Beziehungen aufzubauen und zu pflegen, kostet Zeit. So müssen Sie regelmäßig mit Ihren Netzwerkpartnern über dienstliche und private Dinge persönlich oder telefonisch reden, ihnen gelegentlich aushelfen oder mit ihnen mittagessen gehen.
- *Übernahme von Zusatzaufgaben.* Eine gute Möglichkeit, Ihre innerbetriebliche Machtposition auszubauen, besteht in der Übernahme zusätzlicher Verantwortung. Dies heißt aber immer auch zusätzliche Arbeit, und dafür brauchen Sie Zeit.

- *Übernahme von Sonderaufgaben.* Im Hinblick auf Ihre Karriere ist es auch sehr wichtig, einen guten Eindruck auf das Topmanagement zu machen, also auf die höheren Vorgesetzten, die in der Hierarchie über Ihrem Chef stehen. Hierzu eignet sich unter anderem die Übernahme von Sonderaufgaben, zum Beispiel die Mitwirkung in einer bereichsübergreifenden Projektgruppe. Dies rückt Sie in den Fokus des Topmanagements, aber es kostet Zeit.

Tipps für Ihren Erfolg

- Nur Ihr Chef definiert, welche Ihre Kernaufgaben und Prioritäten sind. Dabei sind seine eigenen Ziele ausschlaggebend. Nur was für ihn Priorität hat, sollte auch für Sie Priorität haben.
- Bemühen Sie sich, die Ziele Ihres Chefs herauszufinden.
- Achten Sie darauf, ob Ihr Chef die Ziele, die in Ihrer Zielvereinbarung stehen, wirklich ernst nimmt.
- Nicht jede Aufgabe, die Sie von Ihrem Chef erhalten, hat für ihn Priorität.
- Aufbau und Pflege Ihres innerbetrieblichen Netzwerks sollte immer zu Ihren Prioritäten gehören.
- Auch Zusatzaufgaben und Sonderaufgaben können für Sie zu Prioritäten werden.

Wie Sie den Zeitaufwand für nicht-prioritäre Aufgaben reduzieren

Aufgaben vom Chef und von anderen. Theoretisch sollten Sie in einer hierarchisch gegliederten Organisation Aufträge nur von Ihrem Chef bekommen. Wenn andere Personen Ihre Mitarbeit benötigen, müssten sie eigentlich den »Dienstweg« einhalten, das heißt Ihren Chef bitten, dass *er* sie entsprechend beauftragt. Die heutige

Praxis arbeitsteiliger und flexibler Unternehmensorganisation sieht aber anders aus. Häufig erhalten Sie auch von Personen anderer Abteilungen auf direktem Wege Anfragen oder Aufträge. Je nach Einzelfall ist Ihr Chef über diese Vorgänge mehr oder weniger gut informiert; sie geschehen mit seinem ausdrücklichen Einverständnis oder seiner stillschweigenden Duldung.

Es wurde bereits erwähnt, dass Sie herausfinden müssen, ob ein Auftrag Ihres Chefs für ihn selbst wichtig ist oder nicht. Dies gilt sowohl für dringliche als auch für nicht-dringliche Aufträge. Es kann durchaus vorkommen, das Ihr Chef Sie mit etwas Dringendem beauftragt, Sie aber bemerken, dass die Erledigung für ihn in Wirklichkeit keine Priorität besitzt. Eine solche Aufgabe sollten Sie folglich als Typ III-Aufgabe (hohe Dringlichkeit und geringe Wichtigkeit; siehe Abbildung 1 im vorherigen Abschnitt) ansehen. Ein Beispiel: Er bittet Sie, bis morgen einen schriftlichen Reisebericht fertig zu stellen. Sie haben ihn aber schon mündlich ausführlich informiert. Den Bericht sollen Sie nur anfertigen, weil es den Firmengepflogenheiten entspricht.

Wenn Sie von Personen aus anderen Abteilungen gebeten werden, etwas für sie zu erledigen, sollten Sie sich zunächst fragen, über wie viel innerbetriebliche Macht die entsprechende Person verfügt, egal ob der Auftrag dringend ist oder nicht. Was könnten die Konsequenzen für Sie sein, wenn Sie den Auftrag verspätet oder gar nicht erledigen? Wie wichtig für Ihre Karriere ist der andere schon heute oder könnte er in der Zukunft werden? Bedenken Sie dabei, dass auch jemand auf einer niedrigen hierarchischen Ebene Macht haben und ausüben kann, zum Beispiel dann, wenn Sie für die Erfüllung Ihrer Aufgaben auf seine Mitarbeit angewiesen sind. Dringende Aufträge von mächtigen Personen sollten Sie als Typ I-Aktivitäten betrachten, solche von weniger mächtigen fallen in die Typ III-Kategorie.

Zusammenfassend kann man sagen: Ob eine Aufgabe für Sie prioritär sein sollte, hängt bei Ihrem Chef davon ab, ob sie für ihn selbst wirklich wichtig ist, bei Personen aus anderen Abteilungen, über wie viel Macht sie verfügen. Diesen Zusammenhang verdeutlicht Abbildung 2.

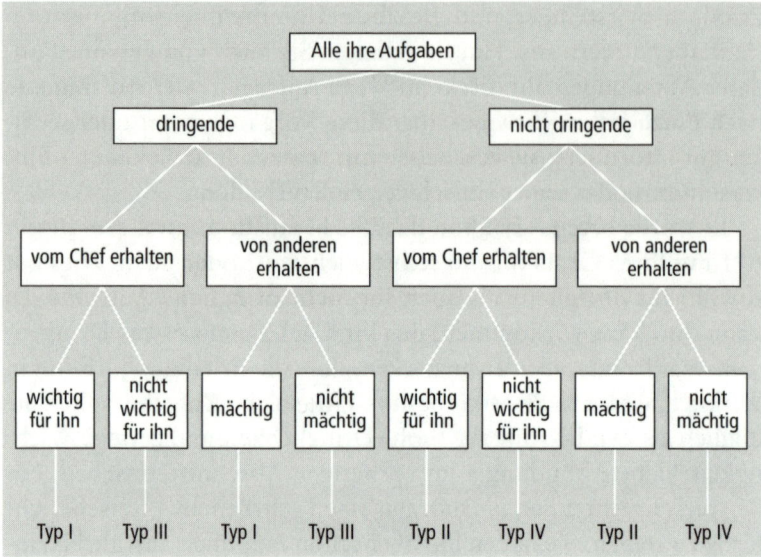

Abbildung 2
Zuordnung Ihrer Aufgaben zu den verschiedenen Kategorien

Wie Sie Ihre Typ III-Aufgaben reduzieren. Es gibt verschiedene Möglichkeiten, die Anzahl und den Umfang der unwichtigen Aufgaben zu reduzieren:

- *Warten Sie, bis man Sie mahnt.* Wann immer möglich, warten Sie zunächst ab, ob der Auftraggeber Sie anmahnt. Kommt keine Mahnung, lassen Sie die Sache liegen. Es wurde bereits erwähnt: Manche Anfragen und Aufträge erledigen sich in kürzester Zeit von selbst, etwa weil sich die Prioritäten Ihres Auftraggebers plötzlich ändern. Kommt doch eine Mahnung, müssen Sie entscheiden, wie wichtig sie ist. Natürlich hat eine Anmahnung von Ihrem Chef für Sie größeres Gewicht als eine von anderen Personen. Je nach Situation kann es sinnvoll sein abzuwarten, ob man ein zweites Mal angemahnt wird. Fragen Sie sich immer: »Was würde passieren, wenn ich die Aufgabe nicht sofort, sondern erst in einer Woche, einem Monat oder überhaupt nicht erledige?«
- *Delegieren Sie die Aufgabe.* Fragen Sie sich bei jeder Aufgabe

zunächst, ob Sie überhaupt zuständig sind. Es gibt immer wieder Grauzonen der Zuständigkeit zwischen Personen oder Abteilungen, besonders bei schlecht organisierten Unternehmen. Versuchen Sie, in solchen Situationen die Aufgabe an jemanden anderes »abzudrücken«, indem Sie nach guten Gründen dafür suchen, zum Beispiel Präzedenzfälle.

Wenn Sie schon Mitarbeiter haben, die Ihnen direkt unterstellt sind, liegt es an Ihnen, welche Aufgaben Sie delegieren. Bevor Sie irgendeine Aufgabe, besonders aber eine Typ III-Arbeit, beginnen, fragen Sie sich immer, ob es wirklich nötig ist, dass Sie sie selbst erledigen. Delegieren Sie so viel wie möglich. Dies entlastet Sie und erhöht im Regelfall die Motivation Ihrer Mitarbeiter.

Falls Sie noch keine Mitarbeiter haben, sind Ihre Möglichkeiten der Delegation natürlich eingeschränkt. Aber vielleicht gibt es für mehrere Kollegen in Ihrer Abteilung gemeinsam eine Sekretärin, einen Assistenten oder einen Auszubildenden, an die Sie Aufgaben delegieren können.

- *Lernen Sie, »nein« zu sagen.* In manchen Fällen haben Sie die Wahl, ob Sie eine Aufgabe übernehmen wollen oder nicht, zum Beispiel, wenn jemand Sie um einen Gefallen bittet. Sie sollen etwas für ihn tun, was eigentlich nicht zu Ihren Aufgaben gehört. Zwar sollten Sie sich gegenüber den Mitgliedern Ihres Netzwerks immer hilfsbereit zeigen, aber für andere Personen gilt dies nicht unbedingt. Für diese sollten Sie nur dann zusätzliche Aufgaben übernehmen, wenn es für Sie in irgendeiner Weise vorteilhaft ist – zum Beispiel, weil der andere Ihnen dadurch verpflichtet ist – *und* wenn Ihre Prioritäten darunter nicht leiden. Ansonsten sollten Sie ablehnen. Lernen Sie »nein« zu sagen, auch wenn es manchmal schwerfällt. Denken Sie in solchen Situationen immer an Ihre Prioritäten und daran, dass Ihre Hauptaufgabe darin liegt, diese zu erfüllen.

> **Tipps für Ihren Erfolg**
>
> - Bei der Zuordnung Ihrer Aufgaben zu den Kategorien der Prioritäten-Matrix sollten Sie beachten, wie wichtig die Aufgabe für Ihren Chef ist und über wie viel Macht ein anderer Auftraggeber verfügt.
> - Minimieren Sie den Arbeitsaufwand für Aufgaben des Typs III, indem Sie abwarten, bis man Sie mahnt, indem Sie die Aufgabe delegieren und indem Sie lernen, nein zu sagen.

Die konkreten Schritte des Zeitmanagements

Ausgehend von der Notwendigkeit der Konzentration auf Prioritäten und der Bestimmung eben dieser Prioritäten soll nun die Frage behandelt werden, welche konkreten Maßnahmen das Zeitmanagement beinhaltet. Von großer Bedeutung ist dabei die Erstellung von schriftlichen Zeitplänen, also von Listen, auf denen alle einzelnen Aufgaben mit Anfangstermin und geplanter Zeitdauer vermerkt sind. Die Schriftlichkeit ist aus mehreren Gründen wichtig:

- Ein schriftlicher Plan hat einen starken psychologischen Effekt der Selbstmotivation. Sie sind viel stärker bestrebt, Ihren Plan einzuhalten, als wenn Sie sich die Aufgaben nur gedanklich vorgenommen hätten. Dies fördert Ihr zielorientierte Handeln; Sie konzentrieren sich mehr auf Ihre angestrebten Aufgaben und lassen sich durch Nebensächlichkeiten weniger ablenken. Außerdem kommen Sie weniger stark in Versuchung, Ihren Plan einfach umzuwerfen, als wenn Sie ihn nur im Kopf hätten.
- Sie haben einen besseren Überblick über Ihre Aufgaben. Es besteht weniger die Gefahr, etwas in der Hektik des Tagesgeschäfts zu vergessen.
- Am Ende des Planungszeitraums (Tag oder Woche) können Sie leichter überprüfen, was Sie alles geschafft haben.

Neben der regelmäßig durchzuführenden Zeitplanung umfasst Zeitmanagement auch das Befolgen einer Reihe von bewährten Grundsätzen zur Arbeitsorganisation. Beides zusammen erhöht spürbar Ihre Arbeitsproduktivität, steigert also Ihre Leistung pro Zeiteinheit (Tag, Woche, Monat oder Jahr).

Erstellen Sie Wochenpläne und Tagespläne. Der Tagesplan umfasst alle Aufgaben, die Sie im Laufe eines Tages erledigen wollen. Bei Ihrer Zeitplanung sollten Sie jedoch nicht nur mit Tagesplänen arbeiten. Aufgrund ihrer Kurzfristigkeit fördern sie nämlich die Steuerung Ihres Arbeitseinsatzes nach der Dringlichkeit von zu erledigenden Aufgaben. Ihr Tagesplan droht von Aufgaben mit kurzfristig bevorstehenden Endterminen dominiert zu werden, von denen ja längst nicht alle wichtig für Sie sind. Dieses Problem wollen Sie aber gerade überwinden.

Deshalb sollten Sie jede Woche einen Wochenplan erstellen. Ein solcher kann viel stärker Ihre Prioritäten berücksichtigen, da Sie am Anfang einer Woche normalerweise noch eine Menge nicht verplanter Zeit haben. Das gibt Ihnen die Möglichkeit, ausreichend Zeit für Ihre Aufgaben des Typs II (»wichtig, aber nicht dringend«) einzuplanen. Damit stellt der Wochenplan gewissermaßen das Bindeglied zwischen Ihren langfristigen Prioritäten und den kurzfristigen des Tagesgeschäfts dar.

Planen Sie Termine mit sich selbst ein. Im Rahmen Ihrer Wochenplanung sollten Sie Termine festlegen, an denen Sie allein und ungestört arbeiten werden, zum Beispiel jeden Tag eine Stunde. Dies sind die Zeiten, an denen Sie konzentriert Ihre Typ II-Aufgaben bearbeiten, die ja meist solche sind, bei denen Sie Ruhe und Konzentration benötigen. Schirmen Sie sich in dieser Zeit ab. Weisen Sie Ihre Kollegen und Ihren Chef darauf hin, dass Sie während dieser »stillen Stunde« nicht zu sprechen sind. Behandeln Sie diese Zeiträume genau wie wichtige Gesprächstermine, bei denen Sie ja auch darum bitten, nicht gestört zu werden. Stellen Sie Ihr Telefon um, schließen Sie die Tür zu Ihrem Büro, oder – falls das nicht möglich ist – ziehen Sie sich in ein unbesetztes Besprechungszimmer zurück.

Vielleicht werden Sie jetzt einwerfen: »Ja, aber wie soll ich das machen? Dafür habe ich nicht die Zeit. Ich habe so viel um die Ohren.« Die Antwort: Machen Sie sich klar, dass *niemand* unentbehrlich ist, auch nicht Sie. Wenn Sie auf Dienstreise oder im Urlaub sind oder krank im Bett liegen, sind Sie schließlich auch nicht an Ihrem Arbeitsplatz. Sicherlich: Einen Teil Ihrer Arbeit übernehmen Ihre Kollegen während Ihrer Abwesenheit – aber nur was wirklich wichtig *und* dringend ist –, und ein Teil wartet bei Ihrer Rückkehr noch auf Sie. Aber interessanterweise ist doch die Summe beider Teile viel kleiner als Ihr gesamtes normales Arbeitspensum! Haben Sie sich schon einmal gefragt, wo denn der Rest Ihrer Arbeit geblieben ist? Also: Sie haben die Zeit, Sie müssen sie sich nur nehmen wollen.

Erstellen Sie Ihren Tagesplan am Vorabend. Nehmen Sie sich jeden Abend, bevor Sie nach Hause gehen, einige Minuten Zeit, um Ihre Aktivitäten des Folgetages zu planen. Notieren Sie sich *alles*, was Sie erledigen wollen, auch zum Beispiel Routinearbeiten und Telefonate, in einen großen Terminkalender oder in ein Zeitplanbuch. Ein solches Vorgehen hat den großen psychologischen Vorteil, dass der nächste arbeitsreiche Tag Ihnen nicht mehr wie ein großer, bedrohlicher Brocken erscheint; im Gegenteil, er wird transparent und greifbar, und Sie gewinnen das Gefühl stärkerer Kontrolle über Ihre Arbeit.

Machen Sie für *alle* Tätigkeiten genaue Zeitvorgaben, das heißt planen Sie nicht nur den Beginn, sondern auch das Ende der Aktivität. Berücksichtigen Sie nur so viel Zeit, wie Sie voraussichtlich benötigen werden. Versuchen Sie, auch wirklich mit der vorgesehenen Zeit auszukommen. Sehr häufig zeigt sich nämlich, dass sich eine Arbeit so lange hinzieht, wie Zeit dafür zur Verfügung steht. Wenn Sie sich vornehmen, ein Gespräch mit einem Kollegen in 15 Minuten zu führen, wird es viel eher auch wirklich nur eine Viertelstunde dauern, als wenn Sie für das gleiche Thema 30 Minuten einplanen. In diesem Fall wird das Gespräch bei gleichem Ergebnis mit großer Wahrscheinlichkeit auch tatsächlich eine halbe Stunde dauern.

Mit Ihren konkreten Zeitvorgaben erzeugen Sie bei sich einen sanften, aber doch spürbaren Druck, diese auch einzuhalten. Deshalb arbeiten Sie erheblich konzentrierter und unterbinden Störungen sowie Ablenkungen viel konsequenter.

Am Anfang sind Sie womöglich unsicher, wie lange einzelne Aktivitäten dauern. Das sollte Sie aber nicht davon abhalten, überhaupt Tagespläne zu erstellen. Eine ungenaue Planung ist immer noch besser als überhaupt keine! Vergleichen Sie immer wieder den tatsächlichen Zeitbedarf für eine Aufgabe mit Ihrer Planung, und Sie werden im Laufe der Zeit ein sehr gutes Gefühl dafür bekommen, wie viel Zeit Sie für jede Ihrer Aktivitäten benötigen.

Ihr Plan sollte realistisch sein. Nehmen Sie sich nicht zu viel vor, und widerstehen Sie der Versuchung zur Überplanung. Bedenken Sie: Sie machen den Zeitplan nicht um seiner selbst willen, sondern weil er Ihnen helfen soll, Ihre Ziele zu erreichen. Seien Sie deshalb flexibel und berücksichtigen Sie Unvorhergesehenes, indem Sie nur etwa 60 Prozent Ihrer Zeit fest verplanen. Mit den restlichen 40 Prozent können Sie Überziehungen Ihrer Zeitbudgets bei den eingeplanten Aufgaben ausgleichen; außerdem brauchen Sie Pufferzeiten für nicht planbare und spontane Aktivitäten.

Wichtiges zuerst. Planen Sie im Tagesablauf Ihre wichtigen Aktivitäten wenn möglich *vor* den weniger wichtigen. Die Logik ist ganz einfach: Wenn Sie am Ende des Tages nicht alles geschafft haben, was Sie sich vorgenommen hatten, dann haben Sie wenigstens das Wichtige erledigt! Den Termin mit sich selbst sollten Sie folglich möglichst auf den Morgen legen. Beachten Sie auch: Es gibt keinen zwingenden Grund, warum Sie den Tag mit der Durchsicht der Eingangspost und Ihrer E-Mails anfangen müssten. Diese enthalten selten Dinge, die so dringlich sind, dass man sie sofort erledigen muss.

Beachten Sie Ihren Biorhythmus. Die Leistungsfähigkeit der meisten Menschen schwankt im Tagesablauf. Zwar sind die Leistungskurven individuell unterschiedlich, aber die meisten Menschen erreichen ihre höchste Leistungsfähigkeit im Laufe des Vormittags. Nach dem Mittagessen sinkt sie rapide, um am späteren Nachmittag wieder etwas anzusteigen.

Richten Sie sich bei Ihrer Zeitplanung nach Ihrem Biorhythmus. Legen Sie Ihre wichtigen Aufgaben auf die Zeiten Ihrer höchsten Leistungsfähigkeit, denn diese Aufgaben sind ja häufig auch die anspruchsvollsten und kompliziertesten. Was weniger wichtig ist und Ihnen leichter fällt, also zum Beispiel Routineaufgaben, sollten Sie hingegen für Ihre Tiefphase einplanen.

Bilden Sie Blöcke. Sie können einiges an Zeit einsparen, wenn Sie Routinetätigkeiten und kurze Aktivitäten, wie zum Beispiel Telefonate führen, Kurzbesprechungen abhalten oder E-Mails schreiben, nicht über den Tag verstreut durchführen, sondern jeweils gebündelt. Fassen Sie also gleichartige Aufgaben zu Arbeitsblöcken zusammen. Die Zeitersparnis dieser Arbeitsweise entsteht dadurch, dass Sie Ihre Aufgaben viel konzentrierter und damit effizienter bewältigen.

Halten Sie abends Rückschau. Wenn Sie abends den Folgetag planen, sollten Sie gleichzeitig den abgelaufenen Tag Revue passieren lassen. Vergleichen Sie Ihre Planung mit dem tatsächlichen Ablauf des Tages. Sie werden erkennen, wie viel Zeit Sie tatsächlich für Ihre einzelnen Aktivitäten gebraucht haben und ob Sie Ihre wichtigen Vorhaben erledigen konnten oder zu viel Zeit mit Nebensächlichkeiten vergeudet haben. Die Rückschau wird Ihnen helfen, den nächsten Tag besser zu planen. Außerdem sollten Sie bei dieser Gelegenheit das Unerledigte auf den nächsten Tag übertragen.

Führen Sie Angefangenes zu Ende. Einer der eingangs aufgeführten Zeitfresser besteht darin, eine angefangene Tätigkeit nicht zu Ende zu führen. Die Gründe hierfür liegen meist entweder darin, dass man versucht, zu viele Dinge auf einmal zu erledigen, indem man zu viele Dinge auf einmal anfängt. Oder aber eine angefangene Aktivität erweist sich als sehr mühsam und schwierig, sodass man sich gern durch andere Aufgaben ablenken lässt.

Sie können effizienter arbeiten und damit Zeit sparen, wenn Sie sich immer nur jeweils eine Aufgabe vornehmen. Bei voller Konzentration auf eine Sache machen Sie weniger Fehler und brauchen folglich weniger Zeit für Fehlersuche und Nachbesserung.

Bleiben Sie bei der betreffenden Aufgabe, bis Sie sie erledigt haben. Dies ist natürlich nicht immer möglich, da Sie immer wieder von anderen unterbrochen werden. Aber nach jeder Unterbrechung müssen Sie sich gedanklich neu in die Details der Materie einarbeiten und verlieren dadurch Zeit. Außerdem steigt die Wahrscheinlichkeit, Fehler zu machen, indem Sie zum Beispiel etwas Wichtiges übersehen. Versuchen Sie deshalb, die Zahl der Unterbrechungen zu verringern. Und selbst wenn Sie eine angefangene Arbeit nicht im gleichen Arbeitsgang vollständig fertig stellen können, schließen Sie sie wenigstens sinnvoll ab und hören Sie nicht mitten drin auf.

Zerlegen Sie große Aufgaben. Viele Menschen neigen dazu, die Erledigung einer umfangreichen Aufgabe solange es geht aufzuschieben. Sie trauen sich nicht an sie heran, denn sie erscheint Ihnen als bedrohlich groß und schwierig. Lieber werden kleinere, leichtere Aufgaben vorgezogen. Durch deren Bearbeitung haben sie einen guten Grund, (noch) nicht mit der großen Aufgabe anzufangen. Das Aufschieben geht aber nur so lange gut, bis der Termin zu platzen droht. Dann machen sie sich überstürzt an die Arbeit und stellen das Projekt unter Hochdruck gerade noch rechtzeitig fertig.

Es leuchtet ein, dass eine solche Arbeitsweise wesentliche Nachteile hat. Erstens verlieren Sie im Vorfeld Zeit und Energie damit, dass Sie sich gedanklich immer wieder ergebnislos mit dem unangenehmen Thema auseinander setzen. Zweitens machen Sie bei der Arbeit eher Fehler, wenn Sie sie schließlich hektisch und unter Zeitdruck und Stress ausführen. Drittens bedeutet diese Arbeitsweise in aller Regel lange Abende oder gar Nachtschichten und verkorkste Wochenenden.

Die Lösung liegt darin, die eine große Aufgabe in viele kleinere, für sich abgeschlossene Teilaufgaben zu zerlegen. Erstellen Sie einen Arbeitsplan, indem Sie die Einzelschritte auflisten. Diese sind dann für sich genommen wesentlich leichter zu erledigen, und man kann sie nacheinander abarbeiten. Deshalb spricht auch viel weniger dagegen, gleich heute mit einer der Teilaufgaben zu beginnen. Entscheidend ist, sich erst einmal aufzuraffen, mit der Bearbeitung anzufangen, und dies fällt naturgemäß bei einem kleinen, überschaubaren Einzelschritt leichter.

Reduzieren Sie Ihre Teilnahme an Besprechungen. In diesem und im nächsten Abschnitt geht es um den Umgang mit Zeitfressern, die von anderen verursacht werden: Besprechungen und Unterbrechungen. Bei Besprechungen, die Sie selbst einberufen, haben Sie Einfluss auf ihre Dauer. Wie Sie den Zeitbedarf für solche Meetings minimieren, wird in Kapitel 8 behandelt. Hier geht es hingegen um Besprechungen, zu denen Sie eingeladen werden. Auf viele trifft leider das Bonmot zu: Viele gehen hinein, und nichts kommt heraus. Was können Sie tun, um möglichst wenig Zeit in Meetings zu verbringen, von denen Sie vorher wissen, dass Sie dort Ihre Zeit vergeuden? Versuchen Sie eine der folgenden Möglichkeiten:

- Überzeugen Sie Ihren Chef, dass er Ihre Teilnahme absagt oder einen Kollegen an Ihrer Stelle schickt. Manchmal muss nur jemand aus Ihrer Abteilung anwesend sein, nicht unbedingt Sie persönlich.
- Bitten Sie Ihren Chef oder den Einladenden darum, nur zu den Tagesordnungspunkten erscheinen zu dürfen, die Sie unmittelbar betreffen. Begründen Sie Ihren Wunsch mit dringenden anderen Aufgaben.

Versuchen Sie, Unterbrechungen zu reduzieren. Die häufigsten Gründe für Unterbrechungen sind Telefonanrufe und unangemeldete Besucher. Im obigen Abschnitt über die »stille Stunde« wurde bereits dargestellt, was Sie tun können, um sich zeitweise komplett zurückzuziehen. Diese Tipps sind natürlich auch nützlich, wenn es darum geht, sich gegen Unterbrechungen abzuschirmen. Bei Anrufen ist das ohne eigene Sekretärin nur dann einfach, wenn Ihre Telefonanlage über einen Anrufbeantworter verfügt. Schalten Sie diesen während der Zeiten ein, zu denen sie eine Aufgabe mit voller Konzentration bearbeiten müssen. Wenn Sie keinen Anrufbeantworter haben, können Sie vielleicht einen Kollegen fragen, ob Sie Ihren Apparat für eine Weile auf den seinen umstellen können.

Was das Problem der unangemeldeten Besucher angeht, so sollten Sie versuchen, es auf verschiedenen Wegen zu lösen. Einerseits sollten Sie möglichst viele Gesprächstermine vereinbaren. Wer mit Ihnen einen Termin hat, wird Sie normalerweise nicht noch zusätzlich spontan besuchen – zumindest nicht am selben Tag.

Wenn andererseits der Besucher schon in Ihrem Büro steht, ist die Unterbrechung geschehen; jetzt gilt es, sie möglichst kurz zu halten. Stehen Sie auf, und gehen Sie Ihrem Besucher entgegen. Solange er sich noch nicht gesetzt hat, versuchen Sie herauszufinden, wie wichtig sein Anliegen für Sie ist. Falls es nicht-prioritär ist, verdeutlichen Sie Ihrem Besucher, dass Sie im Augenblick nicht viel Zeit haben. Vielleicht können Sie mit ihm einen späteren Termin vereinbaren; falls nicht, versuchen Sie das Gespräch im Stehen zu führen. Da Stehen ungemütlicher ist als Sitzen, sind solche Gespräche meistens wesentlich kürzer. Es ist zwar normalerweise nicht besonders höflich, einem Besucher keinen Platz anzubieten. Aber es wird trotzdem akzeptiert, wenn sich das Thema in kurzer Zeit besprechen lässt.

Falls dies alles nicht funktioniert hat und Ihr Besucher sich gesetzt hat, werden Sie versuchen, das Gespräch möglichst schnell zu führen. Wenn Sie es dann beenden wollen, Ihr Besucher dies aber nicht merkt, versuchen Sie eine der folgenden Methoden:

- Äußern Sie eine zusammenfassende oder abschließende Bemerkung.
- Sagen Sie Ihrem Besucher, dass Sie leider gerade wenig Zeit haben.
- Schauen Sie auf die Armbanduhr.
- Stehen Sie auf.

Tipps für Ihren Erfolg

- Erstellen Sie einen schriftlichen Wochenplan, in dem Sie ausreichend Zeit für Ihre Aufgaben des Typs II einplanen, unter anderem durch Termine mit sich selbst.
- Erstellen Sie Ihren schriftlichen Tagesplan am Vorabend. Legen Sie für jede Aktivität eine Zeitdauer fest. Verplanen Sie nur etwa 60 Prozent der Tageszeit; den Rest brauchen Sie als Pufferzeit.
- Versuchen Sie, die wichtigen Aufgaben zuerst zu erledigen, also möglichst viele davon am Morgen.
- Beachten Sie Ihren Biorhythmus bei Ihrer Tagesplanung.

- Fassen Sie gleichartige kleinere Aufgaben zu Blöcken zusammen.
- Halten Sie abends bei Ihrer Planung für den nächsten Tag Rückschau auf den abgelaufenen Tag.
- Führen Sie Angefangenes zu Ende. Lenken Sie sich nicht selbst ab, auch wenn die Aufgabe gerade schwierig ist. Konzentrieren Sie sich immer nur auf jeweils eine Aufgabe.
- Zerlegen Sie große Aufgaben in kleinere, überschaubare Einzelschritte und beginnen Sie gleich heute mit dem ersten Schritt.
- Reduzieren Sie Ihre Teilnahme an Besprechungen.
- Versuchen Sie, Unterbrechungen durch eingehende Anrufe und unangemeldete Besucher zu reduzieren.

Bekämpfen Sie Ihren Perfektionismus

Perfektionismus wurde oben als einer der Zeitfresser identifiziert. Ihm wohnt aber im Gegensatz zu anderen Zeitfressern, bei denen die Zeitverschwendung offensichtlich ist, eine besondere Problematik inne. Der Perfektionist glaubt nämlich oft, seine Sache besonders gut zu machen, tatsächlich aber sind seine Arbeitsergebnisse alles andere als optimal.

Perfektionisten wollen nicht nur ihr Bestes geben, sondern das Beste aller Zeiten. Die Maßstäbe, die sie für sich und andere setzen, sind unrealistisch, denn – wie wir alle wissen – nichts auf der Welt ist vollkommen. »Sich um perfekte statt um sehr gute oder hervorragende Ergebnisse zu bemühen, legt den Keim für eine dauernde Unzufriedenheit und endlose Überarbeitungen«, schreibt der Psychologe Hans-Werner Rückert.[4] Perfektionisten sehen alles hyperkritisch und sind nie richtig zufrieden mit ihren eigenen Leistungen und denen anderer. Sie haben Angst zu versagen, denn wenn sie ihre Arbeitsergebnissse mit ihren extremen Ansprüchen vergleichen, merken sie natürlich, dass ihre Ergebnisse nicht vollkommen sind.

Perfektionismus äußert sich in der Regel in einer von zwei gleichermaßen unproduktiven Verhaltensweisen: dem Aufschieben und der Detailbesessenheit. Zwar kann Aufschieben auch noch andere Ursachen haben, aber Perfektionisten sind besonders gefährdet. Denn das Aufschieben einer Arbeit schützt sie vor ihrer Angst zu versagen, indem ein perfektes Arbeitsergebnis nach wie vor als möglich erscheint. Um diese Illusion nicht zu zerstören, fangen sie gar nicht erst an, die Aufgabe zu erledigen. Wenn der Termindruck dann aber unerträglich wird, müssen sie die Arbeit doch anpacken und machen dabei wegen der entstandenen Hektik mehr Fehler als wenn sie frühzeitig in Ruhe damit begonnen hätten.

Die zweite Spielart des Perfektionismus ist die Detailbesessenheit. »Was ich auch mache, ich mache es gründlich«, lautet das Motto. Jedes kleine Detail einer Arbeit muss stimmen – bei kleinen Aufgaben genauso wie bei großen. Dieser Typ des Perfektionisten hat nicht das Problem, mit der Arbeit anzufangen, sondern die Schwierigkeit, damit aufzuhören. Immer lässt sich noch etwas verbessern, und dies versucht der Perfektionist verzweifelt, wenn der Fertigstellungstermin naht. Außerdem verschwendet er seine Zeit, indem er auch Nebensächliches perfekt ausführt. Der Perfektionist ist unfähig, Wichtiges von Unwichtigem zu unterscheiden und sich auf seine Prioritäten zu konzentrieren.

Natürlich gibt es Dinge, die absolut einwandfrei sein müssen, aber eben längst nicht alles. Wenn Sie beispielsweise eine Präsentation halten, sollten die darin enthaltenen Zahlen unter allen Umständen stimmen, und dies sollten Sie mehrfach kontrollieren. Dabei ist ein Rechtschreibfehler nicht so tragisch, und meistens muss auch die Grafik nicht perfekt sein.

Es hat also verschiedene Gründe, warum die Leistung eines Perfektionisten im Endeffekt alles andere als perfekt ist. Hinzu kommt noch eine weitere Karrierebremse: seine Unfähigkeit zu delegieren. Er glaubt – oft zu Recht –, dass die anderen geringere Maßstäbe an die Arbeitsqualität anlegen als er selber. Deshalb hat er Angst, einen anderen mit einer Aufgabe zu betrauen, und macht sie lieber selber. Dies führt nicht nur zu Überlastung, sondern offenbart auch eine gravierende Führungsschwäche, denn die Fähigkeit zur Delegation ist eine der Hauptanforderungen an Führungskräfte.

Wenn Sie unter Perfektionismus leiden, sollten Ihnen die Tipps dieses Kapitels helfen. Beherzigen Sie darüber hinaus Folgendes:

- Fragen Sie sich bei *jeder* Aufgabe und *jedem* Teilschritt, was denn passieren würde, wenn das Ergebnis nicht vollkommen wäre.
- Suchen Sie im Kreis Ihrer Kollegen nach Beispielen von Arbeitsergebnissen, die nicht perfekt waren, aber trotzdem von Vorgesetzten als sehr gut eingestuft wurden.
- Machen Sie sich bei jedem Arbeitsschritt klar, wie viel Zeit Sie durch das Streben nach dem perfekten Ergebnis verlieren werden. Stellen Sie Kosten-Nutzen-Überlegungen an: Wie viel zusätzliche Zeit würde ich brauchen, um aus einem guten Ergebnis ein perfektes zu machen? Lohnt sich das? Welche anderen Aufgaben könnte ich in dieser Zeit bewältigen? Sind diese nicht wichtiger für mich?
- Ganz allgemein: Orientieren Sie sich an realistischen Maßstäben und nicht an Idealen.

Das Wichtigste in Kürze

- Zeitmangel und Überlastung lassen sich durch konsequentes Zeitmanagement wirksam bekämpfen.
- Der Ausgangspunkt des Zeitmanagements besteht darin, Prioritäten zu definieren. Richten Sie sich dabei voll und ganz an Ihrem Chef aus. Daneben sollte immer auch Networking zu Ihren Prioritäten gehören.
- Arbeiten Sie konsequent auf die Erledigung Ihrer prioritären Aufgaben hin und vernachlässigen Sie unwichtige.
- Unterscheiden Sie Dringlichkeit und Wichtigkeit von Aufgaben.
- Beherzigen Sie die Grundsätze und Methoden der Zeitplanung und des Zeitmanagements.
- Erkennen Sie die Gefahren des Perfektionismus und bekämpfen Sie ihn.

2.
Verbessern Sie Ihre Kompetenz, Probleme zu lösen

Steigern Sie Ihre Fähigkeit zur Problemlösung durch strukturiertes Denken

Ein Manager ist dazu da, Probleme zu lösen. In diesem Abschnitt[5] erfahren Sie, wie Sie Ihre Fähigkeit zur Entwicklung von Problemlösungen verbessern können. Hierzu ist es notwendig, dass Sie Ihre Gedanken beim Nachdenken über Problemlösungen systematisch in eine bestimmte Struktur bringen, und zwar unabhängig von der konkreten Fragestellung.

Arten von Denkprozessen. Um diese Struktur darzustellen, muss man verschiedene Arten von Denkprozessen unterscheiden. Sie lassen sich einerseits danach differenzieren, ob sie sich auf die Vergangenheit (bis hin zur Gegenwart) beziehen oder auf die Zukunft gerichtet sind. Dabei ist das eine das Nachdenken über die Vergangenheit, das andere das Planen für die Zukunft.

Andererseits kann man konkretes, praktisches Denken und abstraktes, theoretisches Denken unterscheiden. Das *konkrete Denken* befasst sich mit der realen, sichtbaren Welt, mit der Praxis. Insofern kann man es auch als praktisches Denken bezeichnen. Konkretes Denken kann sich auf die Vergangenheit oder auf die Zukunft beziehen. Wenn es die Vergangenheit betrifft, heißt das: Man denkt über konkrete Fakten und Ereignisse nach. Bezieht sich das konkrete Denken auf die Zukunft, dann bedeutet es, dass man über Pläne, das heißt beabsichtigte konkrete Handlungen, nachdenkt.

Als *abstraktes Denken* hingegen bezeichnet man das Nachdenken über Ursache-Wirkung-Zusammenhänge (»wenn ..., dann

...«) und Strategien. Ursache-Wirkungs-Zusammenhänge sind nichts anderes als Theorien, also gewissermaßen gedankliche »Abbildungen« der Funktionsweise von Dingen.

Auch abstraktes Denken kann sich auf die Vergangenheit oder auf die Zukunft beziehen. Wenn abstraktes Denken die Vergangenheit betrifft, dann geht es um die Frage, welche *Ursachen* bestimmten beobachteten Tatsachen (=*Wirkungen*) zugrunde liegen.

Bezieht sich das abstrakte Denken hingegen auf die Zukunft, geht es um die umgekehrte Frage: Wenn man eine bestimmte Wirkung erzielen möchte, welche Ursachen müssen dann geschaffen werden, das heißt, was muss man tun, damit die beabsichtigten Wirkungen auch eintreten? Hierbei handelt es sich um die gedankliche Entwicklung einer Strategie zur Lösung eines Problems.

Diese Unterteilung der Denkprozesse ist in Abbildung 3 in Form eines Vier-Felder-Diagramms dargestellt. Es stellt das Grundgerüst für systematisches, strukturiertes Denken dar. Dabei sollte Ihr Denkprozess stets im Feld unten links beginnen.

	Bezogen auf die Vergangenheit (bis hin zur Gegenwart)	**Bezogen auf die Zukunft**
Abstraktes, theoretisches Denken (»Theorie«)	2. Diagnose = Ursachen für die beobachteten Fakten »Welche Gründe hat das Problem?«	3. Abstrakte Planung = Festlegung der Strategie »Wie kann man das lösen?«
Konkretes, praktisches Denken (»Reale Welt«)	1. Fakten = Daten, Ereignisse Symptome »Worin besteht das Problem?«	4. Konkrete Planung = Festlegung der Einzelschritte »Was ist jetzt konkret zu tun? (Was? Wer? Wie? Wo? Wann?)«

Abbildung 3
Grundgerüst für strukturiertes Denken (vgl. Fisher, R. und Sharp, A., *Führen ohne Auftrag*. Frankfurt/New York 1998, S. 109)

Erster Schritt: Faktensammlung. Zunächst geht es darum, das Problem genau zu definieren. Meistens, aber längst nicht immer, ist das Problem offensichtlich: Etwas ist nicht, wie es sein soll (Soll-Ist-Abweichung nennt man das in der Fachsprache der Betriebswirtschaftslehre). Manchmal allerdings ist schon das Problem als solches schlecht strukturiert und nicht klar definiert. In wieder anderen Fällen gibt es gar kein Problem im eigentlichen Sinne, wohl aber eine Diskrepanz zwischen der aktuellen Situation und einer besseren, die Ihnen vorschwebt.

Aber auch wenn das Problem eindeutig bestimmt ist, ist häufig unklar, worin seine genauen Ursachen liegen. Es empfiehlt sich also, zunächst einmal Fakten zu sammeln, die in irgendeiner Weise relevant für das Problem und vor allem für seine Ursachen sind oder sein könnten. Bei dieser Informationssammlung sollten Sie versuchen, wirklich *alle* relevanten Fakten zu eruieren. Häufig versäumt man, bestimmte Dinge zu berücksichtigen. Tappen Sie nicht in folgende Fallen:

- Informationen, die sich in Zahlen ausdrücken lassen, werden überbewertet. Was nicht quantifizierbar ist, erachten wir als unpräzise und deshalb als weniger relevant.
- Dinge, die wir nicht wissen, halten wir für weniger wichtig als solche, die wir kennen. Man konzentriert sich auf bekannte Fakten und macht sich nicht die Mühe, Unbekanntes zu erforschen. Man setzt voraus, dass die Dinge, die man nicht weiß, es auch nicht wert sind, in Erfahrung gebracht zu werden.
- Wir konzentrieren uns auf Informationen, die uns selbst in einem guten Licht erscheinen lassen, andere vernachlässigen wir.

Zweiter Schritt: Diagnose. Der nächste Gedankenschritt besteht in der Suche nach den Ursachen für das Problem. Die meisten Probleme haben vielfältige Ursachen; manche davon können Sie beeinflussen, andere nicht. Bei der Ursachenanalyse sollten Sie sich natürlich auf diejenigen Faktoren konzentrieren, die Sie verändern können.

Bei der Suche nach Gründen für das Problem kommt es darauf an, solche zu finden, die das Problem auch *tatsächlich verursacht* haben. Anders ausgedrückt: Es muss ein *kausaler* Zusammenhang zwischen den beobachteten Fakten, also den Symptomen und den Ursachen bestehen. Und dieser Ursache-Wirkung-Zusammenhang muss eindeutig und damit für andere nachvollziehbar sein. Hüten Sie sich vor folgenden voreiligen Schlussfolgerungen, die häufig gezogen werden:

- Bloß weil zwei Dinge miteinander stark korrelieren, heißt das noch lange nicht, dass das eine die Ursache des anderen ist. So beobachtet man in Deutschland seit 40 Jahren eine stetig fallende Geburtenrate und gleichfalls eine immer kleiner werdende Anzahl von Störchen. Aufgeklärte Zeitgenossen wissen aber, dass das eine nicht der Grund für das andere ist. Und bei zwei blonden Geschwistern wird wohl niemand behaupten, das zweite sei blond, *weil* das erste blond ist. Auch starke Korrelationen beruhen häufig auf dem puren Zufall, oder sie sind kausal verursacht durch einen dritten Faktor, der aber nicht unmittelbar ersichtlich ist. So haben die Geschwister beide ihre Haarfarbe von den Eltern geerbt.
- Bloß weil zwei Dinge *gleichzeitig* auftreten, bedeutet das ebenfalls nicht unbedingt, dass das eine das andere verursacht hat. Ein Beispiel: Gleich nachdem eine Firma einen neuen Vertreter für eines ihrer Verkaufsgebiete eingestellt hatte, sank dort der Umsatz. Das *kann, aber muss nicht* an dem Vertreter gelegen haben. Vielleicht entstand für die Firma just zu diesem Zeitpunkt ein generelles Verkaufsproblem, und der Umsatz sank auch in anderen Verkaufsgebieten.

Bei der Suche nach Ursachen besteht eine weitere Gefahr darin, bestimmte Informationen einfach auszuklammern, und zwar solche, die uns »nicht in den Kram passen«, weil sie mit unseren Auffassungen über die Ursache-Wirkung-Zusammenhänge nicht übereinstimmen. Anders gesagt: Wir beachten nur solche Fakten, die unsere Theorie (das heißt unsere vorgefasste Meinung über die Ursachen) bestätigen.

Dritter Schritt: Planung der Strategie. In diesem Schritt geht es nun darum, eine Strategie für die Lösung des Problems zu entwickeln. Für die meisten Probleme gibt es viele Lösungsmöglichkeiten (was aber nicht heißt, dass alle gleich gut sind). Deshalb gehört zur Strategieentwicklung immer auch ein kreativer Prozess. Konkret sollte man die Planung der Strategie in drei Teilschritte aufteilen: Zunächst geht es darum, möglichst viele Ideen für die Problemlösung zu gewinnen. Denn je mehr Lösungsmöglichkeiten Sie in Betracht ziehen, desto größer ist die Chance, dass eine gute dabei ist, und desto geringer ist die Wahrscheinlichkeit, dass Ihnen eine gute Idee »durch die Lappen geht«. Bei diesem Teilschritt ist also *kreatives Denken* erforderlich. Als Kreativitätstechnik zur Ideengewinnung bietet sich das Brainstorming an. Man kann es zwar auch für sich selbst durchführen, viel effektiver ist es aber, wenn mehrere Personen sich zu einem Brainstorming zusammenfinden.

Im zweiten Teilschritt werden die gefundenen Ideen bewertet. Das Ziel dieser Bewertung besteht darin, gute Ideen herauszufiltern. Hierfür ist *analytisches Denken* notwendig. Sie müssen die Vor- und Nachteile jeder Lösungsmöglichkeit bedenken und ihre Qualität anhand vorher festgelegter Kriterien beurteilen.

Als letzten Teilschritt kann man die eigentliche Entscheidung ansehen: Am Ende der Strategieentwicklung müssen Sie eine der Lösungsmöglichkeiten auswählen.

Vierter Schritt: Planung der Einzelschritte. Nachdem Sie die Strategie für die Problemlösung, also die grundsätzliche Vorgehensweise, festgelegt haben, geht es nun um die konkreten Einzelheiten. Sie müssen einen Durchführungsplan entwickeln. Darin legen Sie genau fest,

– wer,
– was,
– wie,
– wo,
– wann

tun muss, damit das Problem gelöst wird. Auch müssen Sie die zeitliche Abfolge vom ersten bis zum letzten Einzelschritt bestimmen. Damit ist der Prozess der Problemlösung durch strukturiertes Denken eigentlich beendet. Allerdings nützt die beste Planung nichts, wenn sie nicht auch praktisch umgesetzt wird. Hierbei jedoch ergeben sich aller Erfahrung nach immer wieder Probleme. Und damit schließt sich der Kreis, und der Prozess beginnt von neuem. Das folgende Beispiel verdeutlicht das strukturierte Denken.

Die Alpha AG hat ein neues Produkt auf den Markt gebracht, das allerdings auch etwas teurer verkauft wird als das Vorgängermodell. Die Geschäftsleitung erhoffte sich von dieser Neuheit eine deutliche Steigerung des Umsatzes. Sechs Monate nach der Einführung ist der Umsatz des betreffenden Produkts noch nicht einmal so hoch wie der seines Vorgängers. Die Geschäftsleitung ist ratlos: Welches sind die Gründe, und was ist nun zu tun? Die Marketingmanagerin Sarah Tabeck geht das Problem folgendermaßen an:

Erster Schritt: Sammlung der Fakten. Zunächst gilt es Informationen zu sammeln. Eine Situation wie die vorliegende kann theoretisch viele verschiedene Ursachen haben, beispielsweise:

- Ein Wettbewerber hat kurz vorher ein ähnlich gutes Modell auf den Markt gebracht.
- Als Reaktion auf die Einführung haben verschiedene Wettbewerber ihre Preise gesenkt.
- Einer der Wettbewerber hat seinen Service stark verbessert.
- Die Nachfrage der Kunden nach dieser Art von Produkten ist generell rückläufig.
- Der eigene Service hat sich verschlechtert, und unzufriedene Kunden lassen sich auch durch das neue Produkt nicht zum Kauf animieren.

Wegen der Vielzahl möglicher Gründe muss Sarah Tabeck eine umfangreiche Informationssuche durchführen. Auch wenn sie eine Vermutung hat, woran der Misserfolg liegen könnte, sammelt sie zunächst Daten aus verschiedenen Quellen, um sich ein umfassendes Bild zu machen. Zum Beispiel befragt sie Stammkunden, die das neue Produkt nicht bestellt haben. Sie recherchiert die vom Wettbewerb angebotenen Produkte und Preise im Handel und im Internet. Sie wälzt Marktforschungsberichte und befragt Kollegen in anderen Abteilungen, etwa im Vertrieb, in der Produktentwicklung oder in Marketingabteilungen ausländischer Schwesterunternehmen.

Zweiter Schritt: Diagnose. Der nächste Schritt besteht in der Diagnose der Ursachen für den Umsatzrückgang. Es stellt sich heraus, dass tatsächlich ein wichtiger Wettbewerber ein ähnliches Produkt etwa zeitgleich eingeführt hat, allerdings ohne Preiserhöhung. Ein anderer Wettbewerber führt seit Monaten eine spezielle Verkaufsförderungsaktion durch, bei der den Kunden Sonderrabatte eingeräumt werden. Auch die Nachfrage nach der Produktkategorie als Ganzes ist leicht rückläufig. Und zwei neue Wettbewerber aus Fernost sind erst vor einem Jahr in den Markt eingetreten und verzeichnen seitdem ständig steigende Umsätze.

Auf welche dieser Tatsachen ist nun der mangelnde Einführungserfolg des eigenen Produkts kausal zurückzuführen? Sarah Tabeck versucht, in ihren Gesprächen und Analysen möglichst unvoreingenommen zu sein. Schließlich kommt sie zu der Überzeugung, dass zwar mehrere der genannten Faktoren eine Rolle gespielt haben, meint aber, dass der wesentliche Grund darin liegt, dass das neue Produkt teurer verkauft wird als das Vorgängermodell.

Dritter Schritt: Festlegung der Strategie. Nun muss bestimmt werden, wie das Problem gelöst werden soll. Hierzu führt sie ein Brainstorming mit einigen Kollegen und Mitarbeitern durch. Dabei werden von den Teilnehmern viele verschiedene Möglichkeiten vorgeschlagen, unter anderem:

- Man könnte den Preis wieder auf das frühere Niveau senken.
- Man könnte (bei unverändertem Preis) die Garantie für das Produkt verlängern.
- Man könnte den Preis unverändert lassen, aber nachträglich einen zeitlich befristeten Einführungsrabatt gewähren.
- Man könnte den Vertretern eine höhere Verkaufsprämie gewähren, damit sie sich noch mehr für das Produkt einsetzen.
- Man könnte, bei unverändertem Preis, die Werbeausgaben für das Produkt erhöhen.

Anschließend analysiert und bewertet Sarah Tabeck jeden dieser Vorschläge hinsichtlich seiner Durchführbarkeit, seiner Vor- und Nachteile einschließlich seiner Kosten. Nach reiflicher Überlegung entscheidet sie sich für die Option »zeitlich befristeter Einführungsrabatt«.

Vierter Schritt: Planung der konkreten Einzelschritte. Zuletzt überlegt sie sich, was nun konkret zu tun ist, um ihren Plan durchzuführen. Wer muss ihrer Strategie zustimmen? Wann soll die Aktion starten, wann enden? Wann und wie sollen die eigenen Vertreter und die Kunden davon erfahren? Welche administrativen Vorbereitungen sind zu treffen?

Es gibt nichts Gutes, außer man tut es: Handeln Sie!

Streben Sie nicht nach einem perfekten Plan. Das strukturierte Denken ist eine bewährte Methode, um gute Pläne zu erstellen. Gute Planung für sich allein bewirkt aber noch gar nichts. Jede Planung ist nur dann nützlich und kann nur dann erfolgreich sein, wenn das Geplante auch in die Tat umgesetzt wird. Man kann sogar noch einen Schritt weiter gehen: Ob ein Plan gut ist oder weniger gut, kann man streng genommen erst feststellen, wenn er in der Praxis durchgeführt wurde. Vorher kann man zwar versuchen, seine Qualität abzuschätzen, aber die tatsächliche Qualität eines Plans ergibt sich immer erst aus den Ergebnissen der Handlungen, die der Plan vorschreibt.

> **Ziel der Planung ist nicht, Pläne von hoher Qualität zu produzieren, sondern Arbeit von hoher Qualität zu leisten.**

Und die leisten Sie sicher nicht, wenn Sie endlos planen. Deshalb sollten Sie gar nicht erst versuchen, einen perfekten Plan auszuarbeiten. Denn je mehr Sie Ihre Planung perfektionieren wollen, desto mehr Zeit werden Sie aufwenden müssen, die Ihnen anderswo fehlt. Hierauf wurde im vorherigen Kapitel hingewiesen. Perfektion bei der Planung anzustreben ist auch aus folgenden Gründen sinnlos:

- Den perfekten Plan kann es auch durch noch so intensives, systematisches Nachdenken nicht geben. Die hinter dieser Behauptung stehende Logik lässt sich folgendermaßen beschreiben: Während wir denken, machen wir uns immer ein vereinfachtes Abbild der Zusammenhänge in unserer Umwelt. Das ist dann unsere Theorie darüber, wie die Dinge funktionieren und zusammenhängen. Immer jedoch ist die Wirklichkeit komplizierter, manchmal sogar viel komplizierter als die entsprechende Theorie in unserem Kopf. Viele Einflussfaktoren über- oder unterschätzen wir, andere kennen wir nicht einmal. Darum *muss* jeder Plan unzulänglich sein. Denn jeder Plan beruht zwangsläufig auf einer unvollständigen Theorie.
- Der perfekte Plan ist nicht notwendig, denn für viele Probleme, wie beispielsweise Personalplanung oder effiziente Produktion, ist eine endgültige, perfekte Gesamtlösung unmöglich oder zumindest sehr unwahrscheinlich und wird auch von niemandem erwartet. Es geht hier vielmehr darum, die aktuelle Situation schrittweise zu verbessern. Jede spürbare Verbesserung ist schon ein Fortschritt.

Verbinden Sie strukturiertes Denken mit praktischem Handeln. Da der perfekte Plan also weder möglich noch notwendig ist, sollten Sie versuchen, so schnell wie möglich einen akzeptablen Plan zu entwickeln und Ihre Planung in die Praxis umzusetzen. Die praktische Erprobung hat zwei große Vorteile:

- *Handeln ermöglicht die Verbesserung der Planung.* Jede praktische Umsetzung eines Plans bedeutet, die eigene Theorie an der Realität zu überprüfen, und zwar durch den Vergleich unserer Vorhersagen mit den tatsächlichen Geschehnissen. Wenn wir feststellen, dass die Realität anders ist, als wir dachten und planten, hilft nur eins: die Theorie und den Plan revidieren. Der revidierte Plan wird besser sein als sein Vorgänger, weil er auf einer besseren Theorie beruht – einer Theorie, die in der Praxis überprüft wurde.
- *Handeln ermöglicht (meistens) die Verbesserung der Situation.* Auch wenn der Plan mit Fehlern behaftet ist und nicht alles so läuft wie geplant, so wird doch üblicherweise die Situation

durch die Ausführung des Plans zumindest teilweise verbessert. Eine weitere Verbesserung erfolgt dann, wenn die Planungsfehler korrigiert werden.

Anstatt einen perfekten Plan ausarbeiten zu wollen, sollten Sie also lieber einen weniger perfekten in der Praxis überprüfen. Nicht Perfektionieren, sondern Probieren muss ihr Ziel sein. Wenn es irgend geht, sollten Sie das Funktionieren Ihres Plans in kleinem Maßstab überprüfen, bevor Sie ihn in großem Maßstab ausführen. Je nach Umständen bieten sich hierfür zum Beispiel Tests, Versuchsläufe oder Pilotprojekte an. Auf diese Weise können Sie die Unzulänglichkeiten Ihrer Planung aufdecken und sie entsprechend verbessern, bevor Ihr Plan in größerem Umfang eingesetzt wird.

Es gibt aber Fälle, bei denen ein Vorab-Test nicht möglich ist; Sie müssen also Ihren Plan gleich in großem Maßstab ausführen. Sie sollten trotzdem auch hier nicht vor dem Risiko zurückschrecken, einen nicht perfekten Plan auszuführen. Worauf es in diesem Fall, noch mehr als bei einem Test, entscheidend ankommt: Sie müssen so schnell wie möglich – das heißt oft: noch während die praktische Umsetzung im Gange ist – die Qualität des Plans prüfen und die erkannten Fehler sofort korrigieren. Es geht also darum, den Plan möglichst schnell zu revidieren und nicht zu warten, bis das Vorhaben komplett abgeschlossen ist. Seien Sie bereit, auf halber Strecke Kurskorrekturen vorzunehmen.

Planung mit strukturiertem Denken und praktisches Handeln sind also keine Gegensätze, sondern lassen sich miteinander durch die Revision der Planung verknüpfen, und zwar in folgender Weise:

Planung mit strukturiertem Denken ▷ Handlung ▷ Revision und neue Planung ▷ Handlung ▷ und so weiter

Diesen Zyklus sollten Sie bei allem, was Sie tun, möglichst häufig wiederholen. Sie beginnen mit der Planung auf Basis des strukturierten Denkens, wie im vorherigen Abschnitt dargestellt: Problembeschreibung und Faktensammlung, Diagnose der Problemursachen, Planung der Strategie und Planung der Einzelschritte.

Dann springen Sie ins kalte Wasser und handeln. Sie unternehmen die geplanten Einzelschritte.

Sie schwimmen mit offenen Augen, das heißt Sie versuchen sehr sensibel zu registrieren, wie gut Ihre Planung sich umsetzen lässt. Sobald Sie darüber erste Erkenntnisse haben, halten Sie einen Moment inne und führen eine Revision Ihres Plans durch. Sie überlegen sich, was nicht gut funktioniert hat und warum. (Wie Sie sehen, ist dies schon wieder der Einstieg in eine neue Runde strukturierten Denkens.) Nun verändern Sie Ihren Plan so, dass er nach Ihrem jetzigen Kenntnisstand funktionieren müsste. Und dann springen Sie wieder hinein, und ein neuer Zyklus beginnt.

Diese Vorgehensweise lässt sich auch als Sinuskurve darstellen, so wie in Abbildung 4. Sie hat für Sie folgende zwei Vorteile:

- Sie befreien sich von dem Druck, alles beim ersten Mal gleich richtig machen zu müssen. Da Sie sowieso vorhaben, ihren Plan zu überprüfen und gegebenenfalls zu verändern, muss er nicht gleich beim ersten Versuch, ihn in die Praxis umzusetzen, perfekt sein.
- Da Sie immer wieder in der Praxis überprüfen, inwieweit Sie Ihr Ziel mit Ihrer Planung erreichen, verringert sich die Gefahr, das Ziel zu verfehlen. Sollte sich im Laufe der Zeit herausstellen, dass das Ziel auch mit verbesserter Planung nicht erreichbar ist, dann wissen Sie dies schneller, und Sie wissen dann auch besser, warum dies so ist.

Das praktische Handeln führt also zu einer Verbesserung des Denkens, indem unser Denken (unsere Theorie) durch die Umsetzung in entsprechende Taten einer Bewährungsprobe unterzogen wird. Durch die dabei gewonnenen Informationen lernen wir Neues hinzu. Andererseits verbessert strukturiertes Denken auch unser Handeln, denn handeln, ohne vorher genau zu überlegen und zu planen, ist planloser Aktionismus. Dies ist genauso ineffektiv wie planen ohne zu handeln. Es kommt also darauf an, unser Denken und Handeln sinnvoll zu integrieren, das heißt zu verbinden.

Nur wer handelt, kann erfolgreich sein. Dieser Satz wendet sich an alle, die sich lieber mit der Planung als mit der Ausführung einer Sache beschäftigen. Nicht wer die besten Analysen anfertigt,

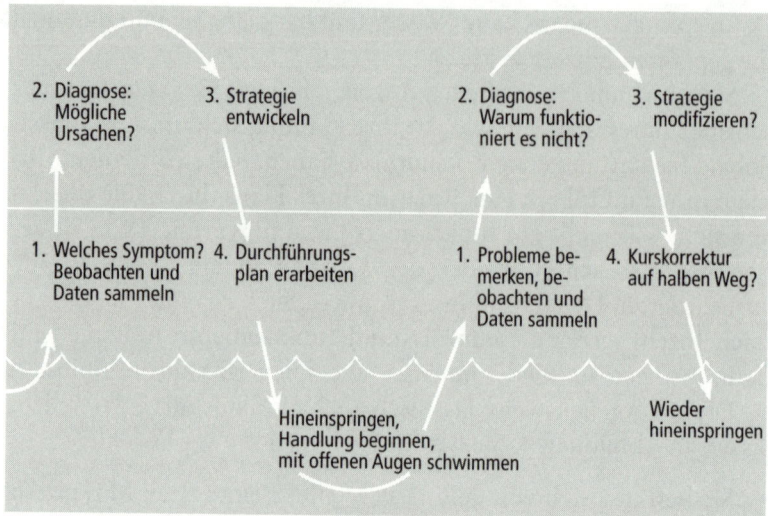

Abbildung 4
Die Sinuskurve: Verbindung von strukturiertem Denken und praktischem Handeln (vgl. Fisher, R. und Sharp, A., *Führen ohne Auftrag*. Frankfurt/New York 1998, S. 160)

nicht wer die besten Vorschläge macht, nicht der Planer hat im Management Erfolg, sondern der »Macher«, derjenige, der handelt. Dies sollten Sie keineswegs als Aufforderung zu blindem Aktionismus verstehen. Im Gegenteil: *Durchdachtes* Handeln ist erforderlich – aber eben *Handeln*.

Die generelle Regel im Management lautet also: Tu etwas! Denke dabei nach, aber tu etwas! Warum ist das so? Warum hat das Handeln einen so hohen Stellenwert? Der Grund liegt in der generellen Zielsetzung des Managements. In allen Unternehmen (und heutzutage vielfach auch im öffentlichen Dienst) besteht die zentrale Aufgabe des Managements in der ständigen Verbesserung der gegenwärtigen Situation. Die Gewinne sollen gesteigert, die Kosten gesenkt, neue Märkte erschlossen, verlorene Marktanteile zurückerobert werden. All dies kommt nur durch Handlung, nie durch Planung allein zustande. Nicht Pläne verändern die Welt, sondern Taten.

In fast allen Organisationen wird deshalb die Qualität eines

Managers danach beurteilt, ob er in der Lage ist, innerhalb der Organisation »etwas zu bewegen«, »etwas durchzusetzen«. Der Macher sorgt dafür, dass Entscheidungen getroffen werden und dass das, was entschieden wurde, auch in die Tat umgesetzt wird. Das geht manchmal so weit, dass selbst bei einem objektiven Misserfolg in der Sache das Durchsetzen an sich den Misserfolg überstrahlt, sodass der verantwortliche Manager unter dem Strich Ansehen gewinnt.

Der so beschriebene Mensch der Tat wird auch als Intrapreneur bezeichnet, als »Unternehmer im Unternehmen«. Er unternimmt alles, damit seine Projekte weiterkommen, egal was in seiner Stellenbeschreibung steht. Er weiß, dass es oft einfacher ist, um Vergebung zu bitten als um Erlaubnis. Er ist hartnäckig und lässt sich nicht so schnell entmutigen, wenn etwas schief läuft. Er ist der Ärmelaufkrempler und Zupacker. Vor die Wahl gestellt, eine gute Idee erst weiter zu verbessern oder sie sofort auszuprobieren, wählt er den Praxistest. Er ist bereit, aus seinen praktischen Erfahrungen ständig dazuzulernen.

Wenn Sie in einer Planungsabteilung arbeiten. Der Gegensatz zwischen Denken und Handeln wird in vielen Organisationen dadurch verschärft, dass unterschiedliche Personen mit beiden Tätigkeiten befasst sind. Die einen machen die Pläne, und die anderen müssen sie ausführen. So wird der Verkaufsplan einer Firma in der Regel nicht vom Planer, sondern von den Verkäufern ausgeführt. Die Fertigungsabteilung muss nach den Konstruktionsplänen der Entwicklungsabteilung produzieren. Das Marketing plant Verkaufsförderungsaktionen, die der Vertrieb durchführen muss. Und das Controlling plant Umsätze und Ergebnisse, die von den »operativen« Einheiten des Unternehmens realisiert werden müssen.

Wenn Planung zu Ihren Hauptaufgaben gehört, nicht aber die Durchführung, dann können Sie die Qualität Ihrer Pläne schon dadurch dramatisch steigern, dass Sie engen Kontakt zu denjenigen halten, die sie ausführen müssen. Verlassen Sie Ihr warmes Büronest und gehen Sie an die »Front«! Reden Sie mit den Praktikern! Als Entwicklungsingenieur zum Beispiel sollten Sie direkt mit den Arbeitern in der Fertigung über deren Probleme sprechen. Als Marketingmanager ist es ratsam, regelmäßig mit Außendienstkollegen zu reisen und Kunden aufzusuchen oder auch allein Einzelhandelsgeschäfte zu besuchen (»Storechecks«), um beispielsweise zu überprüfen, wie Ihre Produkte präsentiert werden oder was der Wettbewerb gerade macht. Mit anderen Worten: Als Planer sollten Sie jederzeit den Kontakt zur Praxis suchen und bereit sein, sich im übertragenen Sinne »die Hände schmutzig zu machen«.

Tipps für Ihren Erfolg

- Streben Sie nicht nach dem perfekten Plan, sondern wagen Sie lieber den Schritt in die Praxis mit einem guten, aber nicht perfekten.
- Prüfen Sie so schnell es geht, ob und wie gut Ihr Plan in der Praxis funktioniert. Verbessern Sie ihn dann schnellstmöglich.
- Werden Sie »Macher«: Nur wer handelt, kann erfolgreich sein.
- Wenn Planung Ihre Hauptaufgabe ist, suchen Sie ständig den Kontakt zur Praxis.

Kommunikation ist alles: Reden Sie!

Diese Aufforderung richtet sich vor allem an eher introvertierte Menschen – an die Stillen, die lieber schweigen als reden, die ein Problem lieber durch eigenes Nachdenken zu lösen versuchen als dadurch, dass sie einen anderen um Hilfe bitten, die in sich selbst ruhen und den Kontakt zu anderen in der Organisation auf das dienstlich Notwendige beschränken. Sie alle nutzen zu wenig die vielfältigen Vorteile, die sich schlicht und einfach daraus ergeben, dass man häufig und viel mit anderen kommuniziert. Es geht hierbei darum, immer offen zu sein für ein Gespräch, sowie um die Bereitschaft, auf andere zuzugehen, um mit ihnen zu reden.

Problemlösungen. Wenn Sie ein Problem zu lösen haben, besprechen Sie es mit so vielen Kollegen wie möglich. Dies wird Ihnen in zwei Situationen bei der Problemlösung helfen. Die erste: Sie tappen ziemlich im Dunkeln, und auch Ihre Gesprächspartner haben nicht die geniale Lösungsidee. Trotzdem wird der eine oder andere im Gespräch Fragen aufwerfen oder Aspekte erwähnen, an die Sie noch gar nicht gedacht haben. Das wiederum bringt Sie auf Ideen, auf die Sie ohne das Gespräch nicht gekommen wären. Und nach einigen Gesprächen beginnt die Lösung in Ihrem Kopf zu reifen.

Die zweite Situation: Sie haben bereits eine Idee oder ein Konzept für die Problemlösung. Besprechen Sie Ihren Lösungsansatz mit mehreren Personen, und Sie werden sehen: Man wird Sie auf Dinge hinweisen, auf die Sie von allein nicht gekommen sind. Nichts ist schlimmer als eine Idee, die jemand nur im eigenen Kopf bebrütet hat und die sich nachher als undurchführbar erweist. Legen Sie also Ihre Ideen auf den Prüfstand der Diskussion mit anderen. Sie werden dadurch fast immer deutlich verbessert. Im schlimmsten Fall wird Ihnen durch die Diskussion mit anderen klar, dass Ihre Idee undurchführbar ist – dies aber, *bevor* Sie sich damit im großen Kreis blamieren. Hüten Sie sich aber vor Ideen-Klau durch Kollegen. Unehrliche können Ihre guten Ideen als die eigenen ausgeben. Besprechen Sie deshalb Ihre Konzepte nur mit vertrauenswürdigen Kollegen.

Holen Sie also immer mehrere Meinungen ein. Andere Menschen sehen die Dinge anders als Sie und haben andere Ideen und Gedanken. Oder betrachten Sie es von der anderen Seite: Wenn Sie mit anderen über Probleme sprechen, die Sie lösen wollen, nutzen Sie deren Kreativität, analytische Fähigkeiten und Lebenserfahrung für sich aus. Dabei kommt einfach in aller Regel mehr heraus, als wenn Sie nur alleine nachdenken. Einleuchtend, oder?

Noch ein weiterer Effekt stellt sich ein, wenn Sie einem anderen von einem schwierigen Problem erzählen. *Allein durch das Sprechen* werden Ihre Gedanken klarer. Dieses Phänomen beschreibt kein geringerer als Heinrich von Kleist in seinem berühmten Aufsatz *Über die allmähliche Verfertigung der Gedanken beim Reden*: »Wenn Du etwas wissen willst und es durch Meditation nicht finden kannst, so rate ich Dir, mein lieber, sinnreicher Freund, mit dem nächsten Bekannten, der dir aufstößt, darüber zu sprechen. Es braucht nicht eben ein scharf denkender Kopf zu sein, auch meine ich es nicht so, als ob du ihn darum befragen solltest: nein! Vielmehr sollst Du es ihm selber allererst erzählen.«[6]

Indem Sie also versuchen, dem anderen ein kompliziertes oder verworrenes Problem zu verdeutlichen, reift in Ihrem Kopf der Lösungsgedanke. Dabei ist es überhaupt nicht wichtig, ob der »nächste Bekannte« etwas von der Materie versteht. Er braucht kein »scharf denkender Kopf« zu sein, denn es geht nicht darum, ihn zu befragen. Nur durch das Sprechen als solches über das Problem formen sich Ihre Gedanken, und Sie sehen vieles klarer als vorher.

Inoffizielle Informationen. Das Gespräch mit Kollegen hat oft noch einen weiteren Vorteil: Sie erhalten inoffizielle Informationen über Personen und Vorgänge in Ihrer Organisation, die Sie ohne das Gespräch nicht erfahren hätten.

Informationen über Personen und Vorgänge in der Organisation haben für die meisten Mitglieder eine immense Bedeutung, zumindest dann, wenn sie das eigene Arbeitsumfeld unmittelbar betreffen. Für Sie als ehrgeizige Führungsnachwuchskraft gilt das in besonderem Maße, denn nur wer immer sehr gut informiert ist, macht in einem Unternehmen Karriere.

In jeder Organisation gibt es inoffizielle und offizielle Informationen. Letztere werden von der Unternehmensleitung über die dafür vorgesehenen offiziellen Kanäle verbreitet, zum Beispiel per Rundschreiben oder über die Hauszeitschrift. Alle anderen Informationen, die innerhalb eines Unternehmens ausgetauscht werden, kann man als inoffizielle Informationen bezeichnen. Diese, insbesondere die vertraulichen unter ihnen, sind die eigentlich interessanten Informationen in einer Organisation, denn ihr Besitz verleiht Ihnen Macht.[7] Der Aufbau einer Machtposition wiederum ist eine wesentliche Voraussetzung, um in Organisationen Karriere zu machen.

Inoffizielle Informationen stehen aber nicht am schwarzen Brett der Firma. Der einzige Weg, um an sie heranzukommen, ist das Gespräch mit jemand anderem. Das macht das Reden unter Kollegen, den »Tratsch«, so wertvoll, allerdings nur, solange er zielgerichtet ist, also Firmeninterna betrifft. Wenn Sie sich mit Ihren Kollegen über das Fernsehprogramm des letzten Wochenendes unterhalten oder darüber, ob Bayern München gestern zu Recht oder zu Unrecht gewonnen hat, verschwenden Sie Ihre Zeit. Wenn Sie hingegen über den Kollegen Adam reden oder die Hintergründe der Entscheidung, warum Frau Bartels Abteilungsleiterin wurde und nicht Herr Cramer, dann werden Sie wahrscheinlich einige hochinteressante Dinge erfahren. Und wenn Sie häufig Gespräche dieser Art führen, werden Sie sehr gut über alle Vorgänge und Personen in Ihrer Organisation informiert sein.

Das Wichtigste in Kürze

- Mit der Methode des strukturierten Denkens können Sie zielgerichtet Pläne für die Lösung von Problemen aller Art erarbeiten.
- Ein perfekter Plan ist weder möglich noch erforderlich. Viel wichtiger ist es, auf der Basis eines akzeptablen Plans zu handeln.
- Sie sollten Planung und Handlung verbinden. Bei der Umsetzung Ihres Plans in die Praxis müssen Sie sehr genau auf die auftretenden Probleme achten und ihn schnellstmöglich verbessern. So wechseln sich Planung und Handlung permanent ab.
- Handeln Sie! Im Management gilt das Primat des Handelns. Werden Sie Intrapreneur. Um beruflich erfolgreich zu werden, müssen Sie sich als Macher profilieren, nicht als Planer.
- Reden Sie über Ihre Probleme mit anderen. Mit hoher Wahrscheinlichkeit werden Sie Anregungen für Lösungen erhalten – entweder von Ihren Gesprächspartnern oder indem Ihnen beim Sprechen Ideen einfallen.
- »Tratschen« Sie zielgerichtet. Der Besitz von inoffiziellen Informationen über Personen und Vorgänge ist extrem wichtig für Ihre Karriere. Diese erhalten Sie nur durch das Gespräch mit anderen.

3.
Wie Sie souverän mit den Managementwerkzeugen umgehen

In diesem Kapitel geht es um die wichtigsten »Handwerkzeuge« für die Managementarbeit. Mit diesen müssen Sie souverän umgehen können, um einerseits Managementkompetenz auszustrahlen, andererseits möglichst effektiv (wirkungsvoll) und effizient (maximales Ergebnis in gegebener Zeit) zu arbeiten.

Beim Thema »schriftliche Kommunikation« im ersten Abschnitt geht es um alle drei Aspekte gleichermaßen. Wenn Sie die Regeln der schriftlichen Kommunikation beherrschen, dokumentieren Sie damit Kompetenz, und es erhöht Ihre Chancen, mit dem Schriftstück das zu erreichen, was Sie wollen.

Im zweiten Abschnitt wird der Umgang mit Zahlen behandelt. Sie sind zwar kein Managementwerkzeug im engeren Sinne, wie etwa das Telefon, wohl aber in einem weiteren Sinne. Denn Zahlen haben für die Arbeit im Management eine überragende Bedeutung. Wer als kompetenter Manager gelten will, muss deshalb gut mit ihnen umgehen können.

Im dritten Abschnitt geht es dann um das technische Werkzeug Telefon. Das Ziel ist, Ihnen aufzuzeigen, wie Sie es möglichst effektiv und effizient in der Managementarbeit einsetzen.

Wirkungsvolle schriftliche Kommunikation

Die schriftliche Form war schon immer und bleibt auch in Zukunft (E-Mail!) im Geschäftsleben eine wichtige Art der Kommunikation. Man kann unterscheiden zwischen externem Schriftverkehr, wie Angeboten oder Geschäftsbriefen, und internen Schreiben, wie

Memos, Hausmitteilungen oder Entscheidungsvorlagen. In allen Fällen sollten Sie sich als Manager gut schriftlich ausdrücken können, denn:

- *Jedes Schreiben ist die Visitenkarte des Absenders.* Nutzen Sie die Chance, mit schriftlichen Äußerungen einen guten Eindruck zu machen. Dies gilt natürlich besonders, wenn Mitglieder des höheren Managements zu Ihren Adressaten gehören. Das, *was* Sie sagen und *wie* Sie es ausdrücken, sagt etwas über Ihre intellektuelle und sprachliche Kompetenz aus, aber auch über Ihre Arbeitseinstellung. Wenn Sie unstrukturiert schreiben und unverständlich formulieren, wird man Ihre Fähigkeit bezweifeln, klar und logisch zu denken. Wenn Sie schlampig schreiben und das Ergebnis von Rechtschreib- und Grammatikfehlern durchsetzt ist, wird man entweder annehmen, dass Sie sich keine Mühe gegeben haben oder – fast noch schlimmer – dass sie es nicht besser können.
  Geben Sie sich auch Mühe beim Abfassen von E-Mails. Es wird zwar gelegentlich die Auffassung vertreten, bei E-Mails komme es nicht auf die Form an, zum Beispiel seien durchgehende Kleinschreibung und Rechtschreibfehler akzeptabel. Dem ist aber nicht so. Fehler fallen hier genauso unangenehm auf wie bei allen anderen Schreiben, zumal viele E-Mails zu Dokumentationszwecken ausgedruckt werden.

- *Was Sie geschrieben haben, können Sie nur schwer wieder zurücknehmen.* Wenn Sie etwas Falsches oder Fehlerhaftes geschrieben oder sich im Ton vergriffen haben, dann steht es da schwarz auf weiß. Im mündlichen Gespräch ist es viel einfacher, sich zu korrigieren, etwas zurückzunehmen oder im Einzelfall sogar abzustreiten, es so gesagt zu haben. Dies ist ein weiterer Grund, sich bei schriftlichen Äußerungen Mühe zu geben. Und darum sollten Sie auch nie unter emotionaler Anspannung schreiben. Bei wichtigen Schreiben empfiehlt es sich, vor dem Abschicken eine Nacht darüber zu schlafen und sich den Inhalt am nächsten Morgen noch einmal kritisch durchzulesen. Es ist immer wieder erstaunlich, wie viele Verbesserungsmöglichkeiten man dann noch entdeckt.

Verteilerfragen. Jedes innerbetriebliche Schreiben hat einen Verteiler. Dieser setzt sich zusammen aus zwei Arten von Adressaten, dem (oder den) direkt Angeschriebenen und demjenigen (oder denjenigen), die das Schreiben nur in Kopie zur Kenntnis (»z. K.«, bzw. »Cc« oder »Bcc« beim E-Mail) erhalten.

Der direkt Angeschriebene ist derjenige, den das Schreiben in erster Linie betrifft. In der Regel soll das Schreiben ihn dazu bewegen, irgend etwas zu tun, zum Beispiel eine bestimmte Entscheidung zu treffen, eine bestimmte Arbeit ausführen oder einem Vorschlag zuzustimmen. Wenn Sie eine einzelne Person direkt anschreiben, dann ist klar, wer reagieren muss. Wenn Sie hingegen mehrere Personen anschreiben, muss aus Ihrem Schreiben hervorgehen, was genau Sie von jedem Einzelnen erwarten. Sonst kann leicht eine Situation entstehen, in der keiner reagiert, weil jeder Einzelne denkt, ein anderer werde es schon machen.

Diejenigen, die das Schreiben nur zur Kenntnis erhalten, brauchen dagegen nichts zu tun außer eben den Inhalt zur Kenntnis zu nehmen. Ihre z. K.-Liste sollte *immer* ihren direkten Vorgesetzten enthalten, darüber hinaus – je nach Umständen – höhere eigene Vorgesetzte und die Vorgesetzten des oder der Angeschriebenen.

Sie sollten Ihren Chef von *jedem* Schriftstück bzw. E-Mail, das Sie versenden, eine Kopie zukommen lassen, weil Sie ihn über alle Ihre Aktivitäten jederzeit auf dem Laufenden halten sollten. Dies hat für Sie nur Vorteile:

- Sie dokumentieren dadurch Ihren Fleiß und Ihre Anstrengungen. Wenn Sie einen Auftrag gerade übernommen haben, zeigen Sie Ihrem Chef, dass Sie die Aufgabe ohne Verzögerung in Angriff genommen haben.
- Andererseits ist es natürlich für Ihren Vorgesetzten (und damit auch für Sie) vorteilhaft, wenn er gut informiert ist. So kann er zum Beispiel plötzliche Anfragen seines Chefs prompt beantworten – etwas, was auch von ihm erwartet wird. Denn im anderen Fall müsste er zunächst bei Ihnen Details nachfragen. Dies könnte bei seinem Vorgesetzten leicht den Eindruck erwecken, Ihr Chef wisse nicht genau, was in seiner Abteilung passiert, er habe also seine Abteilung »nicht im Griff«.

- Sollten Sie mit Ihrem Schreiben einen Fauxpas oder gar einen gravierenden Fehler begangen haben, so wird dies auf Sie, aber auch auf Ihren Chef zurückfallen. Auch in einem solchen Fall ist es besser, wenn Ihr Chef schon vorab durch Kopie über das Schreiben informiert ist und nicht erst durch die Reaktion der Adressaten aus allen Wolken fällt.
- Und schließlich: Wenn Sie Ihren Chef nicht permanent informieren, kann er leicht das Gefühl bekommen, Sie wollten ihn übergehen, selbst wenn Sie das überhaupt nicht beabsichtigt haben. Sie sollten Ihren Chef also wirklich über alles informieren, immer nach dem Motto »Lieber zu viel als zu wenig«. Wenn er dann bestimmte Informationen, wie etwa Routineberichte, nicht mehr erhalten möchte, wird er es Ihnen schon sagen.

Achten Sie darauf, dass Ihr z.K.-Verteiler vollständig ist. Wenn Sie jemanden vergessen, verärgern Sie ihn, weil er nicht informiert wird. Ferner sollte Ihr Verteiler nach dem Rang in der Hierarchie sortiert sein, der Ranghöchste zuoberst. Innerhalb einer Rangstufe empfiehlt sich eine alphabetische Sortierung. Bei manchen E-Mail-Programmen müssen Sie darauf achten, die »Cc«-Liste von vornherein in der richtigen Reihenfolge einzugeben, da nachträgliche Änderungen mühselig sind.

Regeln für gutes Schreiben. Wenn Sie im Geschäftsverkehr gut schreiben wollen, müssen Sie einige Regeln beachten. Diese ergeben sich aus den Anforderungen an geschäftliche Schreiben aller Art: Ihr Inhalt soll sachlich richtig, verständlich und möglichst knapp formuliert sein. Das bedeutet im Einzelnen:

- *Richtigkeit und Präzision.* Ihre Aussagen sollten sachlich richtig und eindeutig formuliert sein. Achten Sie auch auf die Logik: Was Sie schreiben, muss folgerichtig und in sich widerspruchsfrei sein. Versuchen Sie, besonders bei längeren Schriftstücken, den Inhalt gedanklich klar und nachvollziehbar zu strukturieren.
  Drücken Sie sich immer präzise aus, indem Sie eine konkrete Ausdrucksweise verwenden. Vermeiden Sie Klischees und Phra-

sen wie beispielsweise »nichts unversucht lassen«, »etwas auf den Markt werfen« oder »zum Kern der Sache kommen«. Eine solche Redeweise klingt blumig und unprofessionell – und damit inkompetent.

Äußern Sie auch nie Vermutungen, wenn Sie eigentlich die Fakten kennen müssten. Schreiben Sie nicht: »Ich glaube, der Wettbewerb hat noch kein Produkt, das mit unserem vergleichbar wäre«, sondern: »In den neuesten Katalogen der Wettbewerber X, Y und Z habe ich kein vergleichbares Produkt gefunden.« Und nennen Sie die Fakten immer so konkret wie möglich. Beispiel: »Der Umsatz stieg im vergangenen Geschäftsjahr gegenüber dem Vorjahr um 12,3 Prozent« und nicht »der Umsatz ist stark gestiegen«. Kurzum: Je präziser und konkreter Ihre Sprache ist, desto kompetenter wirken Sie auf andere. (Dies gilt übrigens nicht nur für schriftliche, sondern natürlich auch für mündliche Äußerungen.)

- *Klarheit und Verständlichkeit.* Bemühen Sie sich um eine klare und verständliche Ausdrucksweise. Bilden Sie kurze Sätze und vermeiden Sie Schachtelsätze. Achten Sie auch auf eine möglichst einfache Satzstellung. Verwenden Sie so wenig Fremdwörter wie möglich. Setzen Sie nur solches Fachvokabular ein, von dem Sie annehmen können, dass alle Adressaten (also auch die aus anderen Abteilungen) es verstehen. Mit anderen Worten: Bemühen Sie sich um einen einfachen, leicht zu lesenden Schreibstil.
- *Kürze.* Formulieren Sie alles so kurz und knapp wie möglich. Konzentrieren Sie sich auf das Wesentliche, das heißt, lassen Sie alles weg, was für die Zielsetzung, die Sie mit dem Schreiben verfolgen, unwichtig ist. Vermeiden Sie auch unnötige Wörter und rein dekorative Phrasen.
- *Grafiken und Tabellen.* Wann immer möglich, verwenden Sie Grafiken zur Veranschaulichung Ihrer Aussagen. Häufig werden Sie Zahlen zur besseren Übersichtlichkeit in Tabellenform darstellen wollen. Achten Sie dabei darauf, dass Ihre Tabellen keine überflüssigen, sondern nur unbedingt notwendige, aussagekräftige Zahlen enthalten – je weniger, desto besser.

Entscheidungsvorlagen. Unternehmen unterscheiden sich nach der Wichtigkeit, die sie der schriftlichen internen Kommunikation beimessen. Aber es trifft generell zu, dass eine Entscheidung umso eher auf der Grundlage einer schriftlich formulierten Empfehlung getroffen wird, je wichtiger sie für das Unternehmen ist. Investieren Sie deshalb in derartige Ausarbeitungen viel Mühe und Zeit. Lassen Sie sich gegebenenfalls von jemand anderem helfen. Bedenken Sie, dass in der Regel nicht nur Ihr Chef, sondern auch das höhere Management die Vorlage liest. Sie haben damit die Chance, in den oberen Etagen durch Fachkompetenz auf sich aufmerksam zu machen.

Entscheidungsvorlagen sollten folgenden Anforderungen genügen:

- Ihre Entscheidungsvorlage muss eine eindeutige Handlungsempfehlung enthalten.
- Ihre Vorgesetzten müssen Ihre Handlungsempfehlung verstehen.
- Sie müssen Ihre Begründung, das heißt Ihre Annahmen und Argumente, nachvollziehen können.
- Sie müssen das Gefühl haben, dass es keine andere, bessere Handlungsalternative gibt, also dass die vorgeschlagene Entscheidung unter den gegebenen Umständen die optimale ist.

Die typische Struktur einer Entscheidungsvorlage entspricht in etwa dem strukturierten Denken (siehe vorheriges Kapitel) und der Problemlösungsformel für Vorträge, die in Kapitel 5 dargestellt wird:

1. »*Executive Summary*«. Besonders bei längeren Ausarbeitungen empfiehlt es sich, Ihre Empfehlung zusammen mit einer kurzen (normalerweise ein bis zwei Seiten) Zusammenfassung Ihrer Hauptargumente an den Anfang zu stellen. Hiermit ersparen Sie dem Topmanagement, alle Details lesen zu müssen. Außerdem strukturiert eine solche Zusammenfassung die spätere Diskussion besser.
2. *Analyse der Lage und der Problem-Ursachen.* Am Anfang jeder Ausarbeitung müssen Sie die aktuelle Lage darstellen und erklä-

ren, wie sie entstanden ist. In aller Regel bedeutet die aktuelle Situation ein Problem (sonst gäbe es ja nichts zu entscheiden). Es gilt also zunächst, die Fakten zu benennen, das heißt die Symptome des Problems. Bevor Sie aber eine Lösung vorschlagen, müssen Sie die Ursachen für das Problem analysieren, also eine Diagnose erstellen. Des Weiteren müssen Sie eventuell noch zusätzliche Hintergrundinformationen geben, die für das Verständnis der Situation von Bedeutung sind.

Häufig bietet es sich an, die Lagebeschreibung durch eine Prognose darüber zu ergänzen, was passieren würde, wenn *nichts* getan wird. Hierfür müssen Sie gewisse Annahmen über die Zukunft treffen, zum Beispiel dass ein bestimmter Trend unverändert fortbestehen wird.

3. *Festlegung der Ziele.* Vor dem Hintergrund der beschriebenen Situation und ihrer Ursachen müssen nun die zu erreichenden Ziele benannt werden. Die Ziele müssen realistisch, konkret, messbar und mit einem Endtermin versehen sein.

4. *Empfehlung von Maßnahmen (einer Strategie).* Hierbei gibt es zwei verschiedene Vorgehensweisen. Im ersten Fall schlagen Sie nur eine Maßnahme beziehungsweise ein Maßnahmenpaket vor. Das ist dann Ihre Empfehlung. Sie sollten neben den Vorteilen Ihrer Empfehlung auch die möglichen Nachteile und Risiken sowie die voraussichtlichen Kosten aufzeigen. Dies demonstriert, dass Sie sich mit der Problematik gründlich auseinander gesetzt haben. Außerdem können Sie so mögliche Gegenargumente von vornherein entkräften oder zumindest herunterspielen.

Im anderen Fall schlagen Sie zwei oder mehr alternative Strategien vor, von denen Sie aber eine am Ende empfehlen müssen. Auch hier sollten Sie für jede Strategie die Vor- und Nachteile darstellen und abwägen, einschließlich der jeweiligen Kosten. Der Vorteil dieser Vorgehensweise liegt darin, dass Sie Ihren Vorgesetzten eher das Gefühl geben, dass es keine weitere Handlungsalternative gibt. Insofern kann es im Einzelfall sinnvoll sein, Alternativen, an die Sie gar nicht glauben, künstlich zu konstruieren, nur um sie dann in Ihrer Ausarbeitung zu verwerfen.

5. *Nächste Schritte.* Abschließend sollten Sie aufzeigen, welche Einzelschritte als Nächstes unternommen werden müssen, falls Ihr Vorschlag angenommen wird.

Tipps für Ihren Erfolg

- Geben Sie sich viel Mühe bei der Abfassung von Schreiben aller Art, denn: Jedes Schreiben ist Ihre Visitenkarte. Geschriebenes lässt sich nur schwer wieder zurücknehmen.
- Beachten Sie die Regeln für den Verteiler.
- Schicken Sie Ihrem Chef eine Kopie von jedem Ihrer Schreiben.
- Beachten Sie die Regeln für gutes Schreiben und für die Erstellung von Entscheidungsvorlagen.

Wie Sie mit Zahlen richtig umgehen

Je weiter Sie im Management aufrücken, desto wichtiger werden Zahlen. Jeder betriebliche Vorgang lässt sich im Prinzip in Zahlen darstellen, und jede Unternehmensentscheidung basiert auf Annahmen, die in Zahlen ausgedrückt werden. In letzter Konsequenz geht es nämlich bei jeder Entscheidung im Management immer um die zwei gleichen Fragen: Erstens, was kostet es? Und zweitens, was bringt es? Und diese Fragen lassen sich nur durch Zahlen beantworten. Insofern ist ein sicherer Umgang mit Zahlen eine wesentliche Voraussetzung für fachliche Managementkompetenz.

Nachfolgend einige Tipps für den Umgang mit Zahlen:

Lernen Sie die wichtigsten Zahlen auswendig. Sie sollten die wichtigsten Zahlen für Ihren Bereich im Kopf parat haben, um sie bei Bedarf in ein Gespräch einfließen zu lassen. Üblicherweise handelt es sich um Umsatz-, Kosten- und Gewinngrößen, und zwar nicht nur für Ihre eigene Firma, sondern auch für die wichtigsten Wettbewerber beziehungsweise die ganze Branche. Wichtiger noch als Einzelwerte sind Zahlen, die das Verhältnis zweier anderer Zahlen ausdrücken, wie beispielsweise der Umsatz oder die Kosten pro Beschäftigtem. Mit ihnen lassen sich leichter Vergleiche zwischen ansonsten unterschiedlichen Bereichen ziehen, etwa zwischen den verschiedenen Abteilungen eines Unternehmens. Außerdem verändern sich die meisten Relationen im Zeitablauf nicht so stark wie die zugrunde liegenden Einzelwerte.

Legen Sie ein »fact book« an. Da die meisten Menschen nicht alle wichtigen Zahlen und Fakten im Kopf behalten können, empfiehlt sich die Anlage eines »fact book«. Dabei handelt es sich um eine Unterlagensammlung, in der alle für Ihren Arbeitsbereich wesentlichen Statistiken, Budgets und Bilanzen (aber auch Verträge, Protokolle und sonstige wichtige Dokumente) in Kopie abgeheftet sind. Wenn Sie über einen Laptop verfügen, kann dies natürlich auch in elektronischer Form geschehen. Hiermit sind Sie in allen Besprechungen jederzeit in der Lage, wichtige Fakten zu nennen. Dies allein gibt Ihnen schon eine gewisse Kompetenz. Außerdem können Sie in Besprechungen auch die Aussagen anderer auf Richtigkeit überprüfen und gegebenenfalls korrigieren.

Seien Sie kritisch gegenüber allen Zahlen. Legen Sie gegenüber Zahlen, die Sie in Memos oder Berichten lesen oder die in Meetings präsentiert werden, ein grundsätzliches Misstrauen an den Tag. An der Volksmund-Weisheit »Traue keiner Statistik, die du nicht selbst gefälscht hast« ist viel Wahres dran. Denn Zahlen und Statistiken stellen – wie erwähnt – die Grundlage jeder Entscheidung dar. Wer eine Entscheidung herbeiführen will, wird deshalb seine Zahlen immer so aufbereiten, dass sie seinen Vorschlag stützen. Zwischen einseitiger, aber im Kern immer noch wahrer Darstellung von Zahlen und ihrer schlichten Fälschung verläuft eine nicht immer klar erkennbare Trennlinie. Darüber hinaus gibt es in Statistiken oder Kalkulationen häufig auch Ungereimtheiten, die schlichtweg auf Schlamperei beruhen.

Prüfen Sie also zunächst immer, ob die Zahlen korrekt gerechnet und dargestellt sind. Prozentwerte müssen sich auf hundert addieren. Spalten- und Zeilensummen müssen stimmen. Selbst wenn

Sie den genauen Wert einer Zahl nicht kennen: Prüfen Sie, ob die Größenordnung überhaupt stimmen kann. Wie schnell passiert es, dass eine Zahl eine Null zu viel oder zu wenig hat! Wenn Sie zum Beispiel in einer Besprechung derartige Rechenfehler in einer Präsentation entdecken und aufzeigen, zeigen Sie damit nicht nur Ihre eigene Kompetenz, sondern Sie stellen auch erfolgreich die Kompetenz des Vortragenden in Frage. (Deshalb sollten Sie bei Besprechungen *immer* einen Taschenrechner dabei haben.) Denn wenn nur *eine einzige Zahl* nicht stimmt, bekommt jeder sofort Zweifel an der Qualität aller übrigen Zahlen. Wer garantiert einem denn, dass da nicht noch mehr Fehler verborgen sind?

Aber Achtung: Dieses Spiel funktioniert genauso andersherum! Seien Sie deshalb extrem genau, wenn Sie selbst Zahlen anderen präsentieren oder sonstwie kommunizieren. Rechnen Sie alles mehrfach nach. Wenn Sie Zahlen präsentieren wollen, die für Ihre Zuhörer sehr überraschend sein werden, dann sollten Sie auch Ihre Quellen auf Korrektheit überprüfen. Nichts ist peinlicher und schadet Ihrem fachlichen Ruf mehr, als wenn Ihnen vor versammelter Mannschaft die eigenen Zahlen »um die Ohren gehauen werden«.

Prüfen Sie die Annahmen. Nach der rechnerischen Prüfung der Zahlen anderer sollten Sie immer auch die Annahmen kritisch analysieren, die diesen zugrunde liegen. Dies gilt vor allem für alle Schätzungen, also Zahlenwerte, die erst in der Zukunft eintreffen werden. Und alle betrieblichen Entscheidungen betreffen zwangsläufig die Zukunft. Hier gibt es keine objektiven Zahlen, sondern nur subjektive Einschätzungen, die auf mehr oder weniger wahrscheinlichen Annahmen beruhen. Prüfen Sie, wie plausibel die Annahmen erscheinen. Rechnen Sie selbst aus, wie sich die Ergebnisse verändern, wenn man die Annahmen verändert. Und wenn Sie mit genauso plausiblen Annahmen zu völlig anderen Ergebnissen kommen, wird man annehmen, dass Sie das Feld, um das es geht, ebenso beherrschen wie der andere – vielleicht sogar besser.

Untermauern Sie Ihre Argumente mit Zahlen. Ein weiterer Aspekt zum Thema Zahlen ist ebenfalls wichtig: Jedes Argument, das Sie vorbringen – egal, auf welche Art und in welchem Zusammenhang –, wirkt fundierter und hat deshalb mehr Gewicht, wenn es durch Zahlen untermauert ist. Dies ist selbst dann der Fall, wenn Ihr Argument auch ohne Quantifizierung für jeden Betrachter unmittelbar nachvollziehbar und glaubhaft ist. Wenn Sie zum Beispiel Ihrem Chef einen Vorschlag machen, wie durch eine Neuorganisation der Arbeitsabläufe Kosten eingespart werden könnten, dann sollten Sie versuchen, diese Einsparung zu beziffern, auch wenn es ganz offensichtlich ist, dass Ihre Idee diesen Effekt haben wird.

Die Illusion der Präzision.[8] Beim Umgang mit Zahlen gibt es einen wichtigen psychologischen Effekt, dem sich kaum jemand entziehen kann. Je präziser, das heißt je krummer eine Zahl, desto mehr glauben wir ihr. Der Grund liegt darin, dass wir instinktiv wissen, dass glatte Zahlen in der Wirklichkeit nur selten vorkommen. Daraus ziehen wir unbewusst den unzutreffenden Schluss, das krumme Zahlen richtiger sind als glatte.

Das gilt gerade auch für Zahlen, die man so genau gar nicht wissen kann, weil sie entweder mit statistischen Fehlern behaftet sind oder weil sie als Schätzungen die Zukunft betreffen. So klingt »68,7 Prozent« bei einem Marktforschungsergebnis glaubhafter als »70 Prozent«. Und wenn Sie etwa behaupten: »Wir werden mit dem neuen Produkt im kommenden Jahr einen Umsatz von 97 600 Euro erzielen«, dann klingt das glaubhafter, als wenn Sie von »circa 100 000 Euro« sprechen. Im Falle von Schätzungen, wie im zweiten Beispiel, suggeriert die präzise Zahl außerdem, dass man sich sehr viel Mühe für eine ganz genaue Planung gemacht hat.

Tipps für Ihren Erfolg

- Erkennen Sie die große Bedeutung von Zahlen im Management.
- Lernen Ihre wichtigsten Zahlen auswendig.
- Für alle anderen Zahlen legen Sie sich ein »fact book« an.
- Seien Sie sehr kritisch gegenüber allen Zahlen, die von anderen stammen.

- Überprüfen Sie alle Zahlen, die Sie kommunizieren wollen, vorher sehr genau.
- Beachten Sie die Illusion der Präzision.

So telefonieren Sie effizient

Bereiten Sie sich vor. Bevor Sie ein Telefonat führen, sollten Sie sich über Ihre Zielsetzung im Klaren sein. Diese kann auch darin bestehen, nur ein wenig über Innerbetriebliches oder Persönliches zu plaudern, um den Kontakt zu pflegen und inoffizielle Informationen zu erhalten. In der Regel ist die Zielsetzung aber mit Ihren konkreten Aufgaben verbunden. Was also wollen Sie mit dem Anruf erreichen: eine Information oder eine Meinungsäußerung oder seine Zustimmung zu etwas oder was sonst? Wenn Sie das Gespräch mit einer klaren Zielsetzung beginnen, werden Sie sich automatisch auf die Dinge konzentrieren, die dafür relevant sind.

Jedes Telefonat sollten Sie wie einen Gesprächstermin ansehen. Entsprechend müssen Sie es vorbereiten, indem Sie beispielsweise alle benötigten Unterlagen griffbereit vor sich liegen haben, bevor Sie anrufen. Auch sollten Sie sich vorher einige Stichworte notieren, damit Sie beim Telefonieren keinen Punkt vergessen.

Wer anruft, kontrolliert das Gespräch. Wenn man jemanden anruft, ist es meistens üblich, mit ein wenig Small talk zu beginnen und nicht gleich mit der Tür ins Haus zu fallen. Vielen fällt es aber schwer, diese Einstiegsphase kurz zu halten. Sie verschwenden zu viel Zeit, bevor sie auf den Grund ihres Anrufs eingehen. Ein ungeschriebenes Gesetz besagt, dass derjenige, der anruft, den Inhalt und Ablauf des Gesprächs zumindest am Anfang weitgehend bestimmen darf. Nutzen Sie dies aus und kommen Sie schnell zum Punkt, wenn Sie jemanden anrufen, indem Sie Ihre Gesprächsabsicht nennen. Anderenfalls verschwenden Sie Zeit – einmal Ihre eigene, zum anderen aber häufig auch die Ihres Gesprächspartners. Der Anrufer darf ebenfalls das Ende des Telefonats bestimmen. Auch hier können Sie Zeit sparen, wenn Sie der Anrufer sind. Wer anruft, hat also auch mehr Kontrolle über den Zeitverbrauch.

Achten Sie auf den Tonfall Ihrer Stimme. Obwohl der andere Ihre Mimik und Körpersprache nicht sehen kann, so verrät doch Ihre Stimme sehr viel über Ihre augenblickliche Verfassung und Ihre Einstellung zum anderen. Ob Sie sich über das Telefonat freuen oder sich vom anderen gestört fühlen, ob Sie den anderen mögen oder ablehnen – all dies kann man in Ihrer Stimme hören, wenn Sie sich nicht absichtlich verstellen. Achten Sie also auf den Tonfall Ihrer Stimme, und setzen Sie Ihre Stimme bewusst ein, um bestimmte Dinge non-verbal zu kommunizieren. Man hört sogar ein Lächeln durch das Telefon!

Was man am anderen Ende der Leitung ebenfalls hört: Wenn Sie nebenbei etwas anderes tun, etwa Ihren Schreibtisch aufräumen oder etwas in den Computer eintippen. Durch so etwas fühlt sich der andere missachtet und in seiner Bedeutung herabgesetzt. Deshalb und weil Sie dem Gespräch besser folgen können, sollten Sie sich immer voll und ganz auf Ihren Gesprächspartner konzentrieren. Eine weitere Regel der Höflichkeit und des Anstands: Wenn Sie einen Mithörlautsprecher einschalten wollen, bitten Sie den anderen vorher um Erlaubnis.

Ungelegene Anrufe. Wenn Sie angerufen werden, nehmen Sie das Gespräch nur entgegen, wenn Sie allein am Schreibtisch sind. Befinden Sie sich gerade im Gespräch mit einem Besucher, rufen Sie lieber zurück. Es macht einen unhöflichen Eindruck, den anderen warten zu lassen, während Sie telefonieren. Wenn Sie aber trotzdem das Gespräch annehmen wollen, bitten Sie Ihren Besucher vorher um Entschuldigung für die Unterbrechung. Signalisieren Sie dann dem Anrufer, dass Sie gerade in einer Besprechung sind, und bitten Sie ihn, sich kurz zu fassen.

Auch wenn Ihnen der Anruf aus anderen Gründen sehr ungelegen kommt, lassen sie es lieber klingeln oder bitten Sie einen Kollegen, für Sie abzunehmen. Es ist besser, in guter Stimmung zurückzurufen, als völlig entnervt ein Gespräch anzunehmen.

Bitten Sie nicht um Rückruf. Häufig werden Sie die Person nicht erreichen, die Sie anrufen wollen. Stattdessen geht jemand anderes an den Apparat, oder Sie landen bei ihrer Mailbox. Die meisten Menschen bitten in dieser Situation um einen Rückruf. Wenn Sie viel im Betrieb unterwegs sind, wird der andere häufig vergebens versuchen, Sie zurückzurufen. Dann sind Sie wieder an der Reihe zurückzurufen, und so weiter. Manchmal bedarf es mehrerer Versuche beider Seiten, bis man endlich zueinander findet.

Dieses zeitraubende Verfahren lässt sich abkürzen: Bitten Sie einfach nicht um einen Rückruf, sondern fragen Sie danach, wann Ihr Gesprächspartner erreicht werden kann, und lassen Sie ihm ausrichten, dass *Sie* ihn zu dieser bestimmten Zeit anrufen werden. Wenn dem anderen auch nur ein bisschen an dem Gespräch mit Ihnen liegt, wird er mit großer Wahrscheinlichkeit zu dem angekündigten Zeitpunkt erreichbar sein, da er Ihren Anruf erwartet. Er wird vielleicht sogar seine Termine um diesen Zeitpunkt herum legen. Da Sie freiwillig ein zweites Mal anrufen wollen, verpflichten Sie den anderen psychologisch in gewisser Weise, zum Zustandekommen des Gesprächs seinen Teil beizutragen.

Wie im ersten Kapitel dargestellt, sollten Sie immer versuchen, mehrere Telefonate in Zeitblöcken zusammenfassen. Dies gilt natürlich gleichermaßen für Rückrufe wie für Erstanrufe. Lassen Sie einen Block nicht zu lang werden, sonst besteht die Gefahr, dass Sie schlecht erreichbar sind (je nach Einstellung Ihrer Telefonanlage denken Ihre Anrufer: »dauernd besetzt« oder »geht keiner ran«). Zwei Blöcke à 30 bis 60 Minuten, einer am Vormittag, einer am Nachmittag, haben sich bewährt.

Telefonnotizen. Während eines jeden Telefonats sollten Sie alle wichtigen Punkte mitschreiben. Nur so werden Sie sich später an alle Details erinnern. Ruft jemand Sie zum ersten Mal an, notieren Sie auch seinen Namen. Scheuen Sie sich nicht, noch einmal nach dem Namen zu fragen, wenn Sie ihn nicht richtig verstanden haben (was häufig der Fall ist), oder ihn buchstabieren zu lassen. Am Ende des Telefonats sollten Sie die getroffenen Absprachen noch einmal zusammenfassen und sich für das Gespräch bedanken. Wie bei einem persönlichen Gespräch sollten Sie anschließend dem anderen ein Kurzprotokoll über die Abmachungen schicken (»Wie heute mit Ihnen telefonisch vereinbart, ...«).

Tipps für Ihren Erfolg

- Überlegen Sie sich vor dem Anruf Ihre Zielsetzung.
- Wer anruft, hat mehr Kontrolle über Inhalt und Länge des Gesprächs.
- Achten Sie auf den Tonfall Ihrer Stimme.
- Bitten Sie nicht um Rückruf, sondern richten Sie dem anderen aus, wann Sie zurückrufen werden.
- Notieren Sie sich die wesentlichen Punkte; bestätigen Sie Abmachungen mit einem Kurzprotokoll.

Das Wichtigste in Kürze

- Schriftliche Kommunikation bleibt im Management auch in Zukunft sehr wichtig. Die Beherrschung ihrer Regeln ist deswegen eine der Voraussetzungen für Managementkompetenz.
- Auch der sichere Umgang mit Zahlen gehört zu den Voraussetzungen für Managementkompetenz. Seien Sie vor allem kritisch gegenüber allen Zahlen, die von anderen kommen.
- Auch für das Telefonieren gibt es eine Reihe von Regeln, die man befolgen sollte, um die vielen notwendigen Telefonate in möglichst wenig Zeit zu erledigen.

4.
Gesprächsführung: So überzeugen Sie im Vier-Augen-Gespräch

Die Grundlagen des Überzeugungsgesprächs

In diesem Kapitel geht es darum, wie Sie Gesprächspartner im Zweiergespräch überzeugen. Die angenommene Ausgangslage ist dabei folgende: Sie wissen bereits oder erwarten, dass Ihr Gesprächspartner anderer Meinung ist als Sie. Wie überzeugt man andere im Gespräch von seiner Meinung? Es gibt hierfür eine Reihe von Techniken, die in diesem Kapitel dargestellt werden. Sie basieren alle auf folgenden Grundprinzipien menschlicher Kommunikation:

Jeder stellt die eigene Person in den Mittelpunkt. Die meisten Menschen sind Egoisten. Sie interessieren sich nur für das, was *sie* haben wollen: Neben materiellen Dingen suchen sie im Berufsleben vor allem Anerkennung und Bestätigung. Sie sehen ihre eigenen Probleme und wie sie diese lösen können. Was sie tun, unternehmen sie, um ihre eigenen Interessen zu fördern. Sie möchten also jemanden dazu bringen, dass er etwas für Sie tut, etwa dass er seine Meinung ändert und an die Ihre anpasst? Oder Sie wollen erreichen, dass er konstruktiv an Ihrem Projekt mitarbeitet? Dann müssen Sie ihm aufzeigen, was *er* davon hat, wie das *seinen* Interessen nützt. Nur dann werden Sie eine Änderung seiner Meinung oder seines Verhaltens bewirken. Bei jedem Versuch, einen anderen zu überzeugen, müssen Sie dessen Interessen in den Mittelpunkt all Ihrer Überlegungen stellen.

Jede Kommunikation verläuft auf zwei Ebenen. Neben der rationalen, sachlichen Ebene gibt es immer auch eine emotionale, die Beziehungsebene. Wenn Menschen miteinander sprechen, tauschen sie nicht nur Informationen aus, sondern sie treten auch auf der emotionalen Ebene miteinander in Kontakt. Wenn Sie also jemanden erfolgreich überzeugen wollen, reicht es nicht aus, gute Sachargumente vorzubringen. Sie müssen den anderen auch auf der emotionalen Ebene positiv ansprechen. Stärken Sie sein Selbstwertgefühl im Gespräch, indem Sie ihm Anerkennung geben und Komplimente machen. Vermeiden Sie alle Äußerungen, die sein Selbstwertgefühl angreifen und ihn herabsetzen.

Es wird Ihnen niemals gelingen, einen anderen gegen seinen Willen zu überzeugen. Sie können jemanden nur dann überzeugen, wenn er dies zulässt, also innerlich bereit ist, sich überzeugen zu lassen. Sperrt er sich hingegen emotional gegen Ihre Argumente oder Ihre Person, können sie ihn allenfalls überreden, nicht aber überzeugen. Sehen Sie also Ihre Überzeugungsarbeit nicht als Kampf, bei dem es gilt, den anderen mit Ihren besseren Argumenten niederzuringen, sondern betrachten Sie den anderen als einen Verbündeten.

Jeder ist bereit, seine Meinung zu ändern, solange er sie noch nicht geäußert hat.[9] Auch wenn der andere Ihnen noch nicht gesagt hat, wie er über eine Sache denkt: Seien Sie sicher, dass er sehr wohl eine Meinung dazu hat. Es liegt in der Natur des Menschen, sich zu allem und jedem eine Meinung zu bilden, auch wenn man nur geringe Sachkenntnisse hat. Doch die meisten Menschen lassen sich recht leicht von ihrer ursprünglichen Meinung abbringen – allerdings unter der Voraussetzung, dass sie sich noch nicht zu dem Thema geäußert haben. Denn in einem solchen Fall stellt ein Meinungswechsel für Ihren Gesprächspartner keinen Gesichtsverlust dar. Und wenn Sie dem anderen gute Gründe dafür nennen, warum soll er sich Ihrer Meinung nicht anschließen? (Allerdings entscheidet der andere, was er als gute Gründe ansieht.)

Das bedeutet: Tun Sie im Gespräch alles, um zu verhindern, dass der andere seine Meinung äußert. Beginnen Sie deshalb ein Gespräch nie argumentativ, indem Sie Ihre eigene Ansicht nennen und mit Argumenten begründen. Denn wenn er Ihnen nicht zustimmt, ist dies die sicherste Methode, ihn zur Nennung seiner Gegenmeinung und seiner Gegenargumente zu provozieren. Damit kommt es automatisch zum Kampf zwischen Ihnen und dem anderen. Jeder ist überzeugt, die besseren Argumente zu haben. Keiner will zurückstecken und als Unterlegener gelten, indem er die Meinung des anderen annimmt. Denn das würde einem Gesichtsverlust gleichkommen. Verhindern Sie also von Anfang an, dass der andere seine Meinung äußert. Wie weiter unten gezeigt wird, geht das am besten, indem Sie ihm Fragen stellen.

Übersicht 2 enthält die bis hierher aufgezeigten Grundlagen erfolgreicher Gesprächsführung.

Grundlagen des Überzeugungsgesprächs	Was Sie tun müssen, um den anderen zu überzeugen
Jeder stellt sich selbst in den Mittelpunkt.	Zeigen Sie ihm auf, wie es seinen Interessen nützt, wenn er Ihnen zustimmt.
Jede Kommunikation verläuft gleichzeitig auf zwei Ebenen: der sachlichen und der emotionalen.	Sprechen Sie ihn auch auf der emotionalen Ebene positiv an, zum Beispiel indem Sie sein Selbstwertgefühl stärken.
Jeder ist bereit, seine Meinung zu ändern – vorausgesetzt, er hat sie noch nicht geäußert.	Beginnen Sie das Gespräch nicht mit Argumenten, sondern mit Fragen.

Übersicht 2
Grundlagen erfolgreicher Gesprächsführung

Ein Überzeugungsgespräch ist eine Abfolge einzelner Schritte, nach denen auch dieses Kapitel aufgebaut ist. Jeder dieser Schritte beinhaltet eine Reihe von verschiedenen Verhaltensweisen, die Sie anwenden sollten, um jemanden erfolgreich zu überzeugen. Richten Sie Ihre Gesprächsstrategie so aus, dass die einzelnen Schritte zeitlich aufeinander folgen. Sollte das im Einzelfall nicht gelingen, so kann man die beschriebenen Schritte doch sachlich-logisch voneinander abgrenzen. Die Übersicht 3 zeigt den Ablauf eines erfolgreichen Überzeugungsgesprächs.

1. Bereiten Sie das Gespräch intensiv vor.
2. Achten Sie auf einen guten Einstieg.
3. Identifizieren Sie die Zielsetzungen Ihres Gesprächspartners.
4. Argumentieren Sie mit Blick auf den Nutzen des Partners.
5. Reagieren Sie richtig auf Einwände.

Übersicht 3
So läuft das Überzeugungsgespräch ab

Die Regeln erfolgreicher Überzeugung im Gespräch gleichen exakt denen für erfolgreiches Verkaufen. Denn beim Verkaufsgespräch sind die Ausgangssituation und die Zielsetzung identisch: Der Kunde will anfangs das Produkt nicht kaufen, und der Verkäufer muss ihn ohne Zwang, nur durch ein Gespräch, davon überzeugen, es doch zu tun. Letztendlich lässt sich jedes Überzeugungsgespräch als Verkaufsgespräch auffassen, nur mit dem Unterschied, dass dem anderen anstatt eines Produkts eine Meinung oder ein bestimmtes Verhalten »verkauft« wird.

Unerlässlich: die intensive Vorbereitung

Wer einen anderen überzeugen will, muss gut vorbereitet in das Gespräch gehen. Dazu gehört zunächst, dass Sie sich über Ihren eigenen Standpunkt, Ihre Interessen und Ihre Zielsetzung für das Gespräch klar sind. Nur wenn Sie genau wissen, wohin Sie wollen, können Sie den Verlauf des Gesprächs in die für Sie günstige Richtung steuern. Sind Sie beispielsweise als Kunde mit den Leistungen eines Lieferanten nicht zufrieden, so müssen Sie sich vor dem Reklamationsgespräch überlegen, was Sie wollen: Eine

Nachbesserung? Einen Preisnachlass? Oder wollen Sie lieber versuchen, den Kauf ganz rückgängig zu machen? Alle denkbaren Zielsetzungen haben üblicherweise ihre Vor- und Nachteile: Die Nachbesserung geht schneller, aber wird die Qualität diesmal in Ordnung sein? Ein niedrigerer Preis verringert die Kosten, aber können Sie mit der schlechteren Qualität leben? Wenn Sie den Kauf rückgängig machen: Werden Sie rechtzeitig einen anderen Lieferanten finden, der die gewünschte Qualität zum ursprünglichen Preis liefert?

Neben der Festlegung der eigenen Ziele gehört zur Gesprächsvorbereitung natürlich auch, dass Sie alle Argumente sammeln, die für Ihre Zielsetzung beziehungsweise Ihre Meinung sprechen. In diesem Fall kann es notwendig sein, dass Sie zuerst Ihre eigenen Sachkenntnisse verbessern.

Es ist aber nicht damit getan, sich die eigene Sicht der Dinge zu überlegen. Ebenso wichtig ist es zu versuchen, sich in die Lage des anderen zu versetzen. Bemühen Sie sich, die Sache aus seiner Sicht zu betrachten. Fragen Sie sich, welche Haltung der andere vermutlich einnehmen wird:

- Welche Interessen und Bedürfnisse hat der andere?
- Wie viel Kenntnisse über die Sache hat er?
- Welche Gefühle hegt er Ihnen gegenüber?
- Welche Meinung wird er vermutlich vertreten?
- Was sind wahrscheinlich seine Argumente?
- Was will er erreichen oder vermeiden?
- Was ist nötig, damit der andere das Gespräch als Erfolg ansieht?

Mit einigem Nachdenken und »Nachfühlen« lässt sich die Position des anderen meist recht genau ausloten – auch wenn Sie in vielen Fällen nur Vermutungen anstellen können. Die Sache aus der Sicht des anderen zu sehen bringt Ihnen entscheidende Vorteile für das Gespräch:

- Sie erkennen bereits im Voraus, welche Ihrer Argumente für den anderen starke Argumente darstellen (und welche nicht), und können Ihre Gesprächsführung darauf einstellen.

- Sie können sich vorher überlegen, wie Sie den Gegenargumenten des anderen begegnen wollen.

> **Tipps für Ihren Erfolg**
>
> - Legen Sie Ihre Gesprächsziele fest, und arbeiten Sie Ihre Argumente aus.
> - Versetzen Sie sich in die Lage Ihres Gesprächspartners. Wie sieht er wohl die Dinge?

Gesprächseröffnung: der richtige Einstieg

Es gibt einen klaren Zusammenhang: Je besser die Gesprächsatmosphäre und je besser die Stimmung Ihres Gesprächspartners ist, umso eher können Sie positive Ergebnisse erwarten. Ob sich ein gutes, entspanntes Gesprächsklima entwickelt, hängt entscheidend davon ab, ob es Ihnen gelingt, in das Gespräch richtig einzusteigen. Beachten Sie folgende Regeln:

- Begrüßen Sie Ihren Gesprächspartner mit einem freundlichen Lächeln. Lassen Sie ihn deutlich spüren, dass Sie sich freuen, ihn kennen zu lernen oder wiederzusehen.
- Greifen Sie Themen auf, die dem anderen persönlich wichtig und angenehm sind, zum Beispiel seine Familie, seine Hobbys oder seine privaten und beruflichen Erfolge, und lenken Sie das Gespräch darauf. Über diese Themen wird er gerne mit Ihnen sprechen. Sehr wahrscheinlich sind diese Themen sogar seine Lieblingsthemen. Sie machen ihm also eine große Freude, wenn Sie darauf zu sprechen kommen. Darüber hinaus demonstrieren Sie auf diese Weise Interesse an seiner Person, was ihm schmeichelt und ihn ebenfalls freut. Also lassen Sie den anderen erzählen. Spornen Sie ihn durch Ihre Fragen an. Nehmen Sie sich viel Zeit für diese Art von Gesprächseinstieg.

- Wenn Sie jemanden noch nicht kennen, schauen Sie sich aufmerksam in seinem Büro um. Ein Foto der Kinder, ein Kritzelbild der vierjährigen Tochter, eine Aufnahme Ihres Gesprächspartners in Wanderkleidung am Gipfelkreuz eines Berges, eine innerbetriebliche Auszeichnung in Form einer Urkunde – die meisten Schreibtische und Büros enthalten eine Menge Hinweise auf Interessen und Erfolge ihrer Inhaber.
- *Gemeinsamkeit verbindet.* Nennen Sie ein gemeinsames Ziel des Gesprächs. Nach der Unterhaltung über Persönliches werden Sie irgendwann auf Ihr sachliches Thema zu sprechen kommen. Betonen Sie am Anfang des Sachgesprächs Ihr gemeinsames Ziel. Damit schaffen Sie eine gemeinsame positive Ausrichtung auf die Zukunft. Dies gelingt besonders gut, wenn sich der andere durch die Formulierung emotional angesprochen fühlt. Wählen Sie deshalb getrost eine etwas allgemeine Formulierung, der Ihr Gesprächspartner ohne Diskussion zustimmen kann. Beispiel: »Ziel unseres Gesprächs soll es sein, Wege zur Steigerung des Umsatzes zu finden, ohne dass unsere Kosten steigen. Wenn wir dies schaffen, werden wir deutlich höhere Jahresprämien erhalten als im vergangenen Jahr.«

Nehmen Sie den anderen für sich ein: Erzeugen Sie bei ihm positive Emotionen für sich durch Ihre freundliche, verbindliche Art und das Interesse, das Sie ihm als Mensch entgegenbringen. Je mehr Sympathie Sie auf diese Art wecken, desto besser sind Ihre Chancen, ihn auch von Ihren sachlichen Vorstellungen zu überzeugen.

Auch der äußere Rahmen, insbesondere der Ort des Gesprächs, beeinflusst die Atmosphäre. Es kann im Büro des anderen, in Ihrem Büro oder an einem »neutralen« Ort stattfinden. Wenn Sie es einrichten können, suchen Sie Ihren Gesprächspartner in seinem Büro auf, denn dort fühlt er sich wegen des psychologisch wichtigen »Heimvorteils« am wohlsten. Ist das nicht möglich, sollten Sie einen neutralen Ort vorschlagen, zum Beispiel ein Besprechungszimmer. Nur wenn auch das nicht geht, muss das Gespräch notwendigerweise in Ihrem Büro stattfinden. Hier fühlt sich Ihr Gesprächspartner naturgemäß nicht so wohl. Sie können aber einiges tun, um diesen Effekt zu mildern:

- Sorgen Sie dafür, dass Ihr Gespräch nicht durch Anrufe gestört wird, indem Sie Ihr Telefon umstellen.
- Setzen Sie sich an einen separaten Besprechungstisch, wenn Ihr Büro über einen solchen verfügt. Damit zeigen Sie dem anderen seine prinzipielle Gleichberechtigung an. Wenn Sie hingegen an Ihrem Schreibtisch sitzen bleiben und dem anderen nur einen Besucherstuhl anbieten, wird er das bewusst oder unbewusst als Überlegenheitsgeste Ihrerseits beziehungsweise als Herabstufung seiner Person auffassen. Dieser Effekt wird noch verstärkt, wenn Ihr Schreibtischstuhl eine bessere Qualität und eine höhere Rückenlehne aufweist als Ihr Besucherstuhl (was fast immer der Fall ist).

Die Basis des Erfolgs: offene Fragen und aktives Zuhören

An den Einstieg schließt sich nun der sachliche Teil des Gesprächs an. Ihre wichtigste Aufgabe besteht darin, die Zielsetzungen des Gesprächspartners, seine Wünsche, Interessen und Bedürfnisse herauszufinden. Dies erreichen Sie mit einer relativ simplen Technik:

> **Stellen Sie offene Fragen, und hören Sie aktiv zu.**
> **Das ist der Kern aller Überzeugungskraft**

Nur wenn Sie genau wissen, was der andere wünscht, werden Sie ihn von Ihrer Meinung oder Ihrem Vorschlag überzeugen können.

Offene Fragen stellen. Fragen lassen sich in offene und geschlossene Fragen unterteilen. Auf geschlossene Fragen gibt es nur wenige Antwortmöglichkeiten. Ein extremes Beispiel sind Fragen, die man nur mit »ja« oder »nein« beantworten kann. Der Befragte ist damit in seinen Antwortmöglichkeiten sehr eingeengt. Demgegenüber lassen offene Fragen dem Befragten alle Freiheiten der Antwort. Die meisten W-Fragen – also solche, die mit den Fragewörtern was, wie, warum, welche und so weiter beginnen – sind offene Fragen. Der Antwortende entscheidet allein, was und wie ausführlich er antwortet. Es ist deshalb für ihn weitaus motivierender, auf offene Fragen zu antworten als auf geschlossene.

Aktiv zuhören. Wenn Sie Ihrem Gesprächspartner lediglich Fragen stellen, wird es Ihnen nicht gelingen, seine Gedanken richtig zu verstehen. Sie müssen ihm auch aktiv zuhören, wenn er antwortet. Aktives Zuhören bedeutet, dass Sie interessiert zuhören und sich voll und ganz auf das konzentrieren, was der andere sagt. Weiter heißt es, dem anderen immer wieder zu kommunizieren, dass Sie ihm aufmerksam zuhören und sich bemühen, ihn zu verstehen. Aktives Zuhören ist Schwerstarbeit – obwohl es nicht danach aussieht. So machen Sie es richtig:

- *Halten Sie Blickkontakt.* Dies ist für den anderen das wichtigste (nonverbale) Zeichen, dass Sie mit Ihren Gedanken voll und ganz »bei ihm sind«. Auch ein Nicken zeigt dem anderen, dass Sie ihm zuhören.
- *Lächeln Sie den anderen an.* Schauen Sie ihm freundlich ins Gesicht. Lächeln Sie, so oft die Situation es erlaubt, aber vermeiden Sie Dauerlächeln, das wirkt aufgesetzt. Sie zeigen ihm damit, dass Sie ihm gerne zuhören. So stärken Sie das emotionale Band zwischen Ihnen.
- *Unterbrechen Sie ihn nicht.* Zeigen Sie Geduld beim Zuhören. Lassen Sie den anderen ausreden. Fallen Sie ihm nicht ins Wort. Das ist nicht nur unhöflich, sondern Sie riskieren auch, wichtige Informationen nicht zu erhalten. Selbst wenn der andere scheinbar ausgeredet hat, schweigen Sie noch einen kleinen Moment und schauen ihn dabei erwartungsvoll an – so als fehle noch etwas an dem, was er ihnen gerade gesagt hat. Die Stille, die nun entsteht, empfinden die meisten Menschen als ausgesprochen beklemmend und unangenehm. Sie ertragen diese Gesprächspause nicht lange. Die einzige Möglichkeit, sie rasch zu beenden, besteht darin weiterzureden. Und das tut Ihr Gesprächspartner dann auch. Meist ohne nachzudenken fährt er fort und erläutert seine Antwort näher. Dabei gibt er häufig

auch Informationen preis, die er eigentlich gar nicht erwähnen wollte, etwa Informationen über seine wahren Interessen und Bedürfnisse. Man nennt dies »Die Macht des Schweigens«. Wenn Sie Ihr Schweigen einsetzen, achten Sie darauf, dass die Pausen nicht zu lang werden, weil sonst die Situation für Ihren Gesprächspartner unangenehm würde.

- *Halten Sie seinen Redefluss aufrecht.* Irgendwann kommt der Zeitpunkt, zu dem Sie den anderen auch durch Ihr Schweigen nicht mehr zum Weiterreden animieren können. Das ist der Fall, wenn er wirklich alles gesagt hat, was ihm als Antwort einfiel. Um seinen Redefluss in Gang zu halten, stellen Sie ihm nun eine Frage, die auf das eingeht, was er gerade gesagt hat.
- *Zeigen Sie ihm auch mit Worten, dass Sie zuhören.* Nicht zu unterbrechen heißt nicht, dass Sie stumm wie ein Fisch sein sollten. Machen Sie auch auf verbale Weise deutlich, dass Sie genau zuhören, indem Sie immer wieder kurze Worte einwerfen, wie etwa »aha«, »ich verstehe«, »wirklich?« oder »das ist ja interessant«.
- *Haken Sie nach.* Vergewissern Sie sich immer, dass Sie auch wirklich alles verstanden haben, was der andere Ihnen gesagt hat. Falls Sie auch nur die geringsten Zweifel haben, fragen Sie. Bohren Sie so lange nach, bis Sie sicher sind, jedes Detail verstanden zu haben. Anstatt nachzufragen, können Sie auch das Gesagte in seinen – oder besser noch: in Ihren – Worten wiederholen. So decken Sie etwaige Missverständnisse auf.
- *Machen Sie sich Notizen.* Schreiben Sie sich auf, was der andere sagt wann immer die Situation es erlaubt. Damit schlagen Sie zwei Fliegen mit einer Klappe: Erstens können Sie das Gesagte besser behalten. Da Sie im weiteren Verlauf des Gesprächs auf die Äußerungen des anderen eingehen müssen, hilft es, sich alle Details aufgeschrieben zu haben. Zweitens fühlt sich Ihr Gesprächspartner wichtig genommen. Es schmeichelt ihm, wenn Sie das, was er sagt, für so wichtig halten, dass Sie es sich aufschreiben. Auf diese Weise sammeln Sie wichtige Pluspunkte auf der emotionalen Ebene.

Aktives Zuhören erfordert also eine Menge psychischer Energie, es ist alles andere als eine leichte Übung. Hinzu kommt, dass stets zwei Gefahren auf Sie lauern, selbst wenn Sie mit guten Vorsätzen in ein Gespräch gehen:

- *Sie denken schneller, als der andere spricht.* Dieses Problem tritt besonders in den Fällen auf, in denen der andere langsam spricht oder sich so weitschweifig äußert, dass es lange dauert, bis er auf den Punkt kommt. Ihre Gedanken eilen dann dem anderen voraus. Sie meinen, schon vorher zu wissen, was er sagen will, *und hören nicht mehr genau zu.*
- *Sie hören nur das, was Sie hören wollen.* Viele Menschen tendieren dazu, nur das zu hören, was sie hören wollen. Alles, was nicht den eigenen Vorstellungen entspricht, wird »überhört«, einfach ausgeblendet. Man nennt dies selektive Wahrnehmung.

Empathisches Zuhören. Empathisches Zuhören[10] ist sozusagen die hohe Schule des aktiven Zuhörens. Empathie bezeichnet die Bereitschaft und die Fähigkeit, sich in den anderen Menschen einzufühlen. Zeigen Sie sich als empathischer Zuhörer: Bemühen Sie sich, selbst nachzufühlen, was das Gesagte für Ihren Gesprächspartner emotional bedeutet. Machen Sie ihm deutlich, dass Sie seine Gefühle verstehen, indem Sie offen aussprechen, was er fühlt. Indem Sie seine Gefühle benennen, schaffen Sie eine starke emotionale Verbindung zum anderen. Denn er fühlt sich dann von Ihnen nicht nur auf der Sachebene, sondern auch emotional verstanden.

Die Schwierigkeit des empathischen Zuhörens besteht darin, dass der andere Ihnen seine Gefühle meistens nicht offen mitteilt. Lediglich sein Tonfall, seine Wortwahl oder seine Mimik geben Ihnen Hinweise. Sie sind also auf Vermutungen angewiesen. Hierbei hilft Ihnen natürlich auch, wenn Sie sich selbst fragen, was Sie an seiner Stelle empfinden würden. Sprechen Sie Ihre Vermutungen offen aus, und wenn Sie unsicher sind, stellen Sie entsprechende Fragen.

- Ein Kollege sagt zu Ihnen: »Ich muss übermorgen schon wieder für zwei Wochen auf Dienstreise nach Ostasien.« Darauf können Sie antworten: »Diese Reisen sind wohl ziemlich anstrengend für Sie?« Oder: »Leidet nicht Ihr Familienleben, wenn Sie so häufig lange Reisen machen müssen?«

- Oder: »Ich bin in diesem Jahr nicht bei der Außendienstkonferenz dabei. Neuerdings dürfen nur Personen teilnehmen, die mindestens Abteilungsleiter sind.« Sie antworten: »Da sind Sie aber bestimmt sauer – bei der ganzen Arbeit, die Sie in die Vorbereitung der Konferenz gesteckt haben?!«

Empathisch zuhören und Gefühle zur Sprache bringen kann nicht jeder. Vor allem bereitet es häufig Schwierigkeiten, Personen, die man noch nicht gut kennt, auf ihre Gefühle anzusprechen. Doch das kann man trainieren. Versetzen Sie sich in die Lage des anderen. Achten Sie auf Hinweise zu seinen Gefühlen bei dem, was er sagt und vor allem, wie er es sagt. Und wenn Sie unsicher sind, formulieren Sie Ihre Annahmen als Fragen. Sollten Sie sich irren (was sicher nicht häufig vorkommen wird), wird der andere Sie korrigieren. Aber er wird Ihren Versuch, seine Gefühle zu verstehen, in jedem Fall positiv registrieren.

Vorteile des aktiven Zuhörens. Offene Fragen zu stellen und Ihrem Gesprächspartner aktiv zuzuhören bringt für Sie viele Vorteile:

- *Wer fragt, der führt.* Wer offene Fragen stellt und den anderen durch aktives Zuhören zum Sprechen animiert, bestimmt allein durch die Auswahl seiner Fragen das Thema und die Richtung des Gesprächs. Zusätzlich können Sie durch offene Fragen verhindern, dass der andere bereits am Anfang des Gesprächs seine Meinung und seine Argumente äußert. Interessanterweise hat der Antwortende meist selbst gar nicht den Eindruck, vom Fragenden geführt zu werden. Da er die meiste Zeit redet, gewinnt er leicht den Eindruck, dass er es ist, der das Gespräch dominiert.
- *Sie erhalten Informationen.* Sie erfahren eine Menge über den anderen, seine Gedanken, Gefühle, Probleme, Wünsche, Bedürfnisse, Interessen und Zielsetzungen – alles wichtige Informationen, die Sie für Ihre Überzeugungsarbeit brauchen. Wenn Sie sich bereits vor dem Gespräch Gedanken über Ihren Gesprächspartner gemacht haben, werden Sie versuchen, Ihre Vermutungen durch offene Fragen zu bestätigen.
- *Sie erfahren die Aufmerksamkeit des anderen.* Ein weiterer

Vorteil offener Fragen (insbesondere gegenüber geschlossenen Fragen) besteht darin, dass Ihr Gesprächspartner sich gedanklich intensiver mit dem Thema auseinander setzen muss. Dadurch erhalten Sie seine volle Aufmerksamkeit während der ganzen Zeit, in der er Ihnen antwortet.

- *Sie gewinnen Sympathie.* Wenn Sie Ihrem Gesprächspartner interessiert zuhören, erzeugen Sie bei ihm positive Emotionen und gewinnen seine Sympathie. Sie drücken damit nämlich aus, dass Sie das, was der andere Ihnen sagt, für wichtig halten. So bezeugen Sie Achtung und Respekt nicht nur vor dem, was der andere sagt, sondern auch vor ihm als Person. Aktiv zuhören ist also ein großes Kompliment für den anderen. Darüber hinaus haben es die meisten Menschen auch einfach gern, wenn ihnen jemand zuhört – unabhängig davon, worum es geht. Sie reagieren emotional entsprechend positiv.

Wenn Sie andere im Gespräch überzeugen wollen, ist aktives Zuhören also eine ungemein wichtige Fähigkeit. Einerseits erhalten Sie nur so die notwendigen Informationen über den anderen; das ist der Vorteil auf der sachlichen Ebene. Andererseits erzeugen Sie bei ihm positive Gefühle für sich und damit eine gute Gesprächsatmosphäre; das ist der Vorteil auf der emotionalen Ebene. Beides sind wichtige Voraussetzungen, um einen späteren Meinungswechsel zu erreichen.

Im Zentrum der Argumentation: der Nutzen des Partners

Nun haben Sie sachlich und emotional den Boden für die Überzeugung des anderen bereitet. Die nächste Phase des Gesprächs besteht aus der eigentlichen Argumentation. Sie müssen dem anderen jetzt die Argumente nennen, die ihn dazu bringen sollen, Ihnen zuzustimmen. Dazu müssen Sie ihm aufzeigen, in welcher Weise Ihr Vorschlag *ihm* nützt.

Die Grundlage für Ihre Argumentation sind die Bedürfnisse,

Probleme, Zielsetzungen und Interessen des anderen, die Sie vorher erfragt haben. Diese müssen Sie gedanklich mit Ihren Argumenten vergleichen – und zwar schon, während der andere spricht. Dann stellen Sie Ihre Position als Problemlösung für den anderen dar: Zeigen Sie ihm auf, wie Ihre Argumente seinen Bedürfnissen und Zielsetzungen entsprechen.

> **Argumentieren Sie mit Blick auf den Nutzen des Partners. Betonen Sie die Vorteile, die er hat, wenn er Ihnen zustimmt.**

Die große Stärke der Argumentation mit Blick auf den Nutzen des Partners liegt darin, dass er Ihnen die Argumente im Grunde selbst gegeben hat. Er selbst nannte Gründe, die für Ihren Vorschlag sprechen, indem er Ihre offenen Fragen nach seinen Zielsetzungen beantwortete. Und man lässt sich durch Gründe, die man selbst gefunden hat, leichter überzeugen als durch Gründe, die von anderen genannt werden. Die Kunst besteht einzig darin, Ihre Argumente mit seinen Zielsetzungen zu verbinden – also Ihre Gründe mit den seinen.

In der Regel werden Sie nicht alle Ihre Argumente in Vorteile für den anderen »ummünzen« können. Sie können es gedanklich drehen und wenden, wie Sie wollen – manche Aspekte Ihres Vorschlags nützen dem anderen einfach nicht, andere würden vielleicht sogar einen Nachteil für ihn bedeuten. Was sich von Ihrem Vorschlag nicht als Vorteil für den anderen darstellen lässt, darüber sollten Sie eher schweigen. Konzentrieren Sie sich in Ihrer Argumentation also auf das, was für den anderen positiv ist. Denn er wird im Normalfall schon von allein darauf kommen, welche Einwände er gegen Ihren Vorschlag hat.

Wie Sie Einwände geschickt parieren

Wenn der andere Zweifel oder Bedenken äußert oder einen anderen Standpunkt einnimmt, müssen Sie seinen Einwänden geschickt begegnen. Behalten Sie folgende Grundregel immer im Hinterkopf: Vermeiden Sie alles, was die positive Gesprächsatmosphäre stört, die Sie bis zu diesem Zeitpunkt aufgebaut haben. Konkret heißt das:

- Vermeiden Sie unter allen Umständen, dass sich ein Streitgespräch entwickelt. Im Streit lässt sich niemand überzeugen. Wenn es zum Streit kommt, dann sind Sie mit Ihrem Überzeugungsversuch gescheitert. Brechen Sie also das Gespräch über den Streitpunkt so schnell wie möglich ab.
- Sagen Sie Ihrem Gesprächspartner niemals, dass er sich irrt – weder ausdrücklich noch indirekt durch Ihren Tonfall. Besonders gefährlich sind Situationen, in denen Sie fest davon überzeugt sind, besser Bescheid zu wissen und die besseren Argumente zu haben. Dann werden Sie leicht übereifrig und ungeduldig. »Warum sieht er denn nicht endlich ein, dass ich Recht habe?«, fragen Sie sich dann. Schnell werden Sie überheblich und denken: »Der ist wohl zu dumm, das zu kapieren!« Und dann bleibt es meistens nicht beim Gedanken, sondern unterschwellig oder sogar offen sprechen Sie es aus: »Sie sehen das ganz falsch!« Oder noch schlimmer: »Sie haben ja keine Ahnung!« Damit haben Sie genau das Gegenteil Ihrer Absicht erreicht: Es ist Ihnen nicht nur nicht gelungen, den anderen von Ihrer Meinung überzeugt, sondern Sie haben ihn emotional gegen sich aufgebracht. Damit ist nicht nur dieser Überzeugungsversuch gescheitert. Alle zukünftigen werden viel schwieriger, wenn nicht sogar unmöglich.

Wie gehen Sie nun konkret mit Einwänden um?[11] Versuchen Sie zunächst, jedem Einwand eine positive Seite abzugewinnen: Ihr Gesprächspartner zeigt Ihnen mit seinem Einwand mindestens, dass auch er an dem Thema beziehungsweise an der Lösung des anstehenden Problems interessiert ist. Denn wäre es ihm gleichgültig, warum sollte er sich gegen Ihren Vorschlag aussprechen?

Lassen Sie den anderen ausreden. Befolgen Sie alle oben aufgeführten Regeln des aktiven Zuhörens. Bemühen Sie sich, die Argumente des anderen wirklich zu verstehen. Dies hat für Sie mehrere Vorteile:

- Sie zeigen dem anderen, dass Sie sehr an seiner Meinung interessiert sind. So erzeugen Sie auf der emotionalen Ebene positive Gefühle bei Ihrem Gegenüber.
- Sie gewinnen Zeit zum Nachdenken, und die brauchen Sie oftmals, um sich gut zu überlegen, wie Sie dem Einwand begegnen wollen.
- Sie erreichen dadurch möglicherweise, dass der andere seinen Einwand abschwächt.

Gewinnen Sie Zeit. Weitere Möglichkeiten dazu sind:

- Wiederholen Sie das Argument oder den Einwand, beispielsweise: »Sie meinen also, dass ...«
- Stellen Sie eine Gegenfrage, etwa: »Könnten Sie das näher erläutern?«
- Legen Sie eine Denkpause ein. Dies erreichen Sie, indem Sie einfach für einen Augenblick nichts sagen. Ihr Gegenüber wird voll und ganz akzeptieren, dass Sie eine gewisse Zeit brauchen, um über seinen Einwand nachzudenken. Und nicht nur das: Sie zeigen durch Ihr Nachdenken, dass Sie sich intensiv mit dem auseinander setzen, was er Ihnen gesagt hat. Ein solches Verhalten wirkt auf der emotionalen Ebene viel positiver, als wenn Sie wie aus der Pistole geschossen ein Gegenargument bringen. Dann nämlich wird er annehmen, dass Sie ihm gar nicht genau zugehört haben und einfach mit Standardargumenten antworten.

Werten Sie Ihren Gesprächspartner als Person auf. Erkennen Sie seine Sachkompetenz an, indem Sie etwa sagen: »Das ist eine gute Frage ...« oder »Das ist ein berechtigter Einwand ...« Sie zeigen damit auch, dass Sie den Argumenten des anderen mit einem gewissen Wohlwollen begegnen.

Bekunden Sie Verständnis und Mitgefühl. Signalisieren Sie dem anderen, dass Sie ihn und seine Situation verstehen und Mitgefühl mit seiner Lage haben. Erst dann sollten Sie auf seine Argumente im Einzelnen eingehen. Das heißt keineswegs, dass Sie dem anderen zustimmen. Es bedeutet lediglich, dass Sie sich in die Haut des anderen versetzt haben und die Sache aus seiner Sicht betrachten.

Die möglichen Antworten auf Einwände. Dies ist die eigentliche Behandlung von Einwänden. Sie haben mehrere Möglichkeiten zu reagieren. Welche davon Sie wählen, hängt von der jeweiligen Situation ab:

- Die bedingte Zustimmung. Bei dieser Methode stimmen Sie zunächst der Argumentation des anderen teilweise zu – nämlich dort, wo Sie es vertreten können. Dann stellen Sie Ihre Argumente nochmals dar. Sie sagen zum Beispiel: »Im Prinzip haben Sie Recht, aber in diesem speziellen Fall ...« oder: »Ich gebe zu, dass ..., aber ...«
- Die Vorteile-Nachteile-Methode. Geben Sie dort einen Nachteil zu, wo Ihr Gegenüber offensichtlich Recht hat. Dann stellen Sie diesem Nachteil die vielen Vorteile Ihres Vorschlags gegenüber. Bei der Abwägung der Vor- und Nachteile verdeutlichen Sie, dass die Vorteile Ihres Vorschlags unter dem Strich deutlich höher wiegen als sein(e) Nachteil(e).
- »Alles hat seinen Preis.« Üblicherweise ist ein bestimmter Vorteil einer Sache mit einem entsprechenden Nachteil untrennbar verbunden: die »Kehrseite der Medaille« oder »alles hat seinen Preis«. Wenn Ihr Gesprächspartner auf einen solchen Nachteil zu sprechen kommt, betonen Sie die damit verbundenen Vorteile. Anders gesagt: Zeigen Sie ihm die schöne Seite der Medaille. Diese Methode wirkt natürlich am besten, wenn die entsprechenden Vorteile die Bedürfnisse und Ziele des anderen optimal erfüllen. Stellen Sie die Nachteile dann als leider nicht zu vermeidende »Nebenwirkungen« dar.
- Erweiterung/Ergänzung. Versuchen Sie, Ihren Vorschlag als Erweiterung oder Ergänzung des Standpunkts des anderen darzustellen. Auch bei dieser Taktik stimmen Sie Ihrem Gegenüber teilweise zu, teilweise aber nicht. Sie betonen zunächst die Gemeinsamkeiten Ihrer beiden Standpunkte. Dann machen Sie

dem anderen deutlich, inwieweit Ihr Vorschlag die Sichtweise des anderen ergänzt oder erweitert.

Wie eingangs dieses Kapitels erwähnt wurde, sollten Sie sich in jedem Fall auf die zu erwartenden Einwände vorbereiten. Überlegen Sie sich rechtzeitig, wie Sie auf mögliche Gegenargumente reagieren wollen. So gewinnen Sie bereits vor dem Einstieg in das Überzeugungsgespräch Selbstsicherheit. Auch kann es sich als vorteilhaft erweisen, bereits in Ihrer Argumentation den einen oder anderen Einwand vorwegzunehmen.

Wenn der andere zugestimmt hat, schweigen Sie! Wenn Sie schließlich am Ziel angekommen sind und der andere Ihnen zustimmt, gibt es für Sie nur noch eines zu tun: schweigen! Der größte Fehler, den man in dieser Situation machen kann, besteht darin, weiter zu argumentieren. Wenn Sie fortfahren, die Vorteile Ihres Vorschlags aufzuzählen oder den anderen zu seiner Entscheidung beglückwünschen, riskieren Sie, alles wieder zunichte zu machen.

Der Grund hierfür ist leicht einsichtig: Sie verunsichern den anderen mit einem solchen Verhalten. Er wird sich fragen, warum sie das tun. Warum bemühen Sie sich, ihn weiter zu überzeugen, obwohl er Ihnen doch bereits zugestimmt hat?, fragt er sich. Haben Sie es vielleicht nötig? Waren Ihre bisherigen Argumente etwa nicht gut genug? Gibt es gar noch einen versteckten Pferdefuß in Ihrem Vorschlag? Sie sehen: Alles, was Sie hinterher zu Ihrem Vorschlag noch sagen, kann sich nur negativ auswirken. Also sagen Sie am besten nichts mehr, und wechseln Sie schnell das Thema.

Das Wichtigste in Kürze

- Erfolgreiche Kommunikation basiert auf folgenden Tatsachen:
    - Jeder der Gesprächspartner interessiert sich nur für die eigenen Bedürfnisse und Probleme.
    - Jede Kommunikation verläuft gleichzeitig auf zwei Ebenen: einer rationalen und einer emotionalen.
    - Jeder ist bereit, seine Meinung zu ändern – solange er sie noch nicht geäußert hat.

- Wenn Sie also Ihren Gesprächspartner überzeugen wollen, müssen Sie:
  - ihm aufzeigen, wie Ihr Vorschlag *ihm* nützt;
  - ihn auch auf der emotionalen Ebene positiv ansprechen und erreichen;
  - durch offene Fragen verhindern, dass er seine Meinung äußert.
- Legen Sie vor dem Gespräch Ihre Ziele fest, und versetzen Sie sich in die Lage des Gesprächspartners, um seine Sicht der Dinge zu ergründen.
- Erzeugen Sie ein gutes Gesprächsklima, indem Sie das Gespräch am Anfang auf Dinge lenken, die *ihn* persönlich interessieren.
- Die Ziele Ihres Gesprächspartners finden Sie heraus, indem Sie ihm offene Fragen stellen und aktiv zuhören. Dies bringt Ihnen nur Vorteile:
  - umfassende Informationen über seine Interessen, Bedürfnisse und Ziele;
  - Führung des Gesprächs in die von Ihnen gewünschte Richtung (»Wer fragt, der führt«);
  - seine volle Aufmerksamkeit;
  - seine Sympathie, da Sie Interesse für seine Meinung zeigen.
- Stellen Sie bei Ihrer Argumentation den Nutzen für den Partner heraus: Zeigen Sie ihm auf, wie Ihr Vorschlag seine Bedürfnisse befriedigt.
- Wenn der andere Einwände hat, lassen Sie es unter keinen Umständen zum Streit kommen. Gehen Sie stattdessen wie folgt vor:
  - Lassen den anderen ausreden.
  - Gewinnen Sie Zeit zum Nachdenken.
  - Werten Sie den anderen als Person auf.
  - Zeigen Sie Verständnis und Mitgefühl.
  - Begegnen Sie dem Einwand je nach Situation mit einer der möglichen Antworten: bedingte Zustimmung, »Vorteile-Nachteile«, »Alles hat seinen Preis« oder Erweiterung/Ergänzung.
- Wenn der andere zugestimmt hat, schweigen Sie!

# 5.

Präsentationstechnik: Wie Sie andere durch einen Vortrag überzeugen

Neben Ihrer Überzeugungskraft im Zweiergespräch benötigen Sie für Ihren beruflichen Erfolg auch die Fähigkeit, Gruppen durch einen Vortrag von Ihrer Person und Ihrer Meinung zu überzeugen. Gelegenheiten dazu gibt es immer wieder, zum Beispiel wenn Sie eine Vorlage vor einem Entscheidungsgremium präsentieren, die Arbeitsergebnisse Ihrer Projektgruppe vor Managern der beteiligten Bereiche darstellen oder vor einer Kundengruppe einen Vortrag über Ihr Unternehmen und sein Produktangebot halten.

Damit Ihre Präsentation gelingt, müssen Sie sie gut vorbereiten *und* gut vortragen. Entsprechend geht es in diesem Kapitel zunächst um das *Was* und danach um das *Wie* einer guten Präsentation.[12]

Beginnen Sie mit Zieldefinition und Zuhöreranalyse

Bevor Sie mit der Ausarbeitung Ihres Vortrages anfangen, sollten Sie sich zunächst ein klares Bild von Ihrer Zielsetzung machen: Was sollen Ihre Zuhörer nach Ihrer Präsentation denken oder tun? Formulieren Sie, am besten schriftlich, nur einen einzigen Satz, denn ein klares Vortragsziel lässt sich in einem Satz prägnant beschreiben. Eine eindeutige Zielsetzung nützt Ihnen in zweifacher Weise. Zum einen konzentriert sich Ihr Denken ganz auf die Frage, was Ihre Zuhörer hören und sehen müssen, um überzeugt zu werden. So hilft sie Ihnen, bei der Ausarbeitung die richtigen Schwerpunkte zu setzen. Zum anderen ist Ihre Zielsetzung auch

Ihr Erfolgsmaßstab, und zwar Ihr einziger. Eine Präsentation kann noch so ausgefeilt sein und blendend vorgetragen werden: Wenn sie ihr Ziel nicht erreicht, hat sich die Mühe nicht gelohnt.

Vor der Ausarbeitung Ihrer Präsentation sollten Sie auch Ihr Publikum genau analysieren. Wer wird teilnehmen? Welches Vorwissen können Sie voraussetzen? Welche Interessen haben die einzelnen Zuhörer in der Sache, um die es geht? Inwieweit sind sie persönlich betroffen? Und über welche innerbetriebliche Machtposition und Entscheidungsgewalt verfügen sie? Diese Fragen werden Ihnen helfen, Ihre Argumente richtig zu gewichten und Ihren Vortrag genau auf die Bedürfnisse Ihrer Zuhörer, insbesondere der mächtigen unter ihnen, abzustimmen. Darüber hinaus sollten Sie versuchen, die voraussichtliche Reaktion Ihres Publikums einzuschätzen und sich darauf einzustellen: Welche Zusatzfragen könnten gestellt werden? Welche Einwände und Gegenargumente könnten kommen?

So gliedern Sie Ihren Vortrag

Jede Präsentation sollte aus den klassischen drei Teilen bestehen: Einleitung, Hauptteil, Schluss.

Einleitung. Zu einer guten Einleitung gehören mehrere Elemente, die alle zum Ziel haben, eine mögliche Empfangsblockade beim Publikum zu überwinden und eine emotionale Brücke zu den Zuhörern zu schlagen. Sie sollen in eine positive und neugierig-gespannte Erwartungshaltung im Hinblick auf den Hauptteil Ihres Vortrages versetzt werden und sich Ihren Argumenten öffnen. Insofern ist eine gute Einleitung sehr wichtig für den Erfolg Ihrer Präsentation. Beachten Sie folgende Einzelheiten, wobei Sie nach der Begrüßung die Reihenfolge variieren können:

- *Die Teilnehmer begrüßen.* Als Erstes begrüßen Sie Ihre Zuhörer als Gruppe. In einzelnen Fällen kann es auch notwendig oder ratsam sein, eine oder mehrere Personen namentlich zu begrüßen.

- *Sich vorstellen.* Wenn alle oder einige Ihrer Zuhörer Sie noch nicht kennen, müssen Sie sich persönlich vorstellen. Auch hierbei können Sie Pluspunkte auf der emotionalen Ebene erzielen, wenn Sie erwähnen, welche Gemeinsamkeiten Sie mit Ihren Zuhörern verbinden. Darüber hinaus sollten Sie Ihre Vorstellung dazu nutzen, Ihre Kompetenz in der Sache darzustellen, um damit fachliche Autorität zu gewinnen. Zeigen Sie auf, warum gerade Sie diesen Vortrag halten und wie intensiv Sie sich mit der Materie befasst haben.
- *Wohlwollen herstellen.* Sichern Sie sich von Anfang an das Wohlwollen Ihrer Zuhörer, indem Sie ihnen Anerkennung zollen. In der indirekten Variante bringen Sie einfach zum Ausdruck, dass Sie sich über die Gegenwart der anderen freuen, also dass Sie diesen Vortrag hier und jetzt gerne halten, etwa mit »Ich freue mich, Ihnen heute die Ergebnisse unseres Teams präsentieren zu dürfen«. Die raffiniertere und noch wirkungsvollere Form besteht darin, die Zuhörer richtiggehend zu loben, zum Beispiel: »Die Ergebnisse unseres Teams, die ich Ihnen gleich präsentieren werde, konnten nur so gut ausfallen, weil Sie als Verantwortliche der Bereiche so engagiert mitgewirkt haben.« Leider ist ein offenes Lob bei innerbetrieblichen Anlässen nicht immer angebracht, da es von Vorgesetzten leicht als »Einschleimen« aufgefasst werden kann. Überlegen Sie sich trotzdem immer, was Sie Positives über Ihre Zuhörer sagen können.
- *Thema und Ziel nennen.* Was ist Ihr Thema, und warum halten Sie die Präsentation? Warum ist das Thema so wichtig für Ihre Zuhörer? Welches Ziel verfolgen Sie mit Ihrem Vortrag, und weshalb ist es für Ihr Publikum von Vorteil, Ihnen zuzuhören? Sie müssen das Interesse Ihrer Zuhörer wecken, sie neugierig machen auf das, was Sie zu sagen haben. Sie können dafür auch einen Aufhänger benutzen, der einen direkten Bezug zu Ihrem Thema hat. Besonders gut eignen sich hierfür zum Beispiel aktuelle Ereignisse (»Sie haben sicher auch heute morgen in der Zeitung gelesen ...«), persönliche Erlebnisse (»Als ich neulich mit dem Zug nach Köln gefahren bin ...«) oder allgemeine Anekdoten (»Sie kennen das sicher. Jedesmal wenn Sie sich im

Supermarkt in eine von mehreren Schlangen einreihen, ...«). Solche Aufhänger werfen ein Schlaglicht auf das Thema und erzeugen gleichzeitig einen Nickeffekt, eine Art Wir-Gefühl unter den Anwesenden – Sie als Referent eingeschlossen.
- *Gliederung vorstellen.* Bevor Sie mit dem Hauptteil beginnen, sollten Sie Ihren Zuhörern einen Überblick über das geben, was sie erwartet. So steigern Sie ihr Interesse und erlauben ihnen, sich gedanklich auf Ihren Vortrag einzustellen.

Hauptteil. Der Aufbau des Hauptteils unterscheidet sich je nach Zielsetzung Ihres Vortrags. Wollen Sie lediglich Wissen vermitteln, sollten Sie Ihren Hauptteil nach sachlichen Gesichtspunkten in Haupt- und Unterpunkte gliedern. Wenn Sie hingegen Ihre Zuhörer von Ihrem Standpunkt überzeugen wollen, gibt es mehrere mögliche Grundstrukturen (Formeln) für Ihre Argumentation. Nachfolgend die zwei wichtigsten:

Die Problemlösungsformel. Sie entspricht im Wesentlichen der Struktur der in Kapitel 2 dargestellten Entscheidungsvorlage:

- Darstellung der Lage und des Problems,
- Analyse der Ursachen,
- Bestimmung des Ziels,
- Empfehlung von Maßnahmen zur Lösung des Problems.

Die Pro-und-Kontra-Formel. Sie eignet sich vor allem, wenn es zu Ihrem Thema deutlich akzentuierte unterschiedliche Meinungen oder Problemlösungsansätze gibt. Der eigene Standpunkt wird schrittweise durch Abwägung von Für und Wider entwickelt:

- Darstellung des Themas,
- Pro-Argumente (These),
- Kontra-Argumente (Antithese),
- Eigener Standpunkt (Synthese).

Beachten Sie bei der Ausarbeitung Ihrer Argumente folgende Tipps:
- *Nicht zu viele Argumente.* Begrenzen Sie die Zahl Ihrer Argumente. Wenn Sie dies nicht tun, überfordern Sie leicht Ihre Zu-

hörer. Außerdem gibt es immer stärkere und schwächere Argumente. Je mehr Sie insgesamt anführen, desto mehr schwächere werden zwangsläufig dabei sein. Damit werden Sie leichter angreifbar. Bedenken Sie: Ihre Argumentationskette ist insgesamt nur so stark wie deren schwächstes Glied. Beschränken Sie sich also auf wirklich gute Argumente.

- *Das stärkste Argument zuletzt.* Bauen Sie Ihre Argumentation bei drei Argumenten wie folgt auf: Sie beginnen mit einem guten Argument, es folgt das schwächste der drei, und zum Schluss bringen Sie Ihren stärksten Trumpf.
- *Bringen Sie Beispiele.* Untermauern Sie Ihre Argumentation mit anschaulichen Beispielen. »Ein Bild sagt mehr als tausend Worte«, heißt das Sprichwort. Dies gilt nicht nur für Grafiken, sondern auch für die Beispiele, mit denen Sie Ihre abstrakten Argumente und Zahlen plastisch verdeutlichen sollten. Wählen Sie möglichst Beispiele aus der Erfahrungswelt Ihres Publikums.

Schluss. Am Ende Ihres Vortrags sollten Sie die wesentlichen Punkte nochmals zusammenfassen, um seinen Inhalt besser in den Köpfen Ihrer Zuhörer zu verankern. Wenn Sie mit Ihrer Präsentation Ihre Zuhörer nicht nur informieren, sondern auch überzeugen wollen, müssen Sie sie am Ende zum Handeln auffordern. Sagen Sie ihnen konkret, was sie jetzt tun sollen. Das Mindeste ist, Ihnen zuzustimmen. Bitten Sie sie also um Zustimmung zu Ihrem Vorschlag. Gegebenenfalls fügen Sie noch eine kurze Aufführung der nächsten Schritte an, die getan werden müssen, um Ihre Empfehlung in die Tat umzusetzen.

Wie Sie bei der Ausarbeitung vorgehen sollten. Bei der Vorbereitung Ihrer Präsentation sollten Sie »rückwärts« vorgehen. Fangen Sie also mit der Handlungsaufforderung am Schluss an. Wozu wollen Sie Ihre Zuhörer auffordern? Was sollen sie am Ende der Veranstaltung denken oder tun? Ausgehend davon bereiten Sie den Hauptteil, Ihre Argumentation, auf. Und zuletzt überlegen Sie sich einen guten Einstieg in den Vortrag.

Mit der Empfehlung anfangen? Gelegentlich wird empfohlen, den Zuhörern bereits am Anfang des Hauptteils die eigene Empfehlung zu präsentieren und dann die Gründe dafür aufzuführen. (Am Schluss wird die Empfehlung als Handlungsaufforderung nochmals wiederholt.) Für die Zuhörer hat dies den Vorteil, dass sie von Anfang an genau wissen, worauf Sie hinauswollen. So können sie sich besser mit Ihren Argumenten auseinander setzen.

Sie sollten so vorgehen, wenn Ihre Zuhörer den Inhalt Ihrer Präsentation und damit Ihre Empfehlung bereits kennen, zum Beispiel wenn sie sie als schriftliche Entscheidungsvorlage bereits erhalten haben. Wenn Ihr Publikum Ihre Empfehlung jedoch nicht kennt, hängt es davon ab, inwieweit Sie mit Zustimmung rechnen und welche Argumentationsformel Sie benutzen. Erwarten Sie, dass Ihre Zuhörer Ihren Vorschlägen grundsätzlich aufgeschlossen gegenüberstehen, können Sie schon am Anfang »die Katze aus dem Sack lassen«.

Falls Sie aber mit Widerstand rechnen, sollten Sie Ihre Schlussfolgerung und Empfehlung erst am Ende Ihrer Argumentationskette nennen. Sonst besteht die Gefahr, dass diejenigen, die gegen Ihre Empfehlung eingestellt sind, Ihnen gar nicht richtig zuhören, weil Sie nur damit beschäftigt sind, ihre Gegenargumente gedanklich zu formulieren. Dasselbe gilt, wenn Sie die Pro-und-Kontra-Formel einsetzen: Hier gelangen Sie erst am Ende Ihrer Argumentation zur Schlussfolgerung. Würden Sie sie bereits am Anfang nennen, nähmen Sie den Zuhörern die ganze Spannung.

Tipps für Ihren Erfolg

- Beginnen Sie die Ausarbeitung Ihres Vortrags mit einer genauen Zieldefinition und Zuhöreranalyse.
- In der Einleitung sollten Sie sich vorstellen, die Teilnehmer begrüßen, sich ihr Wohlwollen sichern, das Thema und das Ziel Ihres Vortrags nennen und Ihre Gliederung vorstellen.
- Benutzen Sie im Hauptteil die Problemlösungs- oder die Pro-und-Kontra-Formel, um die Zuhörer zu überzeugen. Bringen Sie anschauliche Beispiele.

- Fassen Sie am Schluss die wesentlichen Punkte zusammen und fordern Ihre Zuhörer zum Handeln auf, etwa Ihnen zuzustimmen.
- Beginnen Sie die Ausarbeitung mit dem Schlussteil, also mit der Aufforderung zum Handeln.
- Stellen Sie Ihrem Hauptteil Ihre Empfehlung nur dann voran, wenn Ihre Zuhörer sie bereits kennen oder Sie mit Zustimmung rechnen.

Manuskript und Folien erstellen

Wenn Sie Ihre Präsentation gegliedert haben, erstellen Sie Ihre Unterlagen, also Ihr Manuskript und Ihre Folien. Letztere dienen der Visualisierung Ihrer Kernaussagen und Argumente. Die Visualisierung hat mehrere große Vorteile, weshalb heute im Management kaum noch ein Vortrag ohne Folienunterstützung gehalten wird:

- Komplexe Zusammenhänge können im wahrsten Sinne des Wortes anschaulicher und damit leichter verständlich gemacht werden (»Ein Bild sagt mehr als tausend Worte«).
- Was die Teilnehmer gehört *und* gesehen haben, merken sie sich viel leichter. Das gilt für die Darstellung von Zahlen in grafischer Form genauso wie für die Sichtbarmachung Ihrer Kernargumente.
- Ihr Vortrag wird abwechslungsreicher, wenn Ihre Zuhörer nicht nur Sie reden hören, sondern auch etwas zu sehen bekommen.

Durch die Visualisierung wird also die Wirkung dessen, was Sie sagen, wesentlich verstärkt. »In einer gelungenen Präsentation wirken das gesprochene Wort und die Schaubilder zusammen. Das Gehörte muss das Gesehene verstärken und umgekehrt.«[13]

So gelingen Ihnen gute Folien. Präsentationsfolien lassen sich unterscheiden in Schaubilder und reine Textfolien. Beachten Sie bei der Erstellung folgende Punkte:

- *Aufbau und Layout.* Aufbau und Layout (Design) Ihrer Folien sollten einheitlich sein. Dies ist bei Verwendung von Powerpoint oder eines anderen Folienerstellungsprogramms leicht zu verwirklichen.
- *Schriftart und -größe.* Wählen Sie eine seriöse und leicht lesbare Schriftart (Typographie), und achten Sie auf gute Lesbarkeit – auch auf den am weitesten entfernten Plätzen im Vortragsraum. Denken Sie daran: Über zu große Buchstaben auf Folien hat sich noch niemand beschwert ... Verwenden Sie nach Möglichkeit nur eine einzige Schriftart. Ein Typo-Salat wirkt unprofessionell. Und wenn Sie etwas hervorheben wollen, schreiben Sie es *nicht* in Großbuchstaben, da groß geschriebene Texte schlechter lesbar sind, sondern benutzen Sie die Funktionen **Fettdruck**, Unterstreichen oder *Kursiv*.
- *Farben.* Verwenden Sie Farben zielgerichtet, also nur dann, wenn sie etwas damit ausdrücken, beispielsweise symbolisieren oder hervorheben, wollen. Wählen Sie dezente, nicht zu grelle, also »seriöse« Farben.
- *Animationen.* Bei PC-Präsentationen sollten Sie sich beim Einsatz von Animationen und speziellen Effekten zurückhalten. Erstens wirken sie leicht ablenkend auf die Zuhörer. Zweitens kann der Eindruck entstehen, Ihnen sei die Form wichtiger als der Inhalt.
- *Überschrift.* Alle Folien, und ganz besonders Schaubilder, brauchen eine Überschrift. Diese sollte Interesse wecken und in wenigen Worten die Kernaussage dessen wiedergeben, was auf der Folie zu sehen ist. So prägt sich Ihre Botschaft bei den Zuhörern noch leichter ein. Dabei darf die Überschrift ruhig die Form eines ganzen Satzes haben. Wenn Sie beispielsweise eine Tabelle mit der Anzahl der Internetnutzer in Deutschland in den vergangenen fünf Jahren zeigen wollen, dann wählen Sie als Überschrift nicht: »Entwicklung der Anzahl Internetnutzer in Deutschland«, sondern: »Die Zahl der Internetnutzer hat sich in Deutschland in nur fünf Jahren verdreifacht«.
- *Einfachheit.* Überfrachten Sie Ihre Schaubilder nicht, sondern halten Sie sie einfach. Der Inhalt eines jeden Schaubilds muss leicht erkennbar und verständlich sein. Fertigen Sie lieber eines mehr an.

- *Abwechslung.* Zahlen lassen sich auf verschiedene Arten visualisieren, zum Beispiel als Tabelle, als Kreis-(»Torten-«)diagramm, als Balken-, Säulen- oder Kurvendiagramm. Wechseln Sie immer wieder die Art der Darstellung, wenn Sie viele Zahlen zu präsentieren haben. Das macht Ihren Vortrag lebendiger.

Reine Textfolien sollten Sie benutzen, um Ihre Gliederung darzustellen und wichtige Fakten, Gedanken oder Argumente zu verstärken. Die wichtigste Regel bei reinen Textfolien besagt: so wenig Text wie möglich. Konzentrieren Sie sich auf das Wesentliche. Führen Sie nur Stichworte auf, keine ganzen Sätze und schon gar nicht Ihren ganzen Vortrag. Hierbei werden oft Fehler gemacht. Referenten wollen nur ja nichts auslassen und bombardieren ihr Publikum mit endlosen, dicht beschriebenen Textfolien. Nicht nur ermüden Ihre Zuhörer sehr schnell, wenn Sie das tun, sondern Ihre Kernaussagen gehen in der Textflut unter! Versuchen Sie deshalb, die Zahl der Wörter pro Textfolie auf maximal 30 zu beschränken.

Nur Stichworte als Manuskript. Sie sollten bei Ihrer Präsentation immer frei sprechen, also nicht vom Blatt ablesen. Damit verbietet sich ein vollständig ausformuliertes Manuskript. »Eine Rede ist keine Schreibe«, lautet ein zutreffendes Sprichwort. Ein abgelesener Vortrag wirkt immer steif und unlebendig. Der notwendige Blickkontakt zu den Zuhörern wird stark eingeschränkt, die übrige Körpersprache wird blockiert, und auch die Artikulation lässt oft zu wünschen übrig. Und schließlich: Nur wenige Menschen sind perfekte Vorleser; die meisten verhaspeln sich beim Vorlesen immer wieder.

Also: Fertigen Sie ein Stichwortmanuskript an. Haben Sie keine Angst, dass Ihnen beim Vortrag die Worte fehlen werden. Da Sie sich mit der Materie Ihrer Präsentation intensiv befasst haben, genügen Stichworte vollauf, um Ihnen während des Vortrages alle Einzelheiten ins Gedächtnis zurückzurufen. Und auch wenn Sie doch einmal den Faden verlieren sollten, würde Ihnen ein ausformuliertes Manuskript überhaupt nicht helfen. Denn es dauert viel länger, ein bestimmtes Stichwort in einem langen Text zu finden, als in einer Stichwortliste.

Manuskript und Folien verbinden. Nachdem Sie Ihre Gliederung erstellt haben, legen Sie fest, welche Folien nötig sind. Achten Sie dabei auf einen guten Erzählfluss. Die Reihenfolge Ihrer Folien muss logisch sein. Für einfache Sachverhalte brauchen Sie nur wenige Folien, für komplexe Zusammenhänge mehr. Bei längeren Präsentationen sollten Sie zwischendurch mehrmals Zusammenfassungen des bis dahin Gesagten einfügen.

Die Inhalte Ihrer Folien stellen als solche schon einen Teil Ihrer Stichworte dar und sollten in Ihrem Manuskript enthalten sein. So vermeiden Sie, dauernd zur Leinwand, auf den Laptop-Bildschirm oder auf die Folie auf dem Tageslichtprojektor schauen zu müssen. Notieren Sie sich darüber hinaus, was Sie zu jeder Folie sagen und wie Sie von einer Folie zur anderen überleiten wollen. Bei Powerpoint zum Beispiel unterstützen die Funktionen »Notizblatt« und »Handzettel« die beschriebene Vorgehensweise.

Tipps für Ihren Erfolg

- Visualisieren Sie Ihre Kernaussagen und Argumente. Das verstärkt die Wirkung Ihres Vortrags erheblich.
- Beachten Sie die Regeln für die Erstellung von Folien.
- Lesen Sie Ihren Vortrag nicht vom Blatt ab, sondern fertigen Sie ein Stichwortmanuskript an, das auch Ihre Folien beinhaltet.

Vor- und Nachteile von Visualisierungsmedien

Am häufigsten werden zur Visualisierung von Vortragsinhalten Folien eingesetzt, die entweder über Tageslichtprojektoren oder über Beamer an die Leinwand geworfen werden. Daneben ist der Einsatz eines Flipcharts bei bestimmten Zielsetzungen empfehlenswert.

Folien und Tageslichtprojektor. Der Tageslichtprojektor gibt Ihnen maximale Flexibilität, wenn die Umstände Ihrer Präsentation anders sind, als Sie bei der Vorbereitung annahmen. So können Sie die Reihenfolge Ihrer Folien während des Vortrags ändern, einzelne weglassen oder Reservefolien hinzufügen, die Sie eigentlich nicht zeigen wollten. Außerdem sind Sie nicht so sehr von der Technik abhängig wie beim Einsatz eines Laptops mit Beamer. Sie müssen nur herausfinden, ob das Gerät funktioniert, wo die Reservelampe eingeschaltet wird, ob auch sie funktioniert und wer Ihnen gegebenenfalls eine neue besorgen kann. Der einzige Nachteil von Präsentationen mit Tageslichtprojektor liegt eigentlich nur darin, dass sie nicht so modern wirken wie PC-Präsentationen.

Laptop mit Beamer. Der Einsatz von Laptops (oder fest installierten PCs) mit Beamer wird immer populärer. Solche Bildschirmpräsentationen ermöglichen Animationen sowie das Einfügen von eingescannten Bildern, Videos, Ton und Internet-Links. All diese Elemente können eine Präsentation lebendiger und interessanter machen. Das Publikum hört aufmerksamer zu und kann sich die Inhalte leichter merken. Ein weiterer Vorteil, wenn Sie die gleiche Präsentation mehrfach halten müssen: Sie können Ihre Folien auf Ihrem Laptop zwischendurch leicht verändern. Folien für den Tageslichtprojektor müssen hingegen nach jeder Änderung neu gezogen werden.

Bildschirmpräsentationen haben aber auch Nachteile. Da ist zum einen die starke Abhängigkeit von der Technik zu nennen. Je nachdem, was Sie an Hard- und Software selbst mitbringen (Laptop, CD oder Diskette, Beamer) und was Sie am Präsentationsort vorfinden, kann es Probleme mit Kabeln, Steckern oder inkompatiblen Programmen geben. Auch ein Beamer kann einmal defekt sein. Am sichersten ist es, voll ausgerüstet mit eigenem Laptop und Beamer zu erscheinen. Aber das ist nicht immer möglich. Sichern Sie sich also immer für den schlimmsten Fall ab, nämlich dass Sie keine Bildschirmpräsentation halten können, und nehmen Sie Ihre Präsentation als Foliensatz mit. Ein Tageslichtprojektor steht (noch) praktisch überall, wo Präsentationen gehalten werden.

Viel gravierender ist der zweite Nachteil. Die technischen Möglichkeiten verführen vor allem die Technikbegeisterten dazu, jede Präsentation zu einer Multimediashow mit vielen Animationen zu machen. Dabei geht die persönliche Interaktion zwischen Vortragendem und Zuhörern weitgehend verloren, die sich unter anderem im intensiven Blickkontakt manifestiert. Die ganze Aufmerksamkeit des Publikums ist auf die Leinwand gerichtet, nicht auf den Referenten. Menschen lassen sich aber nicht in erster Linie von blinkenden Bildern überzeugen, sondern von anderen Menschen. Die Persönlichkeit des Vortragenden sollte deshalb immer im Vordergrund stehen. *Er soll der Mittelpunkt der Präsentation sein, nicht das, was auf der Leinwand zu sehen ist.*

Der Einsatz der allermeisten Animationen wirkt darüber hinaus auf die meisten Zuhörer ein wenig unseriös, nämlich als billiger Trick, um einen dürftigen Inhalt oder schwache Argumente zu übertünchen, frei nach dem Motto: »Haben Sie Powerpoint-Animationen, oder haben Sie etwas zu sagen?«

Flipchart. Das gute alte Flipchart kommt bei Präsentationen nur selten zum Einsatz, obwohl es wesentliche Vorteile hat. Im Gegensatz zu Folien, die jeweils nur kurz gezeigt werden, können Sie ein Flipchart-Blatt während Ihrer Präsentation die ganze Zeit sichtbar lassen.

Wenn Sie zum Beispiel vor Ihrem Vortrag die Gliederung auf ein Flipchart-Blatt schreiben, können sich Ihre Zuhörer jederzeit orientieren, wo Sie gerade sind. Ebenso können Sie Ihre Kernaussagen auf mehrere Flipchart-Blätter schreiben und diese vor oder während Ihrer Präsentation für alle sichtbar an die Wand hängen. Besondere Dynamik erhält Ihr Vortrag, wenn Sie etwas (zum Beispiel Kernthesen oder einprägsame Grafiken) auf das Flipchart schreiben, während Sie reden. Das garantiert Ihnen die höchste Aufmerksamkeit Ihrer Zuhörer. Hierbei müssen Sie sich aber auf knappe Formulierungen beschränken, da Sie sonst beim Schreiben dem Publikum zu lange den Rücken zuwenden.

In den meisten Fällen stellt sich nicht die Frage nach Flipchart *oder* Folien, sondern nach Flipchart *und* Folien. Beide Medien lassen sich sehr gut kombinieren, unterstützen sich in ihrer Wirkung und machen Ihren Vortrag lebendiger und interessanter.

> **Tipps für Ihren Erfolg**
>
> - Alle Visualisierungsmedien haben Vor- und Nachteile; beachten Sie diese.
> - Achten Sie bei Bildschirmpräsentationen vor allem darauf, dass *Sie* als Vortragender im Vordergrund stehen.
> - Halten Sie sich bei der Verwendung von Animationen sehr zurück.
> - Setzen Sie Präsentationsfolien und Flipchart kombiniert ein.

Letzte Überprüfungen vor der Präsentation

Nachdem Sie Ihren Vortrag fertig ausgearbeitet haben, aber bevor Sie ihn halten, sollten Sie zwei Dinge überprüfen: den Vortrag selbst und die Technik vor Ort.

Bei wichtigen Präsentationen empfiehlt es sich, den Vortrag zum Einüben probeweise zu halten. Damit überprüfen Sie ihn auf eventuelle Schwächen, zum Beispiel: Ist der Aufbau auch für andere logisch und nachvollziehbar? Kommen Sie mit der vorgegebenen Zeit aus? Gleichzeitig gewinnen Sie eine gewisse Routine im Umgang mit Ihrem ausgearbeiteten Material. Üben Sie erst einmal für sich allein, und suchen Sie sich dann einen wohlwollenden Kollegen, dem Sie Ihre Präsentation vortragen und den sie um Kritik bitten. Üben Sie auch, wie Sie auf bestimmte, zu erwartende Einwände reagieren werden.

Machen Sie sich rechtzeitig vor Beginn Ihrer Präsentation mit den Räumlichkeiten und der Technik im Vortragsraum vertraut. Prüfen Sie, ob die Tischanordnung richtig ist, wo die Lichtschalter sind, wie die Jalousien funktionieren. Machen Sie sich mit der Technik des Tageslichtprojektors vertraut (Reservelampe!). Wenn Sie mit Laptop und Beamer präsentieren wollen und nicht Ihre eigenen Geräte verwenden können, sorgen Sie bereits im Vorfeld dafür, dass Ihnen jemand am Vortragsort für technische Unterstützung zur Verfügung steht. Für all diese Vorbereitungen brauchen Sie Zeit. Reisen Sie also immer frühzeitig an, wenn Ihnen der Vortragsort nicht vertraut ist – als Daumenregel: eine Stunde vor Beginn Ihres Vortrags.

Nachdem bis hierher dargestellt wurde, *was* Sie bei der Vorbereitung einer Präsentation beachten sollten, geht es in den folgenden Abschnitten darum, *wie* Sie den Vortrag halten sollten, um maximale Wirkung zu erzielen.

Der starke Auftritt: Wie Sie mit Lampenfieber richtig umgehen

Viele Menschen haben Angst vor einem Vortrag. Selbst vor einer kleinen Gruppe von Zuhörern zu stehen erfüllt sie mit großem Unbehagen. Sie fühlen sich ohnmächtig und schutzlos der Überzahl der vor ihnen Sitzenden ausgeliefert. Und je näher der Präsentationstermin rückt, desto nervöser werden sie. Aber auch wem das Halten eines Vortrags eigentlich nichts ausmacht, den befällt vor wichtigen Präsentationen ebenfalls Lampenfieber. Besonders schlimm sind erfahrungsgemäß die letzten Minuten vor und die ersten nach Beginn des Vortrags. Sobald Sie erst einen Einstieg in Ihr Thema gefunden haben und im Hauptteil die sachlichen Fragen behandeln, legt sich die Unruhe meist.

Lampenfieber macht es besonders schwierig, einen guten ersten Eindruck auf die Zuhörer zu machen. Dieser ist aber sehr wichtig für den Erfolg Ihrer Präsentation, also dafür, wie Ihre Zuhörer Sie als Person und Ihre Argumente akzeptieren. »You never get a second chance to make a good first impression.«[14] Sie müssen also lernen, mit Ihrem Lampenfieber richtig umzugehen und trotz Ihrer Nervosität einen starken Auftritt hinzulegen. Hier einige Tipps dafür:

- *Akzeptieren Sie das Lampenfieber.* Es handelt sich um eine völlig normale körperliche Reaktion auf eine Stresssituation, zu der, wie gesagt, die meisten Menschen neigen, wenn sie vor anderen auftreten sollen. Lampenfieber hat aber auch eine positive Seite: Es erzeugt die gewisse innere Spannung und Erregung, die notwendig ist, um optimale Leistungen zu erzielen. Trotzdem: Übermäßiges Lampenfieber in Form von Redeangst kann zu einem Problem werden. Die einzig wirksame Therapie besteht darin, immer wieder Vorträge zu halten. Je häufiger Sie sich der Angst einflößenden Situation aussetzen, desto öfter erkennen Sie, dass es in Wirklichkeit »halb so schlimm« ist, und desto mehr schwinden Ihre Ängste. Mit jeder erfolgreichen Präsentation werden Sie gelassener. Nutzen Sie auch private Anlässe, um den Auftritt vor Publikum zu üben.

- *Stimmen Sie sich durch Autosuggestion positiv ein.* Versuchen Sie, unmittelbar vor Ihrem Auftritt Ihre negativen Gedanken zu verbannen. Denken Sie nicht daran, was alles schief gehen kann. Schieben Sie Ihre Ängste beiseite, indem Sie sich auf bestimmte positive Gedanken konzentrieren. Sagen Sie sich immer wieder Sätze wie: »Ich freue mich, dass ich hier bin. Ich bin gut vorbereitet; mein Vortrag ist interessant, und die Zuhörer wollen mich hören. Ich habe schon viele schwierigere Situationen erfolgreich gemeistert, deshalb werde ich auch jetzt Erfolg haben. Lampenfieber ist völlig normal. Alle anderen haben es auch. Und sie sind erfolgreich beim Vortrag, also werde ich es auch sein.«
- *Lenken Sie sich vor Redebeginn ab.* Neben der positiven Autosuggestion gibt es noch eine weitere Möglichkeit, Ihre Aufgeregtheit unmittelbar vor dem Start zu dämpfen. Versuchen Sie, sich abzulenken, indem Sie zum Beispiel aufmerksam dem Vortrag Ihres Vorredners zuhören, interessiert andere Leute betrachten oder an einen schönen Urlaub zurückdenken. Das ist besser als in letzter Sekunde noch über Verbesserungen Ihres Vortrags zu grübeln. Dies würde Ihre Gedanken nur auf die Schwachstellen Ihrer Präsentation lenken. Negative Gedanken können Sie aber jetzt nicht brauchen.
- *Gehen Sie ruhig nach vorne.* Wenn Sie an der Reihe sind, stehen Sie ohne Eile auf und gehen ganz ruhig, aufrecht und selbstbewusst zum Pult. Atmen Sie dabei tief ein und aus. Bedenken Sie: Souveränität drückt sich immer durch ruhige Bewe-

gungen aus. Demgegenüber sind Hast, hektische Bewegungen und nervöses Gezupfe an Kleidungsstücken Anzeichen mangelnden Selbstvertrauens. Auch wenn Ihnen innerlich ganz anders zumute ist: Spielen Sie den gelassenen Profi.

- *Machen Sie eine kurze Vorpause.* Wenn Sie am Pult angekommen sind, legen Sie nicht gleich los. Machen Sie erst eine kurze Pause, um sich zu konzentrieren. Nehmen Sie eine aufrechte und lockere Haltung ein. Zeigen Sie ein freundliches Lächeln und nehmen Sie Blickkontakt mit Ihren Zuhörern auf. Dies empfinden sie emotional als positive Begrüßungsgeste. Manche von ihnen werden Ihnen einen aufmunternden freundlichen Blick zurückwerfen, was Ihnen Kraft gibt und Sie innerlich stabilisiert. Bevor Sie anfangen zu sprechen, warten Sie in Ruhe ab, bis alle Zuhörer verstummt sind und Sie ihre volle Aufmerksamkeit haben.

- *Formulieren Sie die ersten Sätze aus.* Oben wurde gesagt, dass Sie Ihren Vortrag in freier Rede halten sollten. Das gilt grundsätzlich auch für den Anfang. Bei starkem Lampenfieber kann es aber ratsam sein, ausnahmsweise die ersten Sätze Wort für Wort zu formulieren. Dies gibt Ihnen beim Start ein stärkeres Gefühl der Sicherheit. Achten Sie aber beim Formulieren darauf, dass Ihre Sätze wie gesprochene Sprache klingen.

Vortragstechnik: So setzen Sie Folien optimal ein

Damit Ihre Folien Ihren Vortrag optimal unterstützen, sollten Sie einige Dinge beachten. Als Grundregel gilt: Die Folien *ergänzen* das gesprochene Wort, sie stehen nie für sich allein. Sie sollten also nie einfach eine Folie auflegen, ohne auf ihren Inhalt einzugehen, und stattdessen gleich zum nächsten Punkt übergehen. Ihr Publikum würde Ihnen nicht mehr zuhören, sondern zunächst die Folie lesen. Selbst wenn Sie meinen, der Inhalt einer Folie sei selbsterklärend: Sie müssen zu jeder Folie, die Sie auflegen, etwas sagen. Wie Sie im Einzelnen am besten vorgehen, hängt davon ab, ob es sich um ein Schaubild oder eine Textfolie handelt.

Schaubilder. Wenn Sie ein Schaubild aufgelegt haben, lassen Sie Ihren Zuhörern einen kleinen Moment Zeit, sich zu orientieren und den Inhalt grob zu erfassen. Dann führen Sie sie hindurch, indem Sie *alle* Elemente erklären, zum Beispiel die Beschriftung der Achsen in einem Diagramm, die Bedeutung der Kopfzeilen und -spalten in einer Tabelle oder die Bedeutung verschiedener Farben, Linienarten und Schraffierungen. Erläutern Sie dann, was das Schaubild genau zeigen und bedeuten soll. Dies sollte – wie oben bereits erwähnt – auch in der Überschrift der Folie zum Ausdruck kommen. Leiten Sie danach zur nächsten Folie über.

Textfolien. Bei Textfolien sollten Sie nicht die ganze Folie auf einmal zeigen, sondern Ihre Zuhörer Schritt für Schritt hindurchführen. (Ausnahme zum Beispiel: Die Folie enthält eine Zusammenfassung). Decken Sie bis auf die Überschrift und den ersten Punkt alles ab, bevor Sie die Folie auflegen. Jedes Mal, wenn Sie einen neuen Punkt ansprechen, ziehen Sie die Abdeckung so weit herunter, dass er sichtbar wird. Bei Laptop-Präsentationen lässt sich diese Vorgehensweise sehr elegant lösen: Programmieren Sie die Folien so, dass jeder Einzelpunkt erst auf Mausklick erscheint.

Überleitung zwischen zwei Folien. Wenn in Ihrer Präsentation zwei Folien unmittelbar aufeinander folgen, sollten Sie sich eine gute Überleitung überlegen – eine, die Ihr Publikum neugierig macht auf das, was nun kommt. Beispiel: »Bisher haben wir nur die Entwicklung bis heute betrachtet. Wie wird aber der zukünftige Trend aussehen?« Beachten Sie bitte: Während Sie die Überleitung sprechen, bleibt die bisherige Folie liegen. Wenn Sie zuerst die neue Folie auflegen und dann überleiten, stiften Sie nur Verwirrung. Die Leute wissen dann nicht, ob sie die neue Folie lesen oder Ihnen zuhören sollen. Darum: Zuerst überleiten, dann Folie austauschen. Nach dem Folienwechsel nehmen Sie wieder Blickkontakt mit Ihren Zuhörern auf, warten noch einen Moment, bis sie sich grob orientiert haben, und beginnen mit der Erläuterung der neuen Folie.

Hervorhebung wichtiger Stellen. Wenn Sie die Aufmerksamkeit Ihres Publikums auf eine besonders wichtige Stelle in Ihrem Schaubild oder Ihrer Textfolie lenken wollen, können Sie sie bereits bei der Erstellung hervorheben. Noch besser ist es allerdings, wenn sie dies nicht tun, sondern die Stelle auf Ihrer Folie – während Sie vortragen – mit einem farbigen Folienstift kennzeichnen, also beispielsweise unterstreichen, einkreisen oder mit einem Pfeil oder Ausrufezeichen versehen. Dadurch gewinnt Ihr Vortrag deutlich an Dynamik. Eine solche Markierung lässt sich natürlich auch bei Bildschirmpräsentationen erzeugen, wirkt aber wegen der vorher notwendigen Programmierung immer ein wenig inszeniert und nicht lebendig und spontan.

Eine andere Möglichkeit, Ihr Publikum auf ein Detail auf der Folie hinzuweisen, besteht darin, einfach darauf zu zeigen, zum Beispiel, wenn Sie die einzelnen Elemente eines Schaubilds erläutern. Zeigen Sie dabei aber nicht mit der Hand oder einem Zeigestock auf das projizierte Bild auf der Leinwand, denn dazu müssten Sie Ihrem Publikum den Rücken zuwenden. Benutzen Sie lieber einen spitzen Gegenstand, den Sie entsprechend auf die Folie legen.

Es wurde oben bereits erwähnt: Die Inhalte Ihrer Folien sollten auf Ihrem Stichwortzettel enthalten sein. Sind Sie das nicht, müssen Sie selbst dauernd auf die Folien schauen, während Sie reden. Entweder wenden Sie sich zur Leinwand, oder Sie blicken auf die Folie auf dem Projektor. In beiden Fällen verlieren Sie immer wieder den Blickkontakt zum Publikum, was sich negativ auf Ihre Ausstrahlung als Redner auswirkt.

Meistens ist es bei geschäftlichen Präsentationen üblich, den Teilnehmern die gezeigten Folien in Kopie zu überlassen. Verteilen Sie die Kopien immer erst am Ende Ihres Vortrags, nicht am Anfang (außer wenn Ihr Chef Sie darum bittet). Sonst werden einzelne Teilnehmer neugierig in ihrer Unterlage blättern, während Sie sprechen. Sie können Ihnen dann nicht mehr konzentriert zuhören und verbreiten zusätzlich Unruhe im Raum.

> **Tipps für Ihren Erfolg**
>
> - Erläutern Sie jede Folie, die Sie zeigen.
> - Erklären Sie alle Elemente eines Schaubilds und seine zentrale Aussage.
> - Leiten Sie erst über, und wechseln Sie dann das Schaubild.
> - Heben Sie wichtige Stellen auf einer Folie hervor, indem Sie sie während Ihres Vortrags markieren.
> - Verteilen Sie Kopien Ihrer Folien erst am Ende Ihres Vortrags.

Körpersprache: Souverän wirken ohne Worte

Auch mit dem Körper kommunizieren wir. Durch körpersprachliche Signale können Sie Selbstvertrauen und Gelassenheit ausdrücken, durch die falschen erzeugen Sie den Eindruck von Unsicherheit und Stress. Sie sollten also die wichtigsten Regeln kennen und anwenden. Sie betreffen vier Bereiche: Blickkontakt, Mimik, Haltung und Gestik.

Blickkontakt. Ständigen Blickkontakt zu den Zuhörern zu halten ist für einen überzeugenden Vortrag unerlässlich. Wie im Zweiergespräch wirkt jemand sehr unsicher, der seinen Zuhörern nicht in die Augen schauen mag. Erst der Blickkontakt schafft die emotionale Brücke von Mensch zu Mensch, in diesem Falle von Ihnen zu Ihren Zuhörern. Nur über den Blickkontakt können Sie sie für sich einnehmen und von dem, was Sie sagen, überzeugen. Außerdem verstärkt er die Aufmerksamkeit der Zuhörer, weil sie sich persönlich angesprochen fühlen. Und er erlaubt Ihnen, jederzeit die Reaktion des Publikums zu beobachten.

Um gezielten Blickkontakt zu Ihren Zuhörern herzustellen, lassen Sie Ihren Blick beim Sprechen ganz langsam durch das Publikum wandern und fixieren dabei immer wieder einzelne Personen für einige Augenblicke. Bemühen Sie sich, dabei gleichmäßig alle Teile Ihres Publikums anzuschauen. Kleiner Tipp: Wenn Sie sich dabei unwohl fühlen, fremden Menschen oder hohen Vorgesetzen während Ihres Vortrags direkt in die Augen zu schauen, fixieren Sie die Nasenwurzel. Dies wird vom anderen ebenfalls als Blickkontakt wahrgenommen. Und wenn Sie bei einer großen Gruppe eine weiter weg sitzende Person fixieren, empfinden auch deren Nachbarn Ihren Blick als Blickkontakt, denn auf größere Distanz »streut« der Blick.

Vermeiden Sie folgende Anfängerfehler beim Blickkontakt:

- Ein hektischer »Scheibenwischerblick« erzeugt Unruhe und wirkt unsicher.
- Dauernd zu Boden zu schauen zeigt extreme Unsicherheit.
- Das Publikum mit Blicken zu ignorieren und fortwährend die Decke oder einen bestimmten Punkt an der Wand zu fixieren, wirkt ebenfalls unsicher oder aber arrogant.
- Immer nur eine Person anzuschauen, zum Beispiel den höchsten Vorgesetzten, degradiert die anderen und wirkt »einschleimend«.

Mimik. Für eine geschäftliche Präsentation müssen Sie nicht das gesamte mimische Repertoire eines Schauspielers beherrschen, aber auf eine Sache sollten Sie immer achten: Zeigen Sie ein freundliches Gesicht. Lächeln Sie, sooft es passend ist. Mit nichts anderem können Sie Menschen mehr von sich einnehmen, als sie mit einem freundlichen Lächeln direkt anzuschauen – besonders solche, die Sie nicht persönlich kennen. Ein weiterer positiver Effekt: Erfahrungsgemäß lächeln immer einige Zuhörer zurück. Das gibt Ihnen das gute Gefühl, beim Publikum »anzukommen«, und stärkt ihr Selbstvertrauen ungemein.

Haltung und Gestik. Stehen Sie während Ihres Vortrags aufrecht mit geradem Rücken, die Brust leicht nach vorn und die Schultern leicht nach hinten gedrückt – aber nicht steif, sondern locker. So strahlen Sie innere Sicherheit und Selbstbewusstsein aus. Aber nicht nur das: Sie fühlen sich ganz automatisch sicherer und selbstbewusster, als wenn Sie mit hängenden Schultern und leicht gesenktem Kopf dastehen. Stehen Sie mit beiden Füßen ruhig und fest auf dem Boden. Wippen und trippeln Sie nicht hin und her.

Wohin mit den Händen? Sie benötigen Ihre Hände, um das, was Sie sagen, mit Gesten zu unterstreichen. Ausdrucksvolle Gestik fällt jedoch den meisten Anfängern schwer. Sie wissen weder, Ihre Hände zu nutzen, noch, was sie sonst mit ihnen machen sollen. Die Folge sind Verlegenheitsgesten oder eine fehlerhafte Körperhaltung. Die richtige Grundposition für die Gestik besteht darin, Ihre Arme einfach hängen zu lassen und etwa in Hüfthöhe eine Hand locker in die andere zu legen. Verharren Sie in dieser neutralen Position, solange Sie Ihre Hände nicht für eine Geste oder eine Tätigkeit einsetzen.

Sie können als Grundposition auch Ihr Manuskript in Händen halten. Das kann aber nachteilig sein, wenn Sie sehr aufgeregt sind und Ihre Hände ein wenig zittern. Denn das Zittern überträgt sich und kann für die Zuhörer deutlich sichtbar werden.

Halten Sie sich nicht an irgendwelchen Gegenständen fest, etwa am Rednerpult oder am Projektor. Es wirkt nicht besonders sicher, und Sie brauchen den Spielraum für Ihre Hände. Der falsche Gebrauch der Hände führt außerdem leicht zu einer ungünstigen Körperhaltung. Beispiele:

- Wenn Sie die Hände hinter dem Rücken verschränkt halten, können Sie als selbstherrlich und arrogant erscheinen.
- Den gleichen Eindruck riskieren Sie, wenn Sie die Arme vor der Brust verschränken.
- Die vor dem Unterleib übereinander gelegten Hände (»Freistoßhaltung«) drücken Unsicherheit aus.
- Wenn Sie beide Hände in die Hüften stemmen, erscheinen Sie als angespannt und unterschwellig aggressiv.
- Mit beiden Händen in den Taschen wirken Sie zu lässig und damit unseriös. Man wird Sie nicht ernst nehmen.

Vermeiden Sie auch, mit irgendwelchen Gegenständen zu spielen, etwa mit Stift, Zeigestock, Ring oder Halskette. Und zupfen Sie nicht an Ihrer Kleidung herum, kneten Sie nicht Ihr Ohrläppchen, fassen Sie sich nicht ohne Grund an Nase, Kinn oder Hinterkopf. All dies sind Verlegenheitsgesten, die Unsicherheit ausdrücken und beim Publikum leicht den Eindruck erwecken können, Sie seien nicht gut mit dem Thema vertraut.

> **Tipps für Ihren Erfolg**
>
> - Halten Sie immer Blickkontakt zum Publikum.
> - Zeigen Sie ein freundliches Gesicht, um Ihre Zuhörer für sich einzunehmen.
> - Nehmen Sie die Grundstellung für Ihre Hände ein: etwa in Hüfthöhe eine Hand locker in die andere legen.
> - Vermeiden Sie Verlegenheitsgesten.

Redestil und Sprechtechnik: Wirkungsvoll sprechen und schweigen

Es wurde bereits oben angesprochen: Sie sollten in jedem Fall bei Ihrem Vortrag frei sprechen und ihn nicht vom Blatt ablesen. Zu einem guten Redestil gehört eine ganze Reihe von Merkmalen, von denen die wichtigsten nachfolgend kurz aufgeführt sind (sie gelten im Übrigen auch für gutes Schreiben, siehe Kapitel 3):

- *Verständlichkeit.* Sie können nur den überzeugen, der Sie versteht. Benutzen Sie keine überflüssigen Fremdwörter, und erklären Sie Fachbegriffe, falls notwendig. Vermeiden Sie lange Bandwurmsätze, und bilden Sie stattdessen kurze Hauptsätze.
- *Aktiv statt Passiv.* Benutzen Sie die Aktivformen der Verben anstatt der Passivformen. Also nicht: »Das Problem wird von uns morgen geklärt«, sondern: »Wir klären das Problem morgen«.
- *Verben statt Substantive.* Substantive wirken schwerfällig und bürokratisch. Besonders schlimm sind die meisten Hauptwörter, die auf -ung enden. Verben dagegen machen die Sprache

frisch und lebendig.«Tatmenschen verwenden Tätigkeitswörter!«[15] Also nicht: »Diese Frage muss durch uns einer Prüfung unterzogen werden«, sondern: »Wir müssen diese Frage prüfen«.
- *Keine »Weichmacher«.* Vermeiden Sie schwammige Formulierungen, die Ihrer Rede die Eindeutigkeit rauben, wie beispielsweise Konjunktive (»Ich würde sagen, ...«), überflüssige einschränkende Füllwörter (»Unser Produkt ist *gewissermaßen* Marktführer«) oder Hoffnungs-Formulierungen (»Ich hoffe, meine Maßnahmen werden das Problem lösen«). Solche »Weichmacher« zeigen mangelndes Selbstvertrauen und lassen Sie als jemanden erscheinen, der von seinen Argumenten nicht überzeugt ist.

Auch gutes Sprechen will gelernt sein. Beachten Sie die folgenden Hinweise zu häufig gemachten sprechtechnischen Fehlern:

- *Nicht zu schnell sprechen.* Wenn Sie zu schnell sprechen, verlieren Sie stark an Wirkung, denn Ihre Zuhörer haben große Mühe, Ihnen zu folgen. Manche »steigen aus« – zeitweise oder sogar ganz. Außerdem kann zu schnelles Sprechen leicht den Eindruck hervorrufen, Sie seien unsicher und hektisch, hätten Angst vor Unterbrechungen durch Fragen und wollten den Vortrag nur ja schnell hinter sich bringen. Sprechen Sie also im Grundtempo eher langsam – je wichtiger und schwieriger Ihr Gedankengang, desto langsamer.
- *Nicht monoton sprechen.* Ungeübte Redner sprechen häufig eintönig, das heißt sie variieren weder die Lautstärke noch die Geschwindigkeit noch betonen Sie wichtige Worte. Der Vortrag wirkt langweilig und einschläfernd, die Zuhörer spüren kein Engagement und keine Begeisterung. Ihr Vortrag wird lebendig und überzeugend, wenn Sie Ihre Lautstärke je nachdem, was Sie sagen, verändern. Betonen Sie, was wichtig ist. Und variieren Sie Ihr Sprechtempo. Verzögerungen erzeugen Spannung, kurzzeitige Beschleunigungen rütteln auf und reißen mit.
- *Füllsel vermeiden.* Verlegenheitslaute (äh, öh) fallen den Zuhörern sehr unangenehm auf, lenken sie ab und können ihnen im Extremfall richtig »weh tun«. Dummerweise bemerkt der

Vortragende sie meistens nicht so stark, da er ganz auf die Wahl seiner Worte konzentriert ist. Füllsel entfahren dem Sprecher, weil er Angst vor der Pause hat, die entsteht, wenn ihm das richtige Wort nicht sofort einfällt und er danach sucht. Um Füllsel zu vermeiden, müssen Sie zunächst bewusst darauf achten. Lassen Sie zwischen zwei Worten oder Sätzen ruhig eine Pause zu. Um ganz sicher zu gehen, können Sie dabei den Mund schließen. Beachten Sie: Kurze Pausen fallen dem Publikum nicht negativ auf, ganz in Gegenteil: Es schätzt das dadurch etwas verlangsamte Tempo meistens sogar, da es das Verständnis erleichtert.

Haben Sie also keine Angst vor Pausen – nicht vor den unabsichtlichen und nicht vor den anderen, die Sie bewusst einsetzen sollten. Gezielt eingebaute Sprechpausen haben mehrere Vorteile. Erstens geben Sie den Zuhörern Zeit, wichtige Aussagen zu durchdenken und nachzuvollziehen. Zweitens gewinnen auch Sie Zeit, sich auf Ihre nächsten Ausführungen zu konzentrieren. Drittens strukturieren Pausen das, was Sie sagen, und machen es so verständlicher. Ohne Pausen reden hieße, ohne Punkt und Komma reden. Viertens können Sie Spannung erzeugen, wenn Sie vor einer wichtigen Aussage zuerst kurz einhalten. Setzen Sie also gezielt immer wieder Pausen ein. Haben Sie keine Angst vor der Reaktion des Publikums. Es wird nicht unruhig werden, sondern im Gegenteil gespannt sein, wie ihr Vortrag weitergeht.

Tipps für Ihren Erfolg

- Reden Sie verständlich und eindeutig. Verwenden Sie die Aktivform und Verben statt Substantive.
- Reden Sie nicht zu schnell. Variieren Sie Ihr Sprechtempo und Ihre Lautstärke, um Dynamik und Spannung zu erzeugen.
- Vermeiden Sie Füllsel.
- Machen Sie immer wieder Sprechpausen.

Und was ist, wenn's Probleme gibt?

Was Sie gegen Lampenfieber tun können, wurde oben erwähnt. Aber auch bestimmte kritische Situationen *während* des Vortrags werden von vielen Referenten gefürchtet. In diesem Abschnitt erfahren Sie, wie Sie darauf reagieren sollten. Manche dieser Situationen kommen gar nicht so häufig vor, aber es beruhigt die Nerven, wenn man weiß, was man im Notfall tun kann.

Hilfe, mir fällt das Wort nicht ein! Mitten im Satz fällt Ihnen plötzlich ein bestimmtes Wort nicht mehr ein. Macht nichts. Brechen Sie nach der kurzen Schreckpause Ihren Satz einfach ab und fangen Sie noch einmal an, indem Sie etwa sagen: »Lassen Sie mich das noch einmal anders sagen ...«. Dann formulieren Sie den Satz neu und umschreiben das Wort.

Hilfe, ich habe den Faden verloren! Eine Horrorvorstellung für jeden Redner: der Blackout. Sie sind plötzlich ganz aus dem Konzept geraten. Sie stehen da, alle schauen Sie erwartungsvoll an, und Sie wissen absolut nicht, was Sie jetzt sagen sollen. Sie laufen rot an und würden am liebsten im Boden versinken. Oberste Regel in diesem Fall: weiterreden. Bedenken Sie, dass niemand Ihren Text kennt. Darum kann auch niemand merken, wenn Sie jetzt davon abweichen. Generell gilt: Sie können so ziemlich alles sagen und machen, solange Sie nur den Eindruck vermitteln, das Sie es genau so geplant haben.

Konkret haben Sie nach der Schreckpause verschiedene Möglichkeiten: Entweder Sie fügen jetzt eine improvisierte Zusammenfassung des bisher Gesagten ein. Oder Sie wiederholen den letzten Gedanken in anderen Worten. Oder Sie überspringen den betreffenden Punkt einfach und kommen später wieder darauf zurück, wenn er ihnen wieder einfällt. Nur eines dürfen Sie nie machen: sich entschuldigen! Denn dafür gibt es überhaupt keinen Grund. Sie werten sich dadurch nur völlig unnötig ab.

Übrigens: Wenn Sie während Ihres Vortrags immer wieder Sprechpausen eingelegt haben, wird das Publikum Ihre Schreckpause noch nicht einmal als solche wahrnehmen, sondern für geplant halten.

Hilfe, sie hören mir nicht zu! Bei größeren Gruppen kommt es immer wieder vor, dass während der Präsentation Unruhe entsteht, weil einzelne Zuhörer sich miteinander unterhalten. Dies ist für den Referenten und für die anderen sehr störend. Folglich dürfen Sie es nicht tolerieren. Suchen Sie zunächst Blickkontakt zu den Betreffenden und schauen Sie sie missbilligend an. Falls das nicht wirkt, unterbrechen Sie Ihren Vortrag mitten im Satz und blicken die Störer an. Durch Ihr plötzliches Schweigen hört man im Raum nur noch die Störer. Andere Teilnehmer folgen Ihrem Blick und wenden sich den Störern zu, die dadurch ein wenig bloßgestellt werden. Diese Peinlichkeit reicht im Regelfall aus, um sie zur Ruhe zu bringen. Falls nicht, wiederholen Sie die Unterbrechung. Irgendwann bekommen Sie meist Unterstützung aus dem Publikum. Jemand wird den Störern zurufen: »Nun seien Sie doch mal leise da hinten!«

Hilfe, sie stellen mir Fragen! Fragen von Zuhörern gehören eigentlich nicht zu den Problemen. Viele Vortragende fürchten sie trotzdem, weil sie Angst haben, nicht antworten zu können und dadurch bloßgestellt zu werden. Bei den Fragen kann es sich einmal um reine Verständnisfragen handeln. Sie sind am wenigsten problematisch, denn als Antwort reicht es in der Regel aus, wenn Sie den Sachverhalt nochmals mit anderen Worten beschreiben oder etwas näher erläutern. Schwieriger können Fragen zu beantworten sein, die zwar im Zusammenhang mit Ihrem Vortrag stehen, die Sie in ihm aber nicht direkt behandeln.

Generell gilt: Wenn Sie auf eine Frage keine Antwort wissen, geben Sie es unumwunden zu. Niemand kann alles wissen. Ihre Zuhörer wissen das und haben deswegen volles Verständnis dafür. Sie können jetzt auf zwei Arten reagieren. Entweder Sie leiten die Frage an das Publikum weiter, etwa mit: »Ich kann Ihre Frage leider nicht beantworten. Kennt vielleicht jemand im Saal die Antwort?« Oder Sie versprechen dem Fragesteller, sich schlau zu machen und ihm später zu antworten.

Grundsätzlich sollten Sie Zwischenfragen, besonders Verständnisfragen, während Ihrer Präsentation zulassen und sofort beantworten. Würgen Sie sie also nicht ab (»Da komme ich später drauf zurück«), sondern lassen Sie den Fragesteller ausreden, wiederholen Sie die Frage gegebenenfalls, damit alle im Raum sie verstehen, und richten Sie Ihre Antwort dann an alle Zuhörer – nicht nur an den, der gefragt hat.

Problematisch können Wortmeldungen – das heißt Fragen, aber auch Einwände – dann werden, wenn sie überhand nehmen und den Zeitrahmen Ihrer Präsentation zu sprengen drohen. Wenn zu viele Zwischenfragen gestellt werden, müssen Sie irgendwann zur Notbremse greifen. Verweisen Sie auf die Zeitbegrenzung und versprechen Sie den Zuhörern, nach Ende Ihres Vortrags darauf einzugehen. Bei Einwänden müssen Sie sehr aufpassen, dass sich daraus nicht eine allgemeine Diskussion entwickelt, die Sie daran hindert, fortzufahren und Ihren Vortrag zu beenden. Wenn irgend möglich, sollten Sie Einwände deshalb von vornherein abwürgen. Verweisen Sie auf die anschließende Diskussion.

Wenn Sie Fragen oder Einwände erwarten, bereiten Sie sich entsprechend vor. Oft ist es sinnvoll, Reservefolien anzufertigen, die Sie im richtigen Moment zur Unterstützung aus dem Hut zaubern. Das verstärkt den Eindruck, dass Sie sich gut vorbereitet haben.

Hilfe, die Zeit reicht nicht! Sie sollten immer alles daran setzen, mit der vorgegebenen Zeit auszukommen. Die Zeit kann aber einmal knapp werden, etwa wegen Zwischenfragen oder weil Sie am Anfang Ihres Vortrags überzogen haben. Oder Ihnen steht von Anfang an weniger Zeit als geplant zur Verfügung. Sie verspäten sich zum Beispiel wegen eines Staus, der Vorredner überzieht schamlos oder Ihr höchster Boss muss einen Flieger früher nehmen und beendet das Meeting vorzeitig. Was tun? Überlegen Sie sich bereits bei der Ausarbeitung Ihres Vortrags, welche Folien Sie unbedingt zeigen müssen, um Ihre Kernbotschaft »rüberzubringen«. Markieren Sie diese entsprechend. Sobald Ihnen klar wird, dass Sie Ihre Präsentation kürzen müssen, sagen Sie dies Ihren Zuhörern. Und verweisen Sie sie auf den vollständigen Foliensatz, den jeder anschließend in Kopie erhält.

Tipps für Ihren Erfolg

- Fällt Ihnen ein Wort nicht mehr ein, formulieren Sie den Satz ohne das Wort neu.
- Bei einem Blackout reden Sie unbedingt weiter. Niemand wird merken, wenn Sie von Ihrem Ursprungskonzept abweichen.
- Bei Unruhe im Raum unterbrechen Sie Ihren Vortrag mitten im Satz und schauen die Störer missbilligend an.
- Bereiten Sie sich auf zu erwartende Fragen und Einwände gut vor.
- Wenn Sie eine Frage nicht beantworten können, geben Sie es zu und versprechen Sie dem Frager eine spätere Antwort.
- Wenn möglich, gehen Sie nicht auf Einwände ein, sondern verweisen Sie auf die anschließende Diskussion.

Ein letztes Wort: Begeisterung

Wenn Sie alle Tipps und Tricks anwenden, die in diesem Kapitel aufgeführt sind, werden Sie eine gute Präsentation halten. Aber um Ihre Zuhörer wirklich zu überzeugen, müssen Sie selbst an Ihre Botschaft glauben. Und diese innere Überzeugung muss Ihr Publikum spüren. Zeigen Sie also Enthusiasmus und Begeisterung für Ihr Thema und Ihre Empfehlungen. Versuchen Sie, Ihre Zuhörer mitzureißen. So werden Sie auch bei ihnen Begeisterung wecken und Zustimmung erhalten.

Das Wichtigste in Kürze

- Beginnen Sie die Ausarbeitung Ihres Vortrags mit der Bestimmung Ihres Ziels und der Analyse Ihrer Zuhörer.
- Beachten Sie bei der Ausarbeitung die Empfehlungen für Einleitung, Hauptteil und Schluss.
- Visualisieren Sie alles Wichtige mit Folien und Flipchart. Beachten Sie die Regeln für gute Folien.
- Ihr Manuskript sollte nur Stichworte und die Inhalte Ihrer Folien enthalten.
- Auch bei einer Bildschirmpräsentation müssen Sie als Referent im Vordergrund stehen. Ziehen Sie keine Multimedia-Show ab.
- Machen Sie sich rechtzeitig vor Ihrem Auftritt mit der Technik vertraut. Rechnen Sie immer mit technischen Problemen.
- Proben Sie Ihren Vortrag bei wichtigen Anlässen.
- Beherzigen Sie die Tipps gegen Lampenfieber.
- Achten Sie auf Ihre Körpersprache: Blickkontakt, freundliches Lächeln, aufrechte Haltung, richtige Grundposition der Hände. Vermeiden Sie Verlegenheitsgesten.
- Achten Sie auf Redestil und Sprechtechnik. Vor allem: Haben Sie keine Angst vor Pausen.
- Lernen Sie, wie Sie während des Vortrags auf Standardprobleme reagieren.

6.
Verhandeln nach dem Harvard-Konzept: So erzielen Sie optimale Ergebnisse

In diesem Kapitel geht es um Verhandlungstechnik, also darum, wie Sie in einer Verhandlungssituation ein für Sie bestmögliches Ergebnis verwirklichen können. Es basiert auf dem Konzept des sachgerechten Verhandelns, das von Roger Fisher und seinen Mitarbeitern im Rahmen des Harvard Negotiation Projekts entwickelt wurde.[16] Dieses Konzept ist universell einsetzbar: bei politischen Verhandlungen, im Wirtschaftsleben, aber auch auf privater Ebene.

Sachgerechtes Verhandeln: die Alternative zum Feilschen

Ein gutes Verhandlungsergebnis ist in aller Regel durch zwei Merkmale gekennzeichnet:

- Sie schaffen es, Ihre Interessen und Vorstellungen in einer für Sie befriedigenden Weise durchzusetzen. Damit die Gegenseite überhaupt zustimmt und damit die Übereinkunft von Dauer ist, müssen aber auch ihre Interessen in ausreichender Weise berücksichtigt werden. Und Interessenkonflikte sollten grundsätzlich fair gelöst werden.
- Die Beziehungen zur Gegenseite haben sich durch die Verhandlung als solche und durch das Ergebnis mindestens nicht verschlechtert, im Idealfall noch verbessert. Dieser Aspekt ist meist ebenfalls von großer Bedeutung, da sehr viele Verhandlungen zwischen Parteien stattfinden, die in einer dauerhaften Bezie-

hung zueinander stehen: Mitglieder der gleichen Organisation, Lieferant und Kunde oder Mitglieder einer Familie.

Die gängigste Verhandlungsmethode ist ohne Zweifel das Feilschen. Jede der beiden Seiten nimmt am Anfang eine (oft extreme) Position ein und macht während der Verhandlung fortlaufend Zugeständnisse, bis ein Kompromiss zustande kommt oder auch nicht. Vielfach wird es dann als gutes Verhandlungsergebnis angesehen, wenn man sich »in der Mitte« zwischen den beiden Ausgangspunkten trifft. Das Feilschen um Positionen ist aber gerade *keine* gute Verhandlungsmethode, denn

- es berücksichtigt die vielfältigen Interessen der Parteien, die hinter den Positionen stehen, nicht oder nur unzureichend. Wie noch zu zeigen sein wird, liegt häufig das bestmögliche Ergebnis nicht nur für Sie, sondern auch für die andere Seite ganz woanders als auf der gedanklichen geraden Linie zwischen den beiden Positionen. Diese Lösung werden Sie beide aber nur finden, wenn Sie aufhören, um Positionen zu rangeln. Denn dies unterdrückt Ihre Kreativität. Stattdessen müssen Sie Ihre Energie darauf konzentrieren, auf kreativem Wege ein Ergebnis zu erzielen, das Ihre Interessen ausgleicht.
- es belastet oft die Beziehung zwischen den Parteien. Feilschen entwickelt sich sehr häufig zum reinen Willenskampf. Ohne Rücksicht auf die Interessen des anderen versuchen die Verhandlungspartner, ihre Position in größtmöglichem Maße durchzusetzen. Der dabei Unterlegene reagiert verärgert und verbittert.

Beim Feilschen um Positionen kann man zwei extreme Verhandlungsarten unterscheiden: die harte und die weiche. Der hart Feilschende betrachtet die andere Seite als Gegner und will um jeden Preis als Sieger aus der Verhandlung hervorgehen. Die Beziehungen zum Verhandlungspartner sind ihm egal, und er beharrt auf seiner Position, die er mit starkem Druck bis hin zu Drohungen durchzusetzen versucht. Nicht der Ausgleich der Standpunkte, sondern einseitige Vorteile werden gesucht. Hart in der Sache und hart gegenüber den Verhandlungspartnern, so lässt sich diese Art zu verhandeln charakterisieren.

Der konziliante Verhandlungspartner sieht hingegen die andere Seite eher als Freund und möchte um jeden Preis zu einer Übereinkunft gelangen. Ihm liegt viel an einer guten Beziehung zur Gegenseite. Um diese zu verbessern, ist er deshalb auch zu Konzessionen in der Sache bereit. Er vermeidet Konfrontationen und macht deshalb schrittweise immer weitere Angebote und Zugeständnisse bis zu einer Einigung. Diesen Verhandlungsstil kann man als weich bezeichnen – weich zu den Menschen und nachgiebig in der Sache.

Es liegt auf der Hand, dass beide Arten zu verhandeln sehr oft zu unbefriedigenden Ergebnissen führen. Wenn zwei hart Feilschende aufeinander treffen, werden die Verhandlungen oft ohne sachliches Ergebnis abgebrochen, und darüber hinaus hat sich ihre Beziehung verschlechtert, manchmal mit der Folge, dass sie ganz zerbricht. Bei Verhandlungen zwischen einem harten und einem weichen Partner gibt es unweigerlich einen Verlierer, der natürlich das bittere Gefühl hat, ausgenutzt worden zu sein.

Das sachgerechte Verhandeln stellt die Alternative zu beiden Arten des Feilschens dar. Es ermöglicht ein Verhandlungsergebnis, das nach den oben genannten Kriterien als gut zu bezeichnen ist. Wer sachbezogen verhandelt, verhält sich weich zu den Menschen, aber hart in der Sache. Er versucht, auch unter schwierigen Umständen eine gute Beziehung zur Gegenseite aufzubauen, setzt sich aber gleichzeitig entschieden für seine Interessen ein. Er sieht die andere Seite als Partner an, mit dem er gemeinsam ein Problem lösen möchte. Das sachgerechte Verhandeln beruht auf vier Maximen:

1. Behandeln Sie Beziehung und Sachfrage getrennt, und versuchen Sie, unabhängig von der Sachfrage eine gute Beziehung zur Gegenseite herzustellen.
2. Konzentrieren Sie sich auf Ihre Interessen und die der Gegenseite, und vermeiden Sie das Feilschen um feste Positionen.
3. Suchen Sie kreativ nach Lösungsmöglichkeiten, die beiden Seiten Nutzen bringen.
4. Bestehen Sie auf der Anwendung objektiver Kriterien bei der Festlegung des Verhandlungsergebnisses.

Die Übersicht 4 stellt die Merkmale des sachgerechten Verhandelns dar.

Weich feilschen	Hart feilschen	Sachgerecht verhandeln
Annahme: Teilnehmer an der Verhandlung sind Freunde	**Annahme:** Teilnehmer an der Verhandlung sind Gegner	**Annahme:** Teilnehmer an der Verhandlung sind Problemlöser
Ziel: Übereinkunft um jeden Preis	**Ziel:** Sieg über die Gegenseite	**Ziel:** ein gutes und gütlich erreichtes Ergebnis
Generelle Einstellung: weich zur Gegenseite und in der Sache	**Generelle Einstellung:** hart zur Gegenseite und in der Sache	**Generelle Einstellung:** weich zur Gegenseite, aber hart in der Sache
Konzessionen werden zur Verbesserung der Beziehung gemacht	Konzessionen werden als Voraussetzung der Beziehung gefordert	**1. Beziehung und Sachfrage getrennt behandeln** und eine gute Beziehung unabhängig von der Sachfrage herstellen
Vertrauen zur Gegenseite	Misstrauen zur Gegenseite	Unabhängig von Vertrauen oder Misstrauen vorgehen
Bereitwillige Änderung der eigenen Position	Beharren auf der eigenen Position	**2. Konzentration auf Interessen, nicht auf Positionen**
Angebote werden unterbreitet	Drohungen erfolgen	Interessen erkunden
Einseitige Zugeständnisse werden im Interesse der Übereinkunft in Kauf genommen	Einseitige Vorteile werden als Preis für eine Übereinkunft gefordert	**3. Lösungsmöglichkeiten zum beiderseitigen Vorteil entwickeln**
Suche nach der einzigen Lösung, welche die Gegenseite akzeptiert	Suche nach der einzigen Lösung, die man selbst akzeptiert	Unterschiedliche Lösungsmöglichkeiten suchen; erst danach entscheiden
Bestehen auf einer Übereinkunft	Bestehen auf der eigenen Position	**4. Bestehen auf der Anwendung objektiver Kriterien**
Willenskämpfe werden vermieden	Der Willenskampf muss gewonnen werden	Ein Ergebnis zu erreichen suchen, das unabhängig vom Willen der beiden Seiten ist
Starkem Druck wird nachgegeben	Starker Druck wird ausgeübt	Vernunft anwenden und offen sein für sachliche Argumente, aber keinem Druck nachgeben

Übersicht 4
Gegenüberstellung von weichem und hartem Feilschen und sachgerechtem Verhandeln (in Anlehnung an Fisher, R., Ury, W. und Patton, B., *Das Harvard-Konzept. Sachgerecht verhandeln – erfolgreich verhandeln.* Frankfurt/New York 2000, S. 33). Die vier Maximen des Harvard-Konzepts sind fett hervorgehoben.

Trennen Sie Sach- und Beziehungsebene und seien Sie vorbehaltlos konstruktiv

Verhandlungen finden zwischen Menschen und nicht zwischen Maschinen statt. Insofern müssen einige Grundtatsachen menschlichen Verhaltens berücksichtigt werden:

- Genau wie Gespräche spielen sich Verhandlungen immer auf zwei Ebenen ab: der sachlichen Ebene (Verhandlungsgegenstand) und der Beziehungsebene (Gefühle der beteiligten Personen und ihre Beziehungen zueinander). Beide Ebenen müssen bei der Verhandlungsführung beachtet werden, ein rein sachliches Verhandeln gibt es nicht.
- Die Beziehungsebene hat unmittelbare Auswirkungen auf die Sachebene: Eine gute Arbeitsbeziehung erleichtert die Verhandlung, eine schlechte erschwert sie erheblich und kann im Extremfall zum Abbruch führen. Dabei ist die Qualität der Beziehungen zwischen den Verhandlungspartnern nicht etwas Unveränderliches. Sie können durchaus die Beziehungen zu Ihren Verhandlungspartnern positiv beeinflussen. Und an schlechten Beziehungen ist nicht immer nur die Gegenseite schuld.
- Die Vermengung von Beziehungs- und Sachebene ist nur zu menschlich, aber in Verhandlungen ausgesprochen kontraproduktiv. Eine solche Vermischung liegt zum Beispiel vor, wenn jemand Probleme in der persönlichen Beziehung zur Gegenseite (beispielsweise verletzte Gefühle oder fehlender Respekt) durch Konzessionen in der Sache zu lösen versucht. Oder wenn umgekehrt Zugeständnisse beim Verhandlungsgegenstand als Voraussetzung für eine positive Beziehung gefordert werden. Oder wenn der Gegenseite vorgeworfen wird, die Schuld zu tragen an irgend etwas, was mit dem Verhandlungsgegenstand zu tun hat. Auf solche Art und Weise Menschen und Probleme in einen Topf zu werfen, führt entweder zu einer Verschlechterung der Beziehung, zu einem schlechten Ergebnis oder gar zu beidem gleichzeitig. Deshalb sollten Sie die Beziehungsprobleme immer von der Sachfrage getrennt behandeln.

- Beide Seiten haben über den Verhandlungsgegenstand häufig ganz konträre Wahrnehmungen, Vorstellungen und Ansichten. Zum Beispiel können zwei Autofahrer bei einem Unfall ganz unterschiedliche Ansichten haben, wie es dazu gekommen ist. Es mag eine objektive Realität geben, sie ist aber bei Verhandlungen nicht relevant. Auch bei ein und derselben Sache gibt es parteiische Wahrnehmungen, und die Realität ist für beide Seiten jeweils das, was sie in ihren Köpfen denken. Nicht selten sind unterschiedliche Vorstellungen über die Wirklichkeit die Ursache von Konflikten.
- Die Kommunikation zwischen Menschen ist schon unter Alltagsbedingungen häufig schwierig. Dies gilt erst recht für Verhandlungen. Erstens kann es auch hier immer Missverständnisse geben. Zweitens – und dies ist ein spezielles Problem bei Verhandlungen – hören sich die Verhandlungspartner oft nicht richtig zu, weil sie zu sehr damit beschäftigt sind, sich ihre Gegenargumente zurecht zu legen, während der andere spricht. Oder Sie hören nicht zu und reden nur drauf los, weil sie gar nicht ernsthaft kommunizieren wollen – nämlich dann, wenn sie nur daran interessiert sind, Dritte oder die eigenen Auftraggeber zu beeindrucken.

Wie kann man bestmöglich mit dem »Problem Mensch« bei Verhandlungen umgehen? Wie kann man Beziehungs- und Sachfragen trennen und gleichzeitig eine möglichst gute Beziehung unabhängig von den Differenzen in der Sachfrage herstellen? Die Antwort lautet: Verhalten Sie sich gegenüber der Gegenseite *vorbehaltlos konstruktiv*. Das bedeutet: Sie tun das, was für Sie von Vorteil ist *und* was gleichzeitig die Beziehung zu verbessern hilft – und zwar unabhängig davon, ob die Gegenseite mitzieht oder nicht. »Vorbehaltlos« heißt in diesem Zusammenhang, dass Sie die Verantwortung für die Qualität der Arbeitsbeziehung übernehmen und sich darauf konzentrieren, was *Sie* zu ihrer Verbesserung beitragen können.

Die vorbehaltlos konstruktive Strategie ist durch eine Reihe von Merkmalen gekennzeichnet. Jedes einzelne von ihnen wirkt sich nicht nur positiv auf die Beziehung aus, sondern ist auch in Ihrem ganz persönlichen Interesse:

- *Rationalität und Emotionen.* Ganz generell gilt: Sprechen Sie nicht nur über die Sache, sondern artikulieren Sie auch Ihre Gefühle. Versuchen Sie ebenfalls, die Gefühle der Gegenseite zu erkennen, und sprechen Sie sie darauf an. Nutzen Sie auch die emotionale Kraft kleiner Gesten. Ein kleines Zeichen der Sympathie, eine einfache Entschuldigung, ein Händedruck oder ein gemeinsames Essen – all das kostet nicht viel, kann aber eine emotional gespannte Situation entscheidend verbessern. Wenn der andere auf etwas emotional reagiert, sollten Sie versuchen, ruhig zu bleiben und Ihre eigenen Emotionen durch Vernunft auszugleichen. Wenn der andere verärgert ist, erlauben Sie ihm, Dampf abzulassen. Selbst wenn Sie dabei beschimpft werden, antworten Sie nicht, sondern hören Sie einfach nur ruhig zu, bis er fertig ist. Meistens beruhigt er sich danach, und Sie können in viel besserer Atmosphäre weiter verhandeln. *Ihr Vorteil*: Sie machen weniger Fehler, wenn Sie Ihre Emotionen im Griff behalten. Und Sie verbessern die Kommunikation und die Atmosphäre, was die Wahrscheinlichkeit eines erfolgreichen Abschlusses der Verhandlung steigert.

- *Verständnis.* Auch wenn die Gegenseite Sie missversteht oder anfangs nicht verstehen will, sollten Sie trotzdem alles daran setzen, sie zu verstehen. Versetzen Sie sich in die Lage des anderen. Versuchen Sie, den Verhandlungsgegenstand aus seiner Perspektive zu betrachten und dabei auch die emotionale Macht zu erfassen, die seine Argumente für ihn besitzen. Bedenken Sie dabei immer: Bloß weil Sie Verständnis für seine Sichtweise zeigen, heißt das noch lange nicht, dass Sie ihm auch zustimmen. *Ihr Vorteil*: Je besser Sie den anderen verstehen, desto eher sind Sie in der Lage, ihn zu beeinflussen. Zum einen, weil Sie die Interessen des anderen kennen müssen, um Lösungsvorschläge zu entwickeln, denen auch er zustimmen kann. Zum anderen, weil die Gegenseite Ihnen besser zuhören wird, wenn sie das Gefühl hat, auch von Ihnen verstanden zu werden.

- *Kommunikation.* Unternehmen Sie alles, um möglichst gut mit der Gegenseite zu kommunizieren. Auch wenn der andere ihnen nicht zuhört, hören Sie ihm aktiv zu. Dazu gehört auch, dass Sie ihm eine Rückmeldung geben, wie Sie das Gesagte verstanden haben. Formulieren Sie den Standpunkt des anderen in positiven Worten. Geben Sie sich darüber hinaus auch Mühe, *Ihre* Sicht der Dinge klar und deutlich auszudrücken. Was immer Sie auch sagen, rechnen Sie immer damit, dass die Gegenseite etwas anderes heraushören könnte. *Ihr Vorteil*: Eine gute Kommunikation verkürzt die Verhandlungen, da es weniger Missverständnisse gibt. Außerdem nehmen Sie den anderen für sich ein, wenn Sie ihm aktiv zuhören. Folglich wird er eher bereit sein, mit Ihnen konstruktiv zusammenzuarbeiten.

- *Vertrauenswürdigkeit.* Auch wenn die Gegenseite versucht, Sie zu täuschen, und Sie allen Grund haben, ihr nicht zu trauen, sollten Sie sie ihrerseits nicht hintergehen, sondern selbst vertrauenswürdig sein. Verhalten Sie sich so, dass man Ihnen vertrauen kann, und sorgen Sie dafür, dass der andere Ihr Verhalten auch so wahrnimmt. *Ihr Vorteil*: Was Sie sagen, wird mehr Gewicht haben, wenn man sich auf Sie verlassen kann.
- *Zwangfreie Methoden der Einflussnahme.* Auch wenn die Gegenseite versucht, Sie unter Druck zu setzen, sollten Sie weder diesem Druck nachgeben noch ihrerseits versuchen, Druck auszuüben. Hingegen sollten Sie überzeugenden sachlichen Argumenten gegenüber aufgeschlossen sein und versuchen, den anderen zu überzeugen. *Ihr Vorteil*: Es ist leichter, sich gegen Druck zu wehren, wenn man offen ist für sachliche Argumente.
- *Den anderen akzeptieren.* Auch wenn die Gegenseite Sie und Ihre Interessen nicht beachten will, sollten Sie trotzdem den anderen und seine Interessen ernst nehmen. Sie sollten bereit sein, sich mit ihm auseinander zu setzen und von ihm zu lernen. *Ihr Vorteil*: Wenn Sie sich mit den Interessen des anderen auseinander setzen, wächst die Chance, dass Sie eine Lösung finden, die sowohl Ihre als auch seine Interessen berücksichtigt und der er folglich zustimmt.
- *Keine Schuldzuweisungen.* Auch wenn Sie der festen Überzeugung sind, dass die Gegenseite sich in der Vergangenheit falsch verhalten hat, sparen Sie sich Ihre – berechtigten – Vorwürfe. Sie haben nichts davon, sich mit dem anderen über die Vergangenheit zu streiten. Wenn Sie beispielsweise eine Mietsenkung für Ihre Büroräume aushandeln wollen, bringt es nichts, dem

Vermieter vorzuwerfen, die bisherige Miete sei überzogen. Konzentrieren Sie sich lieber voll und ganz auf die Zukunft, auf den Erfolg bei Ihrer Verhandlung. *Ihr Vorteil*: Die bessere Atmosphäre bei der Verhandlung macht es wahrscheinlicher, dass Sie Erfolg haben.

Tipps für Ihren Erfolg

- Bei Verhandlungen geht es nicht nur um den Verhandlungsgegenstand, sondern auch um die menschliche Seite.
- Sie wird beeinflusst von den Beziehungen der Verhandlungspartner untereinander, ihren unterschiedlichen Vorstellungen und von Kommunikationsproblemen.
- Trennen Sie Beziehungs- und Sachfragen voneinander.
- Je besser die Beziehung zur Gegenseite, desto größer die Chance auf ein gutes Ergebnis. Verhalten Sie sich deshalb gegenüber der Gegenseite vorbehaltlos konstruktiv. Damit verbessern Sie die Beziehung *und* nützen Ihren Interessen.

Konzentrieren Sie sich auf Interessen statt auf Positionen

Interessen kann man definieren als Bedürfnisse und Wünsche. Sie sind es, welche die Menschen motivieren. Jeder, der verhandelt, hat Interessen, die er als Ergebnis der Verhandlung befriedigt sehen möchte. Als Positionen hingegen bezeichnet man Forderungen und Angebote, die von den Verhandlungspartnern während der Verhandlung gemacht werden. Eine Position wird immer durch ein oder mehrere Interessen bestimmt, die gewissermaßen »hinter« ihr stehen. Dabei stellt eine bestimmte Position jedoch meistens *nur eine* Möglichkeit der Befriedigung der Interessen dar. Anders gesagt: In aller Regel kann ein bestimmtes Interesse durch mehrere unterschiedliche Positionen befriedigt werden. Blickt man also hinter die gegensätzlichen Positionen und erkennt die zugrunde liegenden Interessen, so findet man oft eine alternative Position, welche die Interessen beider Seiten gleichermaßen berücksichtigt.

Ein häufiger Fehler bei Verhandlungen besteht darin, sich nur auf die eigenen Positionen zu konzentrieren, also eine Anfangsforderung und ein Limit – ein gerade noch akzeptables Minimum – festzulegen. Beim Feilschen auf diese Art werden die Interessen der Gegenseite nicht und die eigenen oft nur unzureichend berücksichtigt. Ein Beispiel hierfür liefert die Geschichte von den Schwestern, die sich um eine Orange stritten. Jede wollte die ganze Frucht, und sie einigten sich schließlich darauf, sie in der Mitte zu teilen. Diese Lösung war jedoch für beide schlecht, denn die eine brauchte die Schale der Orange, um einen Kuchen zu backen, die andere wollte das Fruchtfleisch, um daraus Saft zu machen. Sie hätten ihre jeweiligen zugrunde liegenden Interessen (ganze Schale beziehungsweise ganzes Fruchtfleisch) besser befriedigt, wenn sie darüber gesprochen hätten, anstatt um Positionen zu feilschen.

Arten von Interessen. Positionen in Verhandlungen sind immer gegensätzlich, solange man sich nicht geeinigt hat. Betrachtet man hingegen die Interessen der Verhandlungspartner, so stellt man häufig fest, dass es neben *gegensätzlichen* Interessen auch *gemeinsame* gibt. Darüber hinaus gibt es manchmal noch *neutrale* Interessen, die nicht im Gegensatz zueinander stehen, wohl aber ganz unterschiedlicher Natur sind.

Der Außendienstmitarbeiter A. einer Firma für Unterhaltungselektronik verhandelt mit dem Einkäufer E. eines großen Radio- und Fernsehgeschäfts über eine Bestellung von Fernsehgeräten. Die gegensätzlichen Interessen sind die folgenden: A. möchte einen möglichst großen Auftrag erhalten, mindestens aber 30 Geräte verkaufen. E. hingegen möchte zum jetzigen Zeitpunkt nur maximal zehn Geräte abnehmen, da er noch erhebliche Bestände an Ware aus der letzten Bestellung vorrätig hat, die zunächst verkauft werden sollen.
Neben diesen gegensätzlichen Interessen haben beide aber auch

eine Reihe gemeinsamer Interessen. So wünschen sich beide für dieses Fernsehgeschäft möglichst hohe Umsätze mit Fernsehgeräten. Beide sind ferner an der Stabilität ihrer Geschäftsbeziehung interessiert, A. möchte einen guten Kunden, E. einen zuverlässigen Lieferanten behalten. Und schließlich wollen beide auch ihre gute persönliche Beziehung aufrechterhalten.

Ein neutraler Interessenaspekt kann darin gesehen werden, dass sich zwar beide hohe Umsätze mit Fernsehern in dem Geschäft wünschen, A. aber natürlich an Verkäufen seiner Marke interessiert ist, während es E. prinzipiell egal ist, welche Fernseher verkauft werden. Es können gerne die von A. sein, aber auch andere.

Wie Sie Interessen herausfinden. Es ist manchmal gar nicht so einfach herauszufinden, welche Interessen der Gegenseite sich hinter ihrer Position verbergen. (Und auch Ihre eigenen Interessen sind Ihnen vielleicht in ihrer ganzen Vielfalt nicht vollständig bewusst.) Der beste Weg zum Erkennen der Interessen besteht darin, sich in die Lage des anderen zu versetzen. Bei jeder Position, welche die Gegenseite einnimmt, sollten Sie die Frage nach dem »Warum?« stellen. Während Sie die Verhandlung vorbereiten, fragen Sie sich selbst – später, während Sie verhandeln, Ihr Gegenüber.

Eine weitere Möglichkeit ergibt sich dann, wenn die Gegenseite einen Vorschlag ablehnt, den Sie gemacht haben. Versuchen Sie herauszufinden, was sie davon abhält, Ihnen zuzustimmen. Welche Interessen stehen im Wege? »Warum nicht?« lautet die entsprechende Frage.

Bei den meisten Verhandlungen besteht die Gegenseite nicht nur aus einer einzigen Person, auch wenn Sie nur mit einem Gegenüber verhandeln. Hinter diesem stehen andere, etwa dessen Chef, seine Abteilung oder seine Firma als Ganzes. Die persönlichen Interessen Ihres Verhandlungspartners sind häufig ganz andere als die seiner Hintermänner (im neutralen Wortsinn). Auch hieraus ergibt sich eine Vielfalt von Interessen der Gegenseite, die Sie erkennen und berücksichtigen müssen.

Unabhängig von den speziellen Interessen, die je nach Verhandlungsgegenstand variieren, gibt es eine Reihe von menschlichen Grundbedürfnissen, die grundsätzlich alle Menschen motivieren.

Sie können deshalb bei allen Verhandlungen davon ausgehen, dass sie zumindest teilweise zu den Interessen der Gegenseite gehören. Folgende Grundbedürfnisse sind vor allem gemeint: Sicherheit, wirtschaftliches Auskommen, Anerkennung, Selbstbestimmung und Zugehörigkeitsgefühl. Diese fundamentalen Bedürfnisse werden häufig übersehen, besonders wenn es bei einer Verhandlung um Geld geht. Wenn jemand eine Gehaltserhöhung fordert, dann meistens nicht nur, um mehr Geld zu erhalten. In der Regel spielt dabei auch der Wunsch nach Anerkennung einer überdurchschnittlichen Leistung eine Rolle. Wenn er diese Anerkennung auf andere Weise erhalten kann, wird er bei der Frage der Gehaltshöhe zu Zugeständnissen bereit sein.

Sprechen Sie über Interessen. Es ist der Zweck jeder Verhandlung, die Sie führen, Ihren Interessen zu nützen. Damit dies geschieht, müssen Sie bei der Verhandlung über Interessen sprechen, über Ihre und die der Gegenseite. Hierbei sollten Sie auf folgende Punkte achten:

- *Verdeutlichen Sie Ihre eigenen Interessen.* Machen Sie der Gegenseite klar, wie wichtig und vor allem wie legitim Ihre Interessen sind. Seien Sie dabei so konkret wie möglich. Solange Sie nicht den Eindruck erwecken, dass Sie die Interessen der Gegenseite für unwichtig oder illegitim halten, können Sie die Ihren in aller Deutlichkeit darstellen. So unklug es einerseits ist, auf einer bestimmten Position zu beharren, so richtig ist es andererseits, an seinen Interessen festzuhalten. Vertreten Sie also Ihre Interessen mit aller Härte und Entschiedenheit. Machen Sie dabei dem anderen deutlich, dass Sie ihn nicht persönlich angreifen, sondern versuchen Sie ihn zu überzeugen, dass er an Ihrer Stelle die gleichen Gefühle und Bedürfnisse hätte.
- *Erkennen Sie die Interessen der Gegenseite als Teil des Problems an.* Es wurde bereits erwähnt, dass sich Ihre Beziehungen zum Verhandlungspartner verbessern werden, wenn Sie für ihn und seine Interessen Verständnis aufbringen. Sie sollten aber noch einen Schritt weiter gehen, denn ein gutes und gütlich erzieltes Ergebnis *muss* auch die Interessen der Gegenseite be-

rücksichtigen. Zeigen Sie also dem anderen, dass Sie seine Interessen als Teil des Gesamtproblems ansehen, an dessen Lösung Sie arbeiten. Es wird Ihnen besonders leicht fallen, wenn Sie auf gemeinsame Interessen verweisen können.
- *Nennen Sie zuerst Ihre Gründe.* Wenn Sie der Gegenseite einen Vorschlag machen wollen, dann sollten Sie immer zunächst Ihre Interessen und Ihre Gründe darstellen. Erwähnen Sie erst anschließend, was Sie konkret vorschlagen. Nur so wird der andere Ihnen aufmerksam zuhören, und sei es nur deshalb, weil er wissen will, worauf Ihre Argumentation hinausläuft. Wenn Sie hingegen mit Ihrer Schlussfolgerung anfangen, können Sie sicher sein, dass der andere Ihnen bei Ihrer Begründung nicht mehr genau zuhört. Denn er wird sofort anfangen, sich seine Gegenargumente zu überlegen.

Tipps für Ihren Erfolg

- Bei Verhandlungen sind nicht die Positionen wichtig, sondern Ihre Interessen und die der Gegenseite. Jeder Position liegen Interessen zugrunde.
- Versuchen Sie die Interessen der Gegenseite zu ergründen, indem Sie sich in die Lage des anderen versetzen. Fragen Sie immer »Warum?« beziehungsweise »Warum nicht?«
- Sprechen Sie über Interessen. Stellen Sie Ihre Interessen deutlich dar, und zeigen Sie dem anderen, dass Sie eine Lösung suchen, die seine Interessen ebenfalls befriedigt.

Entwickeln Sie Lösungsmöglichkeiten zum beiderseitigen Vorteil

Das Hauptproblem bei vielen Verhandlungen liegt darin, dass eine Übereinkunft beiden Seiten nur möglich erscheint, wenn einer gewinnt und der andere verliert. Bei vielen Fragen scheint es nur ein »Entweder-oder« zu geben, beispielsweise wenn es darum geht, welche von beiden Seiten eine bestimmte Garantieleistung zu übernehmen hat.

Bei einer anderen Art von Fragen können sich beide Parteien nur eine Lösung vorstellen, die sich irgendwo auf der geraden Linie zwischen den beiden Ausgangsforderungen befindet. Dies ist zum Beispiel typisch für Preisverhandlungen. Der Verkäufer fordert 1 000 Euro, Sie als Käufer bieten 600 Euro. Die einzig denkbare Lösung scheint zwischen diesen beiden Beträgen zu liegen. In beiden Beispielfällen scheint der Kuchen begrenzt zu sein. Was der eine gewinnt, das verliert der andere – ein Nullsummen-Spiel, bei dem keiner auf der Verliererseite stehen will.

Viel sinnvoller ist es, bei Verhandlungen seine Phantasie einzusetzen, um gewissermaßen den Kuchen zu vergrößern, bevor man ihn aufteilt. *Das Ziel besteht darin, Möglichkeiten zu finden, wie Sie Ihre eigenen Interessen unter Beachtung der Interessen der Gegenseite fördern können.* Ausgehend von den Interessen beider Seiten sollte man hierzu möglichst viele, möglichst unterschiedliche Lösungsmöglichkeiten (Optionen) entwickeln, die allesamt für beide Seiten vorteilhaft sind. Aus ihnen wird anschließend die beste ausgewählt. Nur weil eine bestimmte Option einem der Verhandlungspartner als erste einfiel und sie die erste ist, die beide akzeptieren konnten, heißt das noch lange nicht, dass sie auch die beste ist. Deshalb gilt: Je mehr Optionen entwickelt werden, desto besser. Leider geschieht das oft nicht, und zwar aus vier Gründen:

- *Vorschnelles Urteil.* Nichts bremst die Kreativität so sehr wie Kritik: »Es funktioniert nicht!« Und gerade in Verhandlungssituationen ist unser kritischer Geist besonders geschärft. Auch die Anwesenheit der Gegenseite kann sich negativ auswirken, etwa wenn man Angst haben muss, dass jede geäußerte unausgegorene Idee sofort gegen einen selbst verwendet wird.
- *Suche nach der einen richtigen Lösung.* Viele Menschen sehen den Zweck von Verhandlungen darin, die Kluft zwischen den Positionen zu verkleinern, und nicht darin, unterschiedliche Optionen zu entwickeln. In ihrer Vorstellung gibt es nur *die ei-*

ne richtige Lösung und nicht viele denkbare Lösungsmöglichkeiten. Wer sich auf eine Position versteift – auch wenn er bereits Rückzugslinien eingebaut hat –, ist nicht in der Lage, kreativ über alternative Lösungsmöglichkeiten nachzudenken.

- *Annahme, der Kuchen sei begrenzt.* Wer von vornherein jede Verhandlung als Nullsummen-Spiel begreift, denkt, dass alles, was für den anderen von Vorteil ist, für ihn selbst automatisch nachteilig sein muss. Er wird sich deshalb kaum die Mühe machen, nach Optionen zu suchen, die auch für die Gegenseite vorteilhaft sind.
- *Psychologisch begründeter Widerwille.* Wer in Verhandlungen seine Interessen durchsetzen will, muss eine Lösung finden, die auch die Interessen der anderen Seite berücksichtigt. Es kostet aber viele Menschen starke Überwindung, auch nur darüber nachzudenken, wie die Gegenseite ebenfalls zufrieden gestellt werden könnte. Dies ist natürlich besonders dann der Fall, wenn beide Seiten verfeindet sind oder andere Probleme auf der emotionalen Ebene existieren.

Insgesamt behindert die einseitige Konzentration auf die eigene Position und die eigenen Interessen ohne Berücksichtigung der Interessen der Gegenseite die eigene Kreativität bei der Entwicklung von Optionen. Darüber hinaus ist man weniger in der Lage, konstruktiv auf Ideen und Vorschläge der Gegenseite zu reagieren. Folgende Verhaltensmuster schaffen Abhilfe:

Trennen Sie den kreativen Prozess von dem der Beurteilung. Es gibt eine Reihe von Tipps, wie Sie zu Lösungsmöglichkeiten gelangen können. Dazu gehört zunächst einmal, den schöpferischen Prozess des Findens von Optionen zu trennen von dem Vorgang der Beurteilung eben dieser Optionen. Nur so werden Sie Ihre Kreativität voll entfalten können. Für die Suche nach Lösungsideen empfiehlt es sich, mit mehreren Personen ein Brainstorming zu veranstalten. Erst wenn Sie so eine Fülle von Lösungsmöglichkeiten gefunden haben, sollten Sie den nächsten Schritt tun: die kritische Beurteilung jeder Idee und schließlich die Auswahl einer oder mehrerer Optionen, die Sie der Gegenseite vorschlagen wollen.

Suchen Sie nach Vorteilen für beide Seiten. Jede Option, die Sie der Gegenseite vorschlagen, sollte für Sie beide vorteilhaft sein. Hierzu gilt es, in zwei Richtungen zu denken. Erstens sollten Sie nach *gemeinsamen Interessen* suchen. Aus gemeinsamen Interessen lassen sich oft gemeinsame Ziele und damit Möglichkeiten der Zusammenarbeit entwickeln. Eine Kooperation zum beiderseitigen Nutzen vergrößert den Kuchen, bevor Sie ihn aufteilen.

In dem oben genannten Praxisbeispiel haben der Außendienstmitarbeiter A. und der Einkäufer E. ein gemeinsames Interesse an hohen Umsätzen mit Fernsehgeräten. A. könnte E. deshalb vorschlagen, gemeinsam eine Verkaufsförderungsaktion in seinem Geschäft durchzuführen mit dem Ziel, schnellstmöglich den vorhandenen Lagerbestand abzuverkaufen. Hierfür stellt A. dem Geschäft für zwei Wochen eine Verkaufsberaterin auf Kosten seiner Firma zur Verfügung. Außerdem bietet er E. einen Zuschuss für eine Anzeige in der Lokalzeitung an. E. nimmt im Gegenzug dann doch 30 Geräte ab.

Zweitens ergeben sich Möglichkeiten, den Nutzen zu vergrößern, wenn Sie gezielt nach *Unterschieden in Einschätzungen und Wertschätzungen* suchen. Der Aktienmarkt funktioniert nur, weil Verkäufer und Käufer unterschiedliche Einschätzungen über die künftige Kursentwicklung einer Aktie haben. Der Verkäufer meint, der Kurs wird sinken, der Käufer meint, er wird steigen. Jede Art von Handel basiert auf unterschiedlichen Wertschätzungen, nämlich darauf, dass die eine Seite lieber die Ware hätte als das Geld, das sie kostet, während die andere Seite den Geldbetrag bevorzugt.

Versuchen Sie also, unterschiedliche Interessen zur Vergrößerung des gegenseitigen Nutzens zu verschmelzen. Achten Sie dabei besonders auf alles, was die eine Seite hochschätzt und die andere Seite nicht. Solche Lösungen haben einen ganz besonderen Charme: Sie stiften der einen Seite viel Nutzen und kosten die andere Seite wenig oder gar nichts. Ein gutes Beispiel für diesen Gedanken stellen wieder die oben erwähnten zwei Schwestern dar, die sich um eine Orange streiten. Jede kann der anderen etwas geben, was diese sehr schätzt, woran sie selbst aber überhaupt kein Interesse hat.

Ansatzpunkte für unterschiedliche Wertschätzungen können sich aus folgenden Umständen ergeben:
- *Unterschiede im Grenznutzen.* Für praktisch alle Dinge im Leben gilt: Je mehr wir bereits von einer Sache haben, desto weniger zusätzlichen Nutzen empfinden wir, wenn wir noch eine weitere Einheit davon erhalten. Ein klassisches Beispiel aus der Mikroökonomie: Von zwei Personen besitzt die eine zehn Bananen und eine Orange, während die andere zehn Orangen und eine Banane hat. Jede ist besonders interessiert an dem Gut, von dem sie wenig hat, und viel weniger an dem, was sie bereits in reichlichem Ausmaß besitzt. So stiftet eine zusätzliche Banane der Person mit vielen Bananen wenig zusätzlichen Nutzen, eine zusätzliche Orange aber viel zusätzlichen Nutzen. Insofern stehen sich *beide* besser, wenn sie einige Bananen gegen Orangen tauschen. Unterschiedliche Grenznutzen von Gütern, über die verhandelt wird, machen es möglich, den Gesamtnutzen beider Seiten zu erhöhen.
- *Unterschiedliche Risikobereitschaft.* Wenn eine Seite ein Risiko leichter tragen kann als die andere, können sich hieraus für beide Seiten lohnende Übereinkünfte ergeben.
- *Unterschiedliche zeitabhängige Wertschätzung.* Dem einen ist die Gegenwart wichtiger, dem anderen die Zukunft. Beispiel Ratenzahlungen: Der Käufer akzeptiert einen höheren Preis, wenn er dafür nicht schon heute bezahlen muss. Der Verkäufer ist bereit, auf das Geld zu warten, wenn er dafür mehr davon bekommt.
- *Unterschiedliche Prognosen.* Unterschiedliche Einschätzungen, wie sich etwas in der Zukunft entwickeln wird, können die Basis von Übereinkünften sein. Das Beispiel Aktienmarkt wurde bereits erwähnt. Ein anderes Beispiel stammt aus Verhandlungen über Einkaufskonditionen zwischen einer Einzelhandelskette und einem Lieferanten. Das Handelsunternehmen erwartet für das kommende Jahr hohe Umsätze mit den Produkten des Lieferanten und fordert entsprechend niedrige Einkaufspreise; dieser ist hingegen skeptisch und möchte keinen Preisnachlass geben. Aus diesen unterschiedlichen Erwartungen ent-

wickeln sie eine Lösung zum beiderseitigen Vorteil: Es bleibt beim bisherigen Grundpreis, aber wenn der Handelspartner tatsächlich so viel Ware abnimmt, wie er prognostiziert, erhält er am Jahresende einen Bonus, welcher der geforderten Preissenkung entspricht.

Erleichtern Sie der Gegenseite die Entscheidung. Es gibt keine Übereinkunft, wenn die Gegenseite nicht zustimmt. Grundvoraussetzung dafür ist, dass Ihre Vorschläge die Interessen des Verhandlungspartners berücksichtigen. Wenn Sie die folgenden Tipps beachten, können Sie der Gegenseite die Zustimmung erleichtern:

- *Versetzen Sie sich in die Lage der anderen.* Versuchen Sie, die Probleme Ihres Verhandlungspartners zu verstehen. Das wird Ihnen helfen zu erkennen, welche Optionen diese Probleme lösen könnten. Überlegen Sie auch umgekehrt, welche Ergebnisse die Gegenseite am meisten fürchten wird und welche sie sich deshalb wohl erhofft.

- *Beachten Sie die Hintermänner.* Wenn Ihr Gegenüber nicht im eigenen Namen verhandelt, wird er die Übereinkunft vor anderen Personen, seinen Hintermännern, rechtfertigen müssen. Fast jeder hat jemanden, dem er das Ergebnis einer Verhandlung erläutern muss. Das mag Ihnen zwar vordergründig als »sein Problem« erscheinen. Aber wenn er »sein Problem« nicht gut löst, dann wird es zu »Ihrem Problem«. Überlegen Sie sich also, was Sie tun können, um Ihren Verhandlungspartner dabei zu unterstützen.

- *Fixieren Sie Optionen schriftlich.* Während der Verhandlungen sollten Sie Ihre Vorschläge so schnell es geht schriftlich festhalten, auf einem Blatt Papier oder einem Flipchart. Das fördert das klare Denken und hilft ungemein, die Diskussion zu kanalisieren.

- *Suchen Sie Präzedenzfälle.* Kaum etwas überzeugt die Gegenseite so wie ein Präzedenzfall, das heißt eine ähnliche Situation, in der sie sich auf eine bestimmte Art verhalten hat oder eine bestimmte Entscheidung getroffen hat.

- *Drohen Sie nicht.* Drohungen vergiften nicht nur das Klima, sondern machen auch eine Übereinkunft unwahrscheinlicher.

Viel effektiver ist es, der Gegenseite aufzuzeigen, welche positiven Folgen die Annahme Ihres Vorschlags für sie haben wird. Stellen Sie sich dabei auf deren Standpunkt, und stellen Sie die Vorteile der von Ihnen vorgeschlagenen Option aus deren Perspektive dar.

Tipps für Ihren Erfolg

- Entwickeln Sie in einem kreativen Prozess möglichst viele verschiedene Lösungen, die Vorteile für beide Seiten haben. Erst in einem zweiten Schritt sollten sie diese Optionen dann beurteilen.
- Suchen Sie nach gemeinsamen Interessen sowie Unterschieden in Einschätzungen und Wertschätzungen, zum Beispiel Unterschiede im Grenznutzen, in der Risikobereitschaft, in der zeitabhängigen Wertschätzung oder in der Einschätzung der Zukunft.
- Tun Sie alles, um der Gegenseite die Entscheidung zu erleichtern. Beachten Sie dabei, dass Ihr Verhandlungspartner seinen Hintermännern das Ergebnis begründen muss.

Bestehen Sie auf objektiven Kriterien

Objektive Kriterien statt Willenskämpfe. Trotz aller Bemühungen um kreative Verhandlungslösungen bleiben doch oft schroffe Interessengegensätze bestehen, beispielsweise unterschiedliche Vorstellungen über die Höhe des Preises einer Sache. Üblicherweise verfallen Verhandlungspartner dann ins Feilschen, das heißt sie reden über das, was sie aus ihrer *subjektiven* Sicht akzeptieren wollen und was nicht. Ein solcher Willenskampf belastet aber, wie oben bereits gesagt, die Beziehung. Außerdem müssen meistens schlussendlich doch beide nachgeben, um ein Ergebnis zu erreichen. Mit diesem sind sie dann oft noch unzufrieden, da sie ja von der Richtigkeit ihrer jeweiligen Ausgangsposition überzeugt waren.

Dieses Dilemma lässt sich durch die Anwendung *objektiver Kriterien*, zum Beispiel der ermittelte Marktwert des Verhandlungsgegenstands oder das Gutachten eines unabhängigen Sachverständigen, lösen.

> **Objektive Kriterien garantieren ein faires Verhandlungsergebnis, das unabhängig vom Willen der beiden Parteien zustande kommt.**

Nicht der gegenseitig ausgeübte Druck bestimmt das Ergebnis, sondern gemeinsam anerkannte Prinzipien. Damit schützen objektive Maßstäbe sowohl Sie selbst als auch Ihren Verhandlungspartner vor einem unfairen Ergebnis.

Wenn Sie objektive Kriterien, also externe Standards, ins Spiel bringen, fällt der Gegenseite auch das Nachgeben leichter. Sie erscheint dann nicht als schwächer, sondern als nur vernünftig. Außerdem kann Ihr Verhandlungspartner seine Zustimmung zu einem solchen Ergebnis gegenüber seinen Hintermännern viel leichter rechtfertigen, denn die Anwendung objektiver Kriterien gibt dem Verhandlungsergebnis ein hohes Maß an Legitimität.

In vielen Fällen gibt es *mehr als einen* objektiven Maßstab, den man heranziehen kann. Denken Sie etwa an den Wert eines Gebrauchtwagens. Hier kann man beispielsweise den Wiederbeschaffungswert ansetzen, den Neuwert minus Abschreibung oder den Wert in einer Gebrauchtwagenliste. In anderen Verhandlungssituationen kann man Präzedenzfälle, offizielle statistische Veröffentlichungen, wissenschaftliche Gutachten oder branchenübliche Gepflogenheiten als objektive Kriterien nutzen. Entscheidend ist nur, dass jedes Kriterium zu einem Ergebnis führt, das unabhängig vom Willen der beiden Seiten ist.

Die Entwicklung objektiver Kriterien. Die konkrete Umsetzung besteht darin, aus jedem Streitfall eine gemeinsame Suche nach externen Standards zu machen. Sagen Sie etwa: »Sie fordern 10 000 Euro, ich biete Ihnen 8 000 Euro. Wir wollen herausfinden, welcher Preis fair ist. Welche Kriterien könnten wir hierfür heranziehen?« Besser ist es allerdings, sich über die anzuwendenden Kriterien zu einigen, *bevor* Sie über mögliche Lösungen sprechen.

Sie können die Gegenseite auch dazu bringen, über objektive Kriterien nachzudenken, indem Sie zum Beispiel fragen: »Wie kommen Sie gerade auf diesen Preis?« Wenn Sie dann Ihrem Verhandlungspartner einen Vorschlag machen, der auf einem Kriterium basiert, das er selbst genannt hat, sind Sie besonders überzeugend. Er kann dann schlecht nein sagen, ohne das Gesicht zu verlieren. Da er aber das Kriterium selbst ins Spiel gebracht hat, bedeutet Nachgeben hier nicht Schwäche, sondern ist Ausdruck von Korrektheit: Man steht zu seinem Wort.

Seien Sie immer offen für vernünftige Kriterien-Vorschläge der Gegenseite. Eines der Erfolgsgeheimnisse des sachgerechten Verhandelns besteht gerade darin, vernünftigen Argumenten gegenüber aufgeschlossen zu sein und gleichzeitig auf Lösungen zu beharren, die auf externen Standards basieren. Wenn Sie auf der Anwendung objektiver Maßstäbe bestehen, so bedeutet das aber nicht, dass Sie nur auf Kriterien bestehen sollten, die Sie selbst vorgeschlagen haben. Die Existenz *eines* legitimen Kriteriums schließt nicht aus, dass es noch andere gibt.

Wenn Sie sich nicht über den Maßstab einigen können. Das obige Beispiel der Gebrauchtwagenschätzung zeigt: Wenn man eine Streitfrage anhand verschiedener Kriterien beurteilt, wird man oft unterschiedliche Ergebnisse erhalten. Das führt leicht dazu, dass jede Seite auf der Anwendung desjenigen Maßstabs besteht, der ihr den größten Vorteil bringt. In diesem Fall droht die Kriterienfrage zu einem Willenskampf zu werden. Das können Sie vermeiden, indem Sie zum Beispiel die Differenz aufteilen oder einen unabhängigen Dritten entscheiden lassen, welches Kriterium *er* in dieser Situation für am fairsten hält. Beachten Sie bitte: Der Dritte entscheidet nicht die Sachfrage, sondern bestimmt nur den Maßstab.

Wenn Sie sich trotz aller Anstrengungen nicht einigen können, bleibt noch die Möglichkeit, eine Lösung unter Anwendung einer *fairen Verfahrensweise* zu erreichen. Das sind solche, von denen beide Seiten meinen, dass sie vernünftig sind und niemandem einen unfairen Vorteil verschaffen. Hierunter fallen zum Beispiel:

- »Ich schneide, du wählst.« Eine der Parteien bestimmt die Aufteilung, die andere darf sich ihren Teil aussuchen.
- Münze werfen oder Losverfahren
- Schiedsrichter. Beide Seiten einigen sich darauf, die Entscheidung von einem unparteiischen Dritten treffen zu lassen. Hier entscheidet der Dritte tatsächlich die Sachfrage.

Tipps für Ihren Erfolg

- Anstatt zu feilschen, bestehen Sie auf der Anwendung objektiver Maßstäbe, um Interessengegensätze fair zu lösen.
- Versuchen Sie, gemeinsam mit der Gegenseite solche Kriterien zu finden.
- Wenn Sie sich nicht auf den anzuwendenden Maßstab einigen können, schlagen Sie eine faire Verfahrensweise zur Erzielung einer Einigung vor.

Entwickeln Sie Ihre beste Alternative

Trotz aller Bemühungen: Nicht immer ist eine Übereinkunft möglich, zu weit liegen die Vorstellungen beider Seiten manchmal auseinander. Es ist offensichtlich: Aus Ihrer Sicht ist ein Abkommen dann nicht sinnvoll, wenn Sie sich schlechter stehen als vorher oder wenn Sie mit einem anderen Verhandlungspartner ein besseres Ergebnis erzielen könnten.

Vorteile der besten Alternative. Wenn Verhandlungen scheitern, haben Sie in aller Regel mehrere Möglichkeiten, was Sie stattdessen *tun könnten*. Das sind Ihre Alternativen, von denen manche attraktiver als andere sind. Die beste davon bezeichnet man als »beste Alternative zu einem ausgehandelten Abkommen«, kurz: beste Alternative. Sie stellt also das dar, was Sie aller Voraussicht nach *wirklich tun werden*, wenn die Verhandlungen scheitern. Bei jeder Verhandlung ist es für Sie ungemein wichtig zu wissen, welche Alternativen Sie haben und welche davon die beste ist. Denn die Kenntnis Ihrer besten Alternative hat für Sie zwei wesentliche Vorteile:

- *Ihre beste Alternative ist Schutz und Richtschnur zugleich.* Sie ist der *einzige* Maßstab für den Erfolg der Verhandlung. Nur wenn die mögliche Übereinkunft besser ist als Ihre beste Alternative, können Sie einen Vertragsabschluss als Erfolg betrachten. Ist sie das nicht, sollten Sie die Verhandlung abbrechen und stattdessen Ihre beste Alternative wählen. Insofern schützt Ihre beste Alternative Sie vor der Annahme von Vertragsbedingungen, die Sie besser nicht eingehen sollten. Und Sie gibt Ihnen eine klare Richtschnur, wann Sie die Verhandlung aufgeben sollten. Das bedeutet umgekehrt: Ohne beste Alternative sind Sie immer unsicher, ob Sie weiterverhandeln oder die Verhandlung abbrechen sollen.
- *Ihre beste Alternative stärkt Ihre Verhandlungsposition.* Je besser Ihre beste Alternative ist, desto stärker sind auch Ihre Position und Ihr Selbstvertrauen. Nicht Macht oder Reichtum bestimmen, ob sich jemand in einer guten Verhandlungsposition befindet, sondern einzig und allein die Qualität seiner besten Alternative. Je stärker Ihre Bereitschaft ist, die Verhandlungen ohne Ergebnis abzubrechen, weil Sie eine gute Alternative haben, desto machtvoller sind Sie in dieser Situation. Wenn Sie beispielsweise über Ihr Gehalt mit einem potenziellen neuen Arbeitgeber verhandeln, dann hängt die Stärke Ihrer Verhandlungsposition nur davon ab, ob Sie noch andere Angebote haben und wie attraktiv das beste davon für Sie ist. Wie stark andererseits die Position Ihres Verhandlungspartners ist, bestimmt sich nicht nach seinem Rang in der Hierarchie oder nach der Größe des Unternehmens, sondern nur danach, wie

schwierig es für ihn ist, zum Gehalt, das Sie fordern, einen gleichwertigen Kandidaten auf dem Arbeitsmarkt zu finden.

Nachteile, wenn man keine beste Alternative hat. Trotz dieser offensichtlichen Vorteile beginnen viele Leute Verhandlungen, ohne sich vorher ausreichend Gedanken darüber zu machen, was sie tun werden, falls die Verhandlungen scheitern. Dies kann leicht zu einer unrealistischen, das heißt entweder zu optimistischen oder zu pessimistischen Einschätzung der Lage führen. Als Folge werden die Verhandlungen entweder zu früh abgebrochen, oder man akzeptiert ein unnötig ungünstiges Ergebnis.

Folgende psychologische Mechanismen verleiten dazu, die Situation zu optimistisch zu sehen. *Erstens* überschätzt man leicht die Anzahl der Alternativen. Man glaubt etwa, es gäbe *viele* andere Lieferanten, Kaufinteressenten, günstige Angebote oder attraktive Arbeitsplätze. *Zweitens* werden oft die Konsequenzen von Alternativen im Falle des Scheiterns der Verhandlung zu rosig gesehen: Man unterschätzt etwa die Dauer und die Kosten einer gerichtlichen Auseinandersetzung oder den Aufwand, sich einen neuen Arbeitsplatz zu suchen.

Ein *drittes* Problem besteht häufig darin, dass man seine Alternativen bündelweise betrachtet und sich etwa einredet: Wenn ich mit meiner Gehaltsforderung nicht durchkomme, kann ich immer noch nach Berlin ziehen oder mir in München einen Job suchen oder eine Umschulung machen oder mich selbstständig machen oder irgend etwas ganz anderes machen. Psychologisch erscheint Ihnen all das zusammen viel attraktiver als zum bisherigen Gehalt auf Ihrer jetzigen Stelle weiterzuarbeiten. Das Problem liegt aber darin, dass Sie nicht alles zusammen bekommen können. Falls die Verhandlungen scheitern, müssen Sie sich für *eine* Alternative entscheiden.

Wenn man vorher seine Alternativen nicht geprüft hat, ist aber auch die gegenteilige Reaktion möglich: Angst vor dem Scheitern der Verhandlung. Ohne eine gute Alternative neigt man leicht dazu, übermäßig pessimistisch einzuschätzen, was passieren wird, wenn die Verhandlung abgebrochen wird. Die Gefahr besteht, dass man sich zu sehr darauf festlegt, dass es eine Übereinkunft geben *muss*. Dies schwächt ganz offensichtlich die eigene Verhandlungsposition.

Warum eine beste Alternative besser als ein Limit ist. Anstatt sich darüber klar zu werden, was ihre beste Alternative ist, legen viele Leute vor Beginn einer Verhandlung für sich ein Mindestergebnis fest. Mit einem solchen Limit will man sich davor schützen, einem Lösungsvorschlag der Gegenseite zuzustimmen, der nicht den eigenen Interessen entspricht und den man später bereuen würde. Denn wenn man sich ein Limit setzt, kann man Druck und Versuchungen des Augenblicks leichter widerstehen, und man weiß genau, wann man die Verhandlungen abbrechen sollte, weil weiteres Verhandeln sinnlos ist. Allerdings hat ein Limit im Vergleich zu einer besten Alternative wesentliche Nachteile:

- Es schränkt die Fähigkeit ein, zum eigenen Vorteil Informationen zu berücksichtigen, die man erst beim Verhandeln erfährt. Ein Limit ist ja definitionsgemäß während der Verhandlung unveränderbar.
- Ein Limit behindert die Entwicklung kreativer Lösungen. Hierauf wurde oben in einem anderen Zusammenhang bereits hingewiesen. Denn ein Limit betrifft ja nur eine Variable, beispielsweise den Preis. Jeder Verhandlungsgegenstand ist aber mehrdimensional. So spielen etwa bei vielen Kaufverträgen außer dem Preis folgende Dinge eine Rolle: die Ausstattung des Produkts, seine Lieferung und Installation oder der Umfang und die Dauer der Garantie. Eine maßgeschneiderte Lösung, welche die Interessen beider Seiten gleichermaßen befriedigt, wird alle diese Aspekte in einem Gesamtpaket berücksichtigen. Deshalb kann eine Übereinkunft, bei welcher der Kaufpreis höher ist als der Betrag, den Sie bereit sind auszugeben, trotzdem für Sie vorteilhaft sein – dann nämlich, wenn das Gesamtpaket Ihren Interessen entspricht. Ein Limit schränkt aber die Bereitschaft ein, über Lösungen auch nur nachzudenken, die eine Überschreitung des Limits beinhalten.
- Ein Limit wird gern zu hoch angesetzt, besonders, wenn mehrere Personen es gemeinsam festsetzen. In diesem Fall handelt es sich oft um den »größten gemeinsamen Nenner« – einen

Wert, der die Interessen aller vollständig berücksichtigen soll. Ein zu hohes Limit aber schränkt Ihre Möglichkeiten, überhaupt zu einem Vertragsabschluss zu gelangen, erheblich ein.

Alle drei Aspekte verdeutlichen das zentrale Problem eines Limits: Es kann Sie zwar vor der Annahme eines unvorteilhaften Verhandlungsangebots schützen, aber Sie genauso davon abhalten, eine Übereinkunft zu entwickeln oder ein Angebot anzunehmen, das Sie klugerweise hätten annehmen sollen, da es in Ihrem Interesse liegt. Ein Limit kann also Ihren Interessen schaden!

Angenommen, Sie sind Verkäufer in einem Maschinenbauunternehmen. Für eine Maschine vom Typ N 2000 setzen Sie für sich einen Tiefstpreis von 50 000 Euro bei Lieferung frei Haus fest. Ihr Kunde ist aber nicht bereit, so viel zu zahlen. Stattdessen macht er Ihnen während der Verhandlung folgendes Angebot: Kaufpreis 42 000 Euro bei Selbstabholung und Barzahlung statt dem üblichen Zahlungsziel von sechs Monaten. Darüber hinaus bietet er Ihnen an, sofort noch eine weitere Maschine im Wert von 27 000 Euro zu den gleichen Bedingungen bei Ihnen zu bestellen.

Dieses Gesamtpaket ist für Sie möglicherweise vorteilhafter als ein Verkauf zum Preis von 50 000 Euro. Aber auch in diesem Fall müssten Sie es ablehnen, denn das Angebot von 42 000 Euro liegt eindeutig unter Ihrem Limitpreis.

Deshalb sollten Sie den Punkt, bis zu dem Sie zu verhandeln bereit sind, nicht durch ein Limit definieren, sondern nur über Ihre beste Alternative. Denn diese schützt Sie nicht nur vor einer schlechten Übereinkunft, sondern bewahrt Sie gleichzeitig auch vor der Ablehnung eines Angebots, das Sie im eigenen Interesse annehmen sollten. Dies ist so, weil Sie nur Angebote ablehnen werden, die schlechter sind als Ihre beste Alternative.

Die beste Alternative weiterentwickeln. Vor Beginn jeder Verhandlung sollten Sie sich also systematisch überlegen, was Sie im Falle eines Scheiterns tun könnten. Listen Sie dazu alle Ihre Optionen mit ihren jeweiligen Vor- und Nachteilen auf. Als Nächstes müssen Sie Ihre beste Alternative bestimmen. Vergleichen Sie dazu Ihre Möglichkeiten und bestimmen Sie diejenige, die Ihren Interessen am besten nützt. Hier sollten Sie aber nicht stehen bleiben. Vielmehr gilt es jetzt, Ihre beste Alternative weiterzuentwickeln, das heißt zu konkretisieren und dadurch noch zu verbessern. Je genauer Sie wissen, was Sie im Falle des Scheiterns tun werden, desto mehr Kraft werden Sie während der Verhandlung aus Ihrer besten Alternative schöpfen, desto stärker wird Ihre Verhandlungsposition. Je nachdem, wie Sie Ihr Gegenüber einschätzen, kann es unter Umständen sinnvoll sein, ihn über Ihre beste Alternative zu informieren. Wenn Ihre beste Alternative sehr attraktiv für Sie ist, zum Beispiel wenn nebenan schon ein anderer Kunde wartet, sollten Sie dies der Gegenseite mitteilen. Auch wenn die anderen meinen, Sie hätten keine oder keine gute Alternative, obwohl Sie sehr wohl eine haben, sollten Sie dies durchaus durchblicken lassen. Beides stärkt Ihre Position. Ist umgekehrt Ihre beste Alternative schlechter, als die anderen glauben, sollten Sie lieber darüber schweigen.

Angenommen, Sie wollen ein gebrauchtes Haus kaufen. Sie haben eines gefunden, das Ihnen gefällt, und bereiten nun die Verhandlung mit dem Verkäufer vor. Als Erstes überlegen Sie sich Ihre Alternativen. Sie könnten weiter zur Miete wohnen, eine Wohnung kaufen, selber bauen oder ein anderes Haus kaufen. Jede dieser Möglichkeiten hat Ihre Vor- und Nachteile, die Sie mit Blick auf Ihre Interessen (beispielsweise Eigentum bilden, einen eigenen Garten haben, eine möglichst geringe monatliche Belastung haben) abwägen.
Nehmen wir nun an, Sie kommen zu dem Schluss, ein eigenes Haus zu bauen sei Ihre beste Alternative zum Kauf des erwähnten Hauses. Jetzt wissen Sie, was Sie tun werden, wenn Sie sich mit dem Verkäufer nicht einig werden. Aber Sie wissen es nur sehr grob. Sie haben sich mit den Details noch nicht auseinander gesetzt. Werden Sie überhaupt ein Grundstück in Ihrer Wunschgegend finden? Wie teuer wird ein Neubau einschließlich Grundstück sein? Werden Sie die monatliche Belastung aufbringen können? Entsprechend wenig Selbstsicherheit erwächst Ihnen aus Ihrer besten Alternative.
Deshalb verbessern Sie sie nun, indem Sie konkrete Vorbereitun-

gen auf eine eventuelle Realisierung treffen. Sie suchen sich ein Grundstück, das Ihnen gefällt. Sie holen Kostenvoranschläge bei Bauträgern, und Sie klären die Finanzierung mit Ihrer Bank. Je weiter Sie Ihre beste Alternative durch konkrete Planung entwickeln, desto genauer wird Ihre Vorstellung, was im Falle des Scheiterns auf Sie zukommt. Und desto besser können Sie bei jedem Angebot der Gegenseite und bei jeder Verhandlungsoption beurteilen, ob Sie immer noch besser ist als Ihre beste Alternative.

Die Attraktivität der besten Alternative der Gegenseite verringern. Auch die Stärke der Verhandlungsposition der Gegenseite hängt von ihrer besten Alternative ab. Deshalb liegt es in Ihrem Interesse, deren Attraktivität zu verringern. Solange Sie dies auf ethisch vertretbare Weise tun, ist das durchaus legitim. Hierzu gehen Sie wie folgt vor:

- Analysieren Sie die Interessen der Gegenseite.
- Bestimmen Sie ihre Alternativen. Hierzu müssen Sie sich in deren Lage versetzen. Was könnte die Gegenseite tun, falls es zu keiner Einigung kommt? Welche Vor- und Nachteile haben die verschiedenen Optionen für sie oder Sie?
- Bestimmen Sie die beste Alternative der Gegenseite. Wenn *Sie* die Interessen der Gegenseite hätten und wenn *Sie* deren Alternativen beurteilen müssten, was würden *Sie* dann tun? Welche der Alternativen würden Sie an ihrer Stelle bevorzugen? Diese Analyse wird Ihnen auch Anhaltspunkte dafür geben, was Sie überhaupt von der Verhandlung erwarten können.
- Fragen Sie sich nun, was Sie tun können, um die Attraktivität dieser Alternative zu schmälern. So könnten Sie der Gegenseite klar machen, wie unklug oder teuer die Realisierung Ihrer besten Alternative für sie wäre. Dies sollten Sie besonders dann tun, wenn Sie den Eindruck haben, dass die anderen ihre Möglichkeiten überschätzen.

Tipps für Ihren Erfolg

- Überlegen Sie sich vor der Verhandlung Ihre beste Alternative, falls die Verhandlung scheitert.
- Ihre beste Alternative ist einem Limit überlegen, denn sie schützt Sie nicht nur vor einem Ergebnis, dem Sie besser nicht zugestimmt hätten, sondern auch vor der Ablehnung eines Angebots, das Sie in Ihrem Interesse annehmen sollten.
- Je besser Ihre beste Alternative, desto stärker Ihre Verhandlungsposition. Tun Sie deshalb vor der Verhandlung alles, um Ihre beste Alternative weiter zu verbessern.

Das Wichtigste in Kürze

- Das sachgerechte Verhandeln beruht auf dem Grundprinzip, seine Interessen konsequent zu vertreten und dabei trotzdem zu versuchen, eine möglichst gute Beziehung zur Gegenseite aufzubauen.
- Eine Einigung ist nur möglich, wenn sie die Interessen beider Seiten befriedigt. Statt um Positionen zu rangeln, sollten Sie sich folglich darauf konzentrieren, die Interessen der Gegenseite herauszufinden.
- Auf der Basis der Interessen beider Seiten sollten Sie nun kreative Lösungsmöglichkeiten entwickeln und vorschlagen.
- Zur Überbrückung von Interessengegensätzen sollten Sie auf der Anwendung objektiver Maßstäbe oder fairer Verfahrensweisen bestehen. Nur sie gewährleisten eine faire Übereinkunft, also eine, die unabhängig vom Willen der beiden Parteien zustande kommt.
- Bestimmen Sie Ihre beste Alternative und verbessern Sie diese weiter. Sie allein bestimmt die Stärke Ihrer Verhandlungsposition. Sie allein – und nicht ein willkürlich gesetztes Limit – gibt

Ihnen eine zuverlässige Richtschnur, ob ein Verhandlungsangebot günstig für Sie ist oder ob Sie die Verhandlung besser abbrechen sollten.

7.
Was Sie über Projektmanagement wissen müssen

Zunächst ein paar notwendige Fakten: Was ist Projektmanagement?

Projektmanagement[17] wird heute in fast allen Unternehmen immer wichtiger. Als Nachwuchsmanager werden Sie deshalb mit großer Wahrscheinlichkeit schon bald ein Projekt leiten oder zumindest in einem Projektteam mitarbeiten. Aber nicht nur deshalb ist dieses Kapitel wichtig für Sie. Selbst wenn in Ihrer Organisation Projektmanagement nicht existiert: Die Verantwortung für größere Aufgaben erhält jeder gelegentlich. Und um diese erfolgreich zu bewältigen, eignen sich die Methoden des Projektmanagements ganz hervorragend, kann man doch jeden größeren Auftrag als Projekt ansehen.

Bevor im Einzelnen dargestellt wird, worauf es beim Projektmanagement ankommt, stellt sich zunächst die Frage, was unter Projekt überhaupt zu verstehen ist. Mit dem Begriff bezeichnet man Vorhaben, die durch folgende Merkmale gekennzeichnet sind:

- *Neuartig und einmalig.* Projekte sind das Gegenteil von Routineaufgaben. Die konkrete Aufgabenstellung hat es – zumindest im betroffenen Unternehmen – noch nicht gegeben, deshalb die Bezeichnung neuartig. Sie wird sich in exakt der gleichen Form auch nicht wiederholen, deshalb ist sie einmalig.
- *Komplex und interdisziplinär.* Die meisten Projekte sind keine einfachen Aufgaben, sondern komplizierte. Sie bestehen aus einer Vielzahl von verschiedenartigen, miteinander verbundenen Teilaufgaben. An ihnen arbeiten üblicherweise Fachleute aus

unterschiedlichen Unternehmensbereichen. Diese müssen als Team gut zusammenarbeiten, damit das Projekt trotz seiner komplexen Struktur erfolgreich wird. Projektarbeit ist also in aller Regel Teamarbeit.

- *Zielorientiert.* Ein Projekt benötigt eine Zielsetzung für das Gesamtergebnis, das am Ende erreicht werden soll.
- *Limitiert.* Projekte sind in dreierlei Hinsicht begrenzt: Erstens sind sie begrenzt, was den Einsatz von unternehmenseigenen Ressourcen angeht. Insbesondere wird üblicherweise vorher festgelegt, in welchem Umfang das eigene Personal eingesetzt werden soll. Zweitens wird ein Budget für die entstehenden externen Kosten festgelegt, und drittens gibt es Grenzen in zeitlicher Hinsicht. Projekte haben einen Anfangstermin und, was noch viel wichtiger ist, einen Endtermin.
- *Riskant.* Mit Projekten beschreitet man immer Neuland, manchmal mehr, manchmal weniger. Es besteht deshalb immer ein gewisses Risiko, ob das Projektziel so wie geplant erreicht werden kann.

Die vier Stellschrauben. Jedes Projekt steht also unter einer vierfachen Zielsetzung:

- Das Projektziel oder Sachziel: Was genau soll in welcher Qualität am Ende erreicht werden?
- Das Kapazitätsziel: Welche unternehmensinternen Personalkapazitäten sollen für das Projekt zur Verfügung gestellt werden?
- Das Kostenziel: Bis zu welcher Höhe dürfen Ausgaben für externe Lieferanten insgesamt getätigt werden?
- Das Terminziel: Bis wann muss das Projekt fertig gestellt sein?

Die vier Zielgrößen bilden die Rahmenbedingungen des Projekts und beeinflussen sich gegenseitig. Jede Veränderung bei einem der Ziele hat Auswirkungen auf die anderen. Will man zum Beispiel einen früheren Endtermin, so muss man entweder höhere Kapazitäten einsetzen, höhere Kosten akzeptieren oder das Sachziel herunterschrauben. Ein ehrgeizigeres Projektziel wiederum lässt sich nur mit mehr Personal, höheren Kosten oder mehr Zeit verwirklichen. Die vier Zielsetzungen dürfen also nie isoliert betrachtet werden, denn sie sind vergleichbar mit Stellschrauben, die miteinander verzahnt sind: Dreht man an einer, bewegt sich mindestens eine andere auch.

Rollen im Projekt. In einem Projekt gibt es eine Reihe von Rollen: der Auftraggeber, der Projektleiter, die Mitglieder des Teams und die Projektnutzer. Man kann auch von einer temporären Organisation sprechen, die für die Durchführung des Projekts geschaffen wird.

Der Auftraggeber. Er ist derjenige, der das Projekt ins Leben ruft und die Rahmenziele definiert, also das inhaltliche Ziel sowie den Kapazitäts-, Kosten- und Zeitrahmen. Die generelle Zielsetzung, die mit dem Projekt erreicht werden soll, hat er entweder selbst formuliert, oder sie wurde ihm von seinem Vorgesetzten oder von der Geschäftsleitung vorgegeben.

Als Auftraggeber braucht er die innerbetriebliche Kompetenz, im erforderlichen Umfang auf die Ressourcen anderer Abteilungen zuzugreifen und die extern entstehenden Kosten freizugeben. Über diese Kompetenz verfügt er entweder kraft seiner Position in der Organisation, oder er erhält sie fallweise von seinem Chef, um die Erreichung der Zielsetzung zu ermöglichen.

Er muss die Ergebnisse des Projekts gegenüber seinen Vorgesetzten oder dem Vorstand verantworten. Im Verlauf des Projekts kann er deshalb auch den vorzeitigen Abbruch anordnen, wenn die vorgegebenen Ziele nicht mehr erreichbar erscheinen.

Der Auftraggeber initiiert zwar offiziell das Projekt. Er muss aber nicht auch derjenige sein, der die ursprüngliche Idee dazu hatte. Theoretisch kann jeder im Unternehmen die Initiative ergreifen und eine Maßnahme vorschlagen, zu deren Erreichung ein Projekt definiert wird. Damit das Projekt tatsächlich durchgeführt wird, muss er aber jemanden finden, der als Auftraggeber fungieren könnte, und ihn von den Vorteilen der Maßnahme überzeugen.

Der Projektleiter. Er wird vom Auftraggeber mit dem Management des Projekts beauftragt, weshalb der Projektleiter häufig auch als Projektmanager bezeichnet wird. Seine Aufgaben umfassen zum einen die Planung des Projekts, zum anderen muss er nach dem Projektstart die Realisation steuern: Dazu koordiniert er die Aktivitäten der einzelnen Beteiligten und überwacht permanent, ob der Projektablauf der Planung entspricht. Ist dies nicht der Fall, muss unter Umständen die Planung überarbeitet werden. Seine Steuerungsaufgabe besteht also darin, sicherzustellen, dass die Zielsetzung des Projekts mit den zur Verfügung stehenden Ressourcen in der vorgesehenen Zeit und unter Einhaltung der budgetierten Kosten erreicht wird.

Der Projektmanager ist nicht der Experte zur Lösung des Problems, für welches das Projekt ins Leben gerufen wurde. Vielmehr sollte er der Fachmann für das Managen sein, also für die Planung und Steuerung des Projekts. Als solcher führt er das Projektteam.

In manchen Fällen handelt es sich beim Auftraggeber um den direkten Vorgesetzten des Projektleiters, in anderen steht er höher in der Hierarchie.

Die Teammitglieder. Sie sind die Experten, die durch die Übernahme fachspezifischer Aufgaben jeder einen Teil zur Lösung der Gesamtaufgabe beitragen sollen. Zusammen mit dem Projektmanager bilden sie das Projektteam. Je nach Umfang des Projekts bearbeiten die Teammitglieder selbst ihre Teilaufgaben, oder sie sind – bei größeren Projekten – die Vorgesetzten der jeweiligen Fachleute. In diesem Falle sind die Teammitglieder gleichzeitig »Teilprojektleiter« für ihren Aufgabenbereich.

In manchen Fällen kann der Projektmanager die Mitglieder seines Teams selbst auswählen, in anderen werden sie von den Vorgesetzten der teilnehmenden Unternehmensbereiche bestimmt.

Die Projektnutzer. Der Auftraggeber ist zumeist nicht der Anwender der Ergebnisse des Projekts, sondern dies sind die Projektnutzer (auch Projektanwender oder Endkunden genannt). So wird zum Beispiel das Projekt »Einführung einer neuen Software für das Rechnungswesen« vom Finanzvorstand in Auftrag gegeben, benutzt wird sie aber nach ihrer Einführung von den Sachbearbeitern der betroffenen Abteilungen.

Die Firma Delta AG stellt Mopeds und Motorroller her. Eines Tages schlägt der Assistent eines Produktmanagers vor, einen Elektro-Motorroller auf den Markt zu bringen. Er schafft es, zunächst seinen Chef, den Produktmanager, dann den Marketingleiter und schließlich den Vorstand von seiner Idee zu überzeugen. Dieser beauftragt den Marketingleiter mit der Markteinführung.

Der Marketingleiter beschließt, die Aufgabenstellung mit einem Projekt zu lösen. Damit wird er Auftraggeber. Er ernennt einen seiner Produktmanager zum Projektleiter. Gleichzeitig bittet er die Mitglieder des Vorstands, die für die Ressorts Forschung und Entwicklung, Einkauf, Fertigung sowie Vertrieb zuständig sind, um die Benennung von Mitarbeitern für das Projektteam.

Die Projektnutzer sind in diesem Beispiel der Vertrieb, der das neue Gefährt verkaufen soll, und die Konsumenten, die es kaufen sollen.

Offizielle und inoffizielle Projekte. Projekte lassen sich danach einteilen, ob sie offiziell als Projekt installiert werden oder nicht. Ein offizielles Projekt ist eines, dessen Existenz im Unternehmen oder zumindest in den betroffenen Bereichen offiziell verkündet wird. Dabei werden die Namen des Projektleiters und der Teammitglieder mitgeteilt und der Endtermin bekanntgegeben. Je wichtiger das Projekt für das Unternehmen, desto eher wird es offiziell ins Leben gerufen. Beispiele für offizielle Projekte in vielen Firmen sind die Umstellung des Rechnungswesens auf den Euro, die Einführung von e-commerce im Vertrieb oder der Bau eines neuen Werkes.

Es gibt auch Projekte, deren Existenz nicht offiziell verkündet wird und die man deshalb als inoffizielle Projekte bezeichnen kann. Hierunter fallen zum einen Geheimprojekte, etwa der beabsichtigte Kauf eines Unternehmens oder eine größere Umstrukturierung der Firma. Diese sollen hier nicht näher betrachtet werden, da sie im Prinzip genauso funktionieren wie offizielle Projekte.

Die andere Kategorie von inoffiziellen Projekten umfasst alle Arten von größeren Aufgaben, mit denen ein einzelner Mitarbeiter – meist von seinem Chef – betraut wird. Für ihre Erfüllung ist er auf die Zusammenarbeit mit Personen aus anderen Abteilungen angewiesen. Diese bilden gewissermaßen sein virtuelles Projektteam, denn sie werden nicht offiziell dafür abgestellt. Er hat also kein Projektteam im eigentlichen Wortsinn. Beispiele für inoffizielle

Projekte: Der Internetauftritt eines Unternehmens soll von einer Mitarbeiterin der PR-Abteilung überarbeitet werden. Dafür ist sie auf die Textbeiträge oder Korrekturen von anderen Abteilungen angewiesen. Oder: Ein verbessertes Nachfolgemodell eines bestehenden Produkts soll eingeführt werden. Der beauftragte Produktmanager muss hierfür die Arbeiten aller beteiligten Abteilungen koordinieren.

Organisation des Projektmanagements. Je nach Unternehmen und je nach Projektziel wird das Projektmanagement unterschiedlich organisiert. Hierbei geht es um zum einen um die Frage, wem die Teammitglieder während des Projekts unterstellt sind, zum anderen darum, inwieweit sie zur Erfüllung ihrer Projektaufgaben von ihrer normalen Arbeit freigestellt sind. Im Wesentlichen kann man drei verschiedene Konstellationen unterscheiden:

- Die Teammitglieder werden für die Dauer des Projekts dem Projektleiter direkt unterstellt, in fachlicher wie in disziplinarischer Hinsicht. Eine solche Projektorganisationsform wählt man nur für umfangreiche, langwierige und wichtige Projekte. Die Teammitglieder arbeiten dann auch Vollzeit im Projekt.
- Der Projektleiter ist zwar der fachliche Vorgesetzte des Teams, in disziplinarischer Hinsicht bleiben die Mitglieder aber ihren regulären Vorgesetzten unterstellt. Sie haben also zwei Chefs gleichzeitig. Diese Kombination ist eine öfter anzutreffende Organisationsform und wird Projekt-Matrix-Management genannt. Je nach Höhe des erforderlichen Arbeitseinsatzes für das Projekt werden die Teammitglieder für seine Dauer teilweise oder ganz von ihren regulären Aufgaben freigestellt.
- Die Teammitglieder bleiben auch während des Projekts voll und ganz ihren jeweiligen Vorgesetzten unterstellt. Der Projektmanager hat also keinerlei Weisungsbefugnis gegenüber dem Team. Dies ist der am häufigsten vorkommende Fall. Er betrifft vor allem alle inoffiziellen Projekte, kann aber genauso bei offiziellen Projekten vorkommen. Neben ihrer Projekttätigkeit behalten die Teammitglieder ihre regulären Aufgaben vollständig oder teilweise. Diese Art der Projektorganisation wird manchmal auch Einflussmanagement genannt.

Führen ohne Weisungsbefugnis. Die letztgenannte Konstellation ist für den Projektleiter besonders schwierig: Obwohl er gegenüber den Teammitgliedern nicht weisungsbefugt ist, muss er sie dazu bringen, engagiert an der Zielsetzung des Projekts mitzuarbeiten. Er muss sein Team also ohne die Macht, Anweisungen zu geben, führen. Dies ist für sich gesehen schon keine leichte Aufgabe.

Sie wird oft noch erschwert durch die Tatsache, dass die Teammitglieder neben der Projektarbeit weiterhin ihre normalen Aufgaben, jedenfalls teilweise, erfüllen müssen. Sie sind dann leicht hin- und hergerissen zwischen den Anforderungen des Projekts und denen ihrer Vorgesetzten. Es ist offensichtlich, dass hier ein erhebliches Konfliktpotenzial zwischen dem Projektmanager und den jeweiligen Vorgesetzten besteht.

Bei inoffiziellen Projekten existiert dieses Problem noch stärker als bei offiziellen. Letztere sind ihrer Natur nach im Unternehmen meist »höher aufgehängt«. Dies motiviert die Teammitglieder stärker und erschwert ein »Querschießen« ihrer Chefs. Inoffizielle Projekte hingegen haben oft eine geringere Bedeutung für das Gesamtunternehmen. Dies schwächt die Position des Projektmanagers gegenüber denjenigen, die ihm zuarbeiten müssen, und gegenüber deren Vorgesetzten. Im nächsten Kapitel wird dargestellt, wie Sie inoffizielle Projekte trotz aller Widrigkeiten zum Erfolg führen können.

Die Projektphasen im Überblick. Jedes Projekt durchläuft vier Phasen: Grobplanung, Feinplanung, Realisation und Abschluss. Sie werden in den folgenden Abschnitten ausführlich beschrieben.

Im Clinch mit dem Auftraggeber: die Grobplanung

Bei der Grobplanung geht es um die Festlegung der vier Teilziele (»Stellschrauben«) des Projekts. Diese müssen Sie als Projektleiter mit Ihrem Auftraggeber (häufig Ihr Chef) abklären. Am Ende dieser Phase steht die Projektübergabe, also der gemeinsam verabschiedete Projektauftrag, der in jedem Fall schriftlich fixiert sein sollte. Er enthält

- eine möglichst genaue Darstellung der sachlichen Zielsetzung, also eine Definition des gewünschten Ergebnisses. Hieraus muss auch hervorgehen, wann genau das Projekt als beendet gilt. Projektende kann nämlich vielerlei bedeuten; bei der Entwicklung eines neuen Produkts beispielsweise: die Erstellung eines Prototyps, den Abschluss der Testläufe, den Start der Serienfertigung oder das Ende der Markterprobung,
- die zur Verfügung stehenden internen Personalkapazitäten,
- das Budget für die externen Kosten,
- den Endtermin und wichtige Zwischentermine (»Meilensteine«), zum Beispiel wann die Feinplanung beendet sein soll und die Realisation beginnen kann.

Über diese Punkte müssen Sie sich mit dem Auftraggeber einig sein. *Gemeinsam* müssen Sie grob Kapazitäten, Kosten und Termine überschlagen. Das Problem besteht in der Praxis häufig darin, dass

- die sachliche Zielsetzung nicht klar formuliert ist: Ihr Auftraggeber weiß selbst nicht genau, was er will (»Machen Sie mal«),
- die internen Kapazitäten nicht ausreichen (»Alle sind jetzt schon mit Arbeit zu bis unter die Decke«),
- das Budget viel zu knapp ist (»Darf nichts kosten«),
- der Endtermin illusorisch ist (»Am besten schon gestern«).

Trotzdem: Die Grobplanung muss realistisch sein. Die sachliche Zielsetzung muss mit den zur Verfügung gestellten Mitteln in der vorgesehenen Zeit erreichbar sein. Lassen Sie sich in diesem Gespräch also nicht unterbuttern. Sie werden es sonst im Verlauf des Projekts bitter bereuen. Achten Sie vor allem auf folgende Dinge:

Klare Sachziele. Das gewünschte Endergebnis muss präzise beschrieben werden, dabei müssen Ziel*inhalt* und Ziel*ausmaß* genau spezifiziert werden. Nur wenn ein Ziel messbar ist, kann man eindeutig feststellen, ob und wann es erreicht wurde. Die Zielerreichung muss überprüfbar sein. Also nicht: »Die neue Maschine soll besser sein als ihre Vorgängerin«, sondern: »Die neue Maschine soll 15 Prozent weniger Energie verbrauchen und einen um 10 Prozent höheren Ausstoß ermöglichen«.

Außerdem sollte die Zielsetzung lösungsneutral formuliert werden. Sie sollte den gewünschten Endzustand beschreiben, nicht aber, *wie* er erreicht werden soll. Also zum Beispiel: »Die neue Anlage soll diese und jene Funktionen aufweisen« und nicht: »Die neue Anlage soll das Modell XY vom Hersteller ABC sein«.

Wenn das Projektziel aus mehreren Teilzielen besteht, müssen diese kohärent, das heißt widerspruchsfrei sein. So besteht zum Beispiel ein Konflikt zwischen dem einen Ziel, ein neues Produkt zu geringen Kosten in großen Fertigungslosen herzustellen, und dem anderen Ziel, möglichst viele Varianten davon anzubieten. Solche Widersprüche müssen Sie aufdecken und im Gespräch mit Ihrem Auftraggeber ausräumen. Klären Sie in solchen Fällen ab, welchem der Ziele oberste Priorität gegeben werden soll.

Bestehen Sie gegenüber Ihrem Auftraggeber auf klaren und eindeutigen Sachzielen. Wenn er selbst keine präzisen Vorstellungen hat – etwa weil er von höherer Stelle eine diffuse Zielsetzung erhalten hat –, fragen Sie danach, wer Ihnen bei der Konkretisierung helfen könnte. Bedenken Sie: Ohne eindeutige und messbare Zielsetzung werden Sie das Projekt nie erfolgreich abschließen können, weil man ja gar nicht wissen kann, ob Sie die Zielsetzung erreicht haben! Eine klare Sachzielsetzung verhindert ein böses Erwachen am Ende des Projekts.

Interne Kapazitäten. Vor dem Start des Projekts muss eindeutig festgelegt werden, welche Abteilungen welche Leistungen zu erbringen haben. Diejenigen Personen, auf deren Mitarbeit Sie im Rahmen des Projekts angewiesen sind, müssen dazu bereit und in der Lage sein. Das Problem: Die Vorgesetzten der Teammitglieder müssen mit der Teilnahme ihrer Mitarbeiter an Ihrem Projekt einverstanden sein und sie entsprechend dem notwendigen Arbeitsaufwand von ihren normalen Aufgaben freistellen.

In der Regel stehen diese Vorgesetzten jedoch hierarchisch höher als Sie und gehören auch noch zu anderen Unternehmensbereichen. Somit haben Sie kaum eine Chance, sie zur Kooperation zu bewegen, sollte es ihnen nicht passen. Dies ist leider meistens der Fall – nicht etwa weil sie böser Absicht sind, sondern weil durch das Projekt Arbeitskapazität aus ihrem jeweiligen Bereich abgezogen wird, für die nur schwer Ersatz zu finden ist. Heute wird überall mit knapp bemessenem Personalbestand gearbeitet. Wenn sein Mitarbeiter, der an Ihrem Projekt mitwirkt, dafür seine normalen Aufgaben vernachlässigen muss, kann das leicht auf ihn als Vorgesetzten zurückfallen.

Es ist deshalb die Aufgabe Ihres Auftraggebers, die Zustimmung der Vorgesetzten der anderen Bereiche zur Mitarbeit an Ihrem Projekt einzuholen. Stellen Sie sicher, dass er dies vor Projektstart auch wirklich tut. Vielleicht müssen Sie ihn daran mehrmals erinnern, aber lassen Sie nicht locker. Bedenken Sie: Wenn der Umfang der Unterstützung durch die anderen Bereiche vorher nicht klar definiert ist, werden Sie nach dem Start große Schwierigkeiten mit unwilligen Kollegen und widerspenstigen Bereichsleitern bekommen.

Externe Kosten. Auch die Kosten für externe Leistungen müssen vorab zumindest grob geschätzt werden. Je nach Art des Projekt können diese gering bis gigantisch sein. Unabhängig von deren Höhe wird Ihr Auftraggeber häufig versuchen, das Budget zu drücken. Dem können Sie nur Ihren gesunden Menschenverstand entgegenhalten. Sagen Sie ihm, welche externen Leistungen, zum Beispiel für Marktforschung, Beratung oder Entwicklung, Ihrer Meinung nach notwendig sind, und überschlagen Sie die dafür entstehenden Kosten.

Viele Leistungen können *entweder* intern erbracht *oder* extern vergeben werden. Wenn also externe Kosten möglichst nicht entstehen sollen, muss interne Kapazität bereitgestellt werden. Wenn dies aber im Einzelfall nicht möglich ist, muss die Leistung eben doch zugekauft werden. Auf diese Zusammenhänge müssen Sie deutlich hinweisen.

Terminplanung. Die Planung der Zwischentermine und des Endtermins muss die zur Verfügung stehenden internen und externen Ressourcen berücksichtigen. Wenn andererseits der Endtermin fix vorgegeben ist, stellt sich die Frage anders herum: Welcher Einsatz an eigenen und zugekauften Leistungen ist nötig, damit er eingehalten werden kann?

Genereller Tipp für Ihr Gespräch mit dem Auftraggeber. Die Grobplanung findet in aller Regel unter erheblicher Unsicherheit statt. Schließlich betritt Ihr Unternehmen in mehr oder weniger starkem Umfang Neuland (sonst wäre es ja kein Projekt). Es kommt nicht selten vor, dass Ihr Auftraggeber versucht, Sie in dieser Situation zu drücken: bei den Kapazitäten, beim Kostenbudget und beim Abgabetermin. So sagen Sie zum Beispiel 100 000 Euro, er sagt 20 000 Euro. Feilschen Sie jetzt nicht, sondern machen Sie lieber drei Schätzungen, die auf optimistischen, pessimistischen und realistischen Annahmen beruhen. Diskutieren Sie diese Annahmen mit Ihrem Auftraggeber, und versuchen Sie, einen Konsens bei realistischen Annahmen zu finden.

Tun Sie alles, um zu einer realistischen Grobplanung der vier Stellschrauben zu gelangen. Sie werden später an der Einhaltung dieser Einzelziele gemessen, besonders was das Sachziel, den Endtermin und die externen Kosten angeht. Und niemand akzeptiert später Ihre Entschuldigung, die Zielvorgaben seien ja von vornherein unrealistisch gewesen!

Tipps für Ihren Erfolg

Wenn Sie die Projektziele im Rahmen der Grobplanung mit Ihrem Auftraggeber gemeinsam festlegen, achten Sie auf Folgendes:

- Inhalt und Ausmaß der Sachziele müssen präzise definiert werden.
- Teilziele dürfen sich nicht widersprechen. Dies gelingt nur, wenn die Prioritäten unter den Teilzielen genau festgelegt werden.
- Ihr Auftraggeber muss dafür sorgen, dass die benötigten internen Kapazitäten von den anderen Bereichen zur Verfügung gestellt werden.

- Leistungen, die nicht selbst erbracht werden, müssen zugekauft werden. Die dafür notwendigen Kosten müssen realistisch budgetiert werden.
- Die Terminplanung muss auf die anderen drei Zieldimensionen abgestimmt sein.

Paketeweise Arbeit: die Feinplanung

Im nun folgenden Schritt wird geplant, wie die Zielsetzungen aus der Grobplanung erreicht werden sollen. Die Feinplanung oder Detailplanung bezweckt die Darstellung des Projektablaufs in allen Einzelheiten und die Ermittlung der kritischen Faktoren zur Verminderung des Projektrisikos. Sie dient als Grundlage der späteren Projektsteuerung. Erstens geht es darum, die einzelnen Tätigkeiten zu bestimmen, die zur Erreichung des Sachzieles notwendig sind. Zweitens muss der zeitliche Ablauf der Projektarbeiten, ausgehend vom Endtermin, geplant werden. Und drittens muss festgelegt werden, wer für die Erledigung der einzelnen Arbeitsschritte verantwortlich ist. Die Feinplanung erfolgt üblicherweise in folgenden Einzelschritten:

Der Strukturplan. Der erste Schritt der Feinplanung besteht darin, das Projekt in überschaubare und abgrenzbare Einzelaufgaben zu zerlegen, also zu fragen: »*Was* muss gemacht werden?« Sinnvollerweise beginnt man mit der Bestimmung der Hauptaufgabenblöcke. Dies wären etwa bei der Entwicklung eines neuen Staubsaugers: die Konstruktion der Motorgruppe (Mechanik, Elektronik), die Entwicklung des Zubehörs, das Design des Chassis und die Verpackungsgestaltung. Diese Blöcke werden dann weiter in Teilaufgaben, so genannte Arbeitspakete, differenziert. Für jedes Arbeitspaket muss festgelegt werden, was genau sachlich erreicht werden soll, welche internen Ressourcen und externen Kosten notwendig sind und wie groß der Zeitbedarf ist. Die interne Kapazitätsbelegung wird je nach Projektumfang üblicherweise in Personentagen oder Mannjahren ausgedrückt.

Der Terminplan. Der nächste Schritt besteht darin, den zeitlichen Ablauf der verschiedenen Tätigkeiten zu planen. Die Arbeitspakete müssen in eine logische Reihenfolge gebracht werden. Hierbei müssen Sie besonders darauf achten, welche Tätigkeiten parallel ausgeführt werden können und welche nicht. Besonders kritisch sind die Arbeiten, die erst beginnen können, wenn ein anderes Arbeitspaket abgeschlossen ist, denn sie bestimmen in ihrer Summe den Zeitbedarf für das Gesamtprojekt.

Der Terminplan enthält für jedes Arbeitspaket nicht nur den Zeitbedarf, sondern auch den Anfangs- und Endtermin sowie den jeweiligen Verantwortlichen. In der einfachsten Form handelt es sich um eine Liste (»Wer macht was bis wann?«), ein wenig anspruchsvoller ist die Anfertigung eines Balkendiagramms, wie es in Abbildung 5 dargestellt ist. Die hohe Schule der Projektterminplanung stellt der Netzplan dar, der aber – auch mit Software-Unterstützung – für den Laien ziemlich aufwändig zu erstellen und nicht ganz einfach zu verstehen ist. Deshalb sollte er nur bei größeren Projekten eingesetzt werden.

Der Terminplan hilft Ihnen nicht nur, den Projektablauf im Griff zu behalten, sondern er ist auch ein wichtiges Kommunikationsinstrument in Ihrem Team. Dafür muss ihn aber auch jeder verstehen. Das sicherzustellen ist Ihre Aufgabe.

Der Zeitplan sollte auch die Meilensteine definieren. Es handelt sich dabei um wichtige Ereignisse oder Zwischenergebnisse im

Nr. des Arbeitspakets	Verantwortlich	Dauer (Wochen)	1	2	3	4	5	6	7	8	9	10	11	12	13	14	15
1.1	A. Keller	3															
1.2	B. Gruber	6															
2.1	C. Hauser	4															
2.2	D. Gärtner	3															
2.3	E. Bader	10															
2.4	F. Zimmer	5															
Zeit (Wochen)			1	2	3	4	5	6	7	8	9	10	11	12	13	14	15

Abbildung 5
Terminplanung mit Hilfe eines Balkendiagramms

Verlauf des Projekts. Ein Meilenstein kann erst überschritten werden, wenn alle dafür notwendigen Arbeiten abgeschlossen sind. Beispiele für Meilensteine sind die Beendigung der Feinplanung, der Abschluss der technischen Voruntersuchung oder die Fertigstellung des Prototyps. Meilensteine werden oft benutzt, um sich grundsätzliche Fragen für das weitere Vorgehen zu stellen, insbesondere ob das Projekt überhaupt weitergeführt oder abgebrochen werden soll.

Wenn Sie Ihr Projekt neben Ihrer normalen Tätigkeit leiten, dann vergessen Sie bei der Zeitplanung nicht Ihre eigene Arbeitszeit als Projektmanager während der Realisationsphase. Der Führungsaufwand hängt unter anderem ab von der Art und Bedeutung des Projekts sowie von der Anzahl Personen in Ihrem Team. Er kann bis zu 25 Pozent der Summe der geplanten Personentage aller Teammitglieder ausmachen. Verhandeln Sie also mit Ihrem Chef über eine Entlastung bei anderen Aufgaben.

Weitere Planungsschritte. Um bei größeren Projekten die Übersicht zu behalten, kann es sinnvoll sein, folgende weitere Pläne zu erstellen:

- Kapazitätsplanung: Wann müssen im Zeitablauf welche Kapazitäten von welchen Abteilungen zur Verfügung gestellt werden?
- Kostenplanung: Wann muss wie viel Geld für welche externen Leistungen (Material, Investitionen, Dienstleistungen) bereitgestellt werden?

Die Risikoanalyse. Nicht immer klappt alles wie geplant. Analysieren Sie deshalb bereits im Rahmen der Feinplanung, welche Schwierigkeiten zu befürchten sind oder welche besonderen Risiken bestehen. Dies können technische Risiken sein, aber auch solche, die in der Umwelt begründet sind, wie etwa Probleme mit Lieferanten, Währungsschwankungen oder Änderungen der Gesetzgebung. Überlegen Sie, wie Sie darauf reagieren können. Es ist immer vorteilhaft, für alle Fälle einen Alternativplan »B« in der Tasche zu haben.

Wer macht die Feinplanung? Die Detailplanung sollte immer von den Betroffenen selbst erstellt werden. Dies sind in der Regel die

Mitglieder Ihres Projektteams, in manchen Fällen auch deren Vorgesetzte. (Dies hängt in erster Linie von der Bedeutung des Projekts ab.) *Sie* sind die Experten für ihr Fachgebiet und können selbst am besten den notwendigen Aufwand an Zeit, Kapazität und Kosten für die Erledigung ihrer Arbeitspakete einschätzen. Hingegen besteht Ihre Rolle als Projektmanager darin, dafür zu sorgen, *dass* die einzelnen Verantwortlichen planen und *dass* die Einzelpläne zu einem Gesamtplan zusammengeführt werden, und nicht darin, die Planung selbst durchzuführen. Sie sind lediglich der Koordinator des Planungsprozesses.

Wie sollte die Feinplanung gemacht werden? Grundsätzlich können Sie die Detailplanung mit jedem Teammitglied oder seinem Vorgesetzten einzeln besprechen. Viel sinnvoller ist es aber, eine gemeinsame Planungsbesprechung einzuberufen, am besten in einem Tagungshotel, in dem Sie in Ruhe arbeiten können. Ein solches Meeting hat verschiedene Vorteile: Erstens stärkt es das Zusammengehörigkeitsgefühl der Teammitglieder und motiviert sie dadurch. Zweitens gibt es praktisch immer Abhängigkeiten zwischen den Teilprojekten und Arbeitspaketen verschiedener Bereiche und folglich Abstimmungsbedarf. Im gemeinsamen Gespräch lassen sich solche Dinge meist schneller und leichter abklären. Drittens kann man so leichter verhindern, dass ein Arbeitsbereich schlichtweg vergessen wird, was bei komplexen Projekten oder unerfahrenen Projektleitern leicht einmal vorkommen kann.

Tricks bei Problemen. Je nach Bedeutung des Projekts werden Sie zur Planungsbesprechung Ihre Teammitglieder oder deren Vorgesetzte einladen. In jedem Fall sollten die Teilnehmer die Kompetenz haben, verbindliche Zusagen über die Höhe ihres eigenen Arbeitseinsatzes oder den der Mitarbeiter ihres Bereichs zu machen.

Die Planung der internen Personalkapazitäten wirft immer wieder Probleme auf, besonders wenn höhere Vorgesetzte den Kapazitätsbedarf und damit auch den Zeitbedarf für die Arbeiten in ihrem Bereich einschätzen:

- Der Bedarf wird viel zu hoch angegeben. Der Vorgesetzte möchte sich absichern. Schließlich bedeutet das Projekt ja eine

Zusatzbelastung für seinen Bereich. Auch wenn Sie ziemlich sicher sind, dass er stark übertreibt, müssen Sie seine Angaben zunächst akzeptieren. Trotzdem: Es *muss* schneller gehen! Versuchen Sie in diesem Fall, den Bereichsleiter zu umgehen und direkt mit dem zuständigen Sachbearbeiter eine realistische Planung auszuhandeln.

- Der Vorgesetzte ist zu optimistisch. Er unterschätzt, wie aufwändig die Arbeitspakete für seine Mitarbeiter sind. Wenn Sie diesen Verdacht haben, sollten Sie mit ihm Sicherheitszuschläge vereinbaren.

Genehmigung der Detailplanung. Nach der Fertigstellung sollten Sie die Feinplanung Ihrem Auftraggeber zur Genehmigung vorlegen. Dies ist so lange unproblematisch, wie Grob- und Feinplanung in den vier Zieldimensionen übereinstimmen. Das ist aber leider oft nicht der Fall. Meistens sieht es vielmehr so aus, dass die Grobplanung zu optimistisch war: Das erstrebte Sachziel kann mit den ursprünglich vorgesehenen Ressourcen nicht erreicht werden. Oder: Der gewünschte Abgabetermin kann nur gehalten werden, wenn entweder die Personalkapazität oder das Kostenbudget erhöht werden. (Der umgekehrte Fall, dass alles billiger und schneller erreicht werden kann als in der Grobplanung angenommen, kommt im wirklichen Leben praktisch nie vor.)

Vorausgesetzt, Ihre Detailplanung ist realistisch und enthält nicht übermäßig viel »Luft«: Was ist zu tun? Sie müssen nun erneut mit Ihrem Auftraggeber über die Grobplanung sprechen. Auf der Basis der Detailplanung sind Sie beide jetzt schlauer als vorher. Vielleicht kommt dabei heraus, dass das ganze Projekt keinen Sinn macht und abgebrochen wird, weil ihre gemeinsamen Annahmen bei der Grobplanung sich durch die Detailplanung als falsch erwiesen haben.

Oft wird das Projekt trotzdem weiter verfolgt. Dazu müssen aber eine oder mehrere Stellschrauben neu eingestellt werden, also die sachliche Zielsetzung abgespeckt, das Budget erhöht, die Personalkapazität ausgeweitet oder der Endtermin verschoben werden. Von dieser Notwendigkeit müssen Sie Ihren Auftraggeber überzeugen. Verweisen Sie darauf, dass nicht Sie, sondern die verschiedenen Fachleute die Details geplant haben. Es wird vielleicht harte Diskussionen geben, aber lassen Sie nicht zu, dass Ihr Auftraggeber die Feinplanung einfach umwirft. Wenn er sie in der vorliegenden Form nicht akzeptieren will, dann müssen Sie sie eben noch einmal mit den Betroffenen verhandeln – und er selbst mit deren Vorgesetzten.

> **Tipps für Ihren Erfolg**
>
> - Die Feinplanung sollte immer von den Betroffenen selbst durchgeführt werden. Organisieren Sie dafür eine Planungsbesprechung in einem Tagungshotel.
> - Für die Terminplanung reicht bei vielen Projekten ein einfacher Balkenplan. Der Terminplan sollte von allen Beteiligten verstanden werden.
> - Erstellen Sie mit Ihrem Team eine Risikoanalyse und einen Plan »B«.
> - Sorgen Sie dafür, dass die Kapazitätsplanung der beteiligten Bereiche realistisch ist.
> - Will Ihr Auftraggeber die Detailplanung nicht akzeptieren, betonen Sie, dass sie von Fachleuten erstellt worden ist.

Wenn es anders kommt als geplant: die Projektsteuerung

Die Detailplanung ist endlich verabschiedet. Nun kann es also losgehen. Theoretisch müsste ab jetzt alles so ablaufen wie geplant. Leider funktioniert die Praxis fast nie so. Vielmehr treten oft bei der Realisierung plötzlich ungeahnte Schwierigkeiten auf, oder die Überwindung von Hindernissen erweist sich als viel aufwändiger als angenommen. Kurzum: Die Planung kann nicht eingehalten werden, die Ist-Situation entspricht nicht der geplanten Soll-Situation.

Das alles ist absolut normal. Ihre Aufgaben im Rahmen der Projektsteuerung bestehen darin,

- den Projektfortschritt fortlaufend zu überwachen, um möglichst frühzeitig auf Soll-Ist-Abweichungen aufmerksam zu werden,
- mit den Verantwortlichen für die Arbeitspakete Korrekturmaßnahmen zu vereinbaren, die eine planmäßige Zielerreichung gewährleisten, falls dies noch möglich ist,
- Ihren Auftraggeber zu überzeugen, dass die generellen Zielsetzungen (»Stellschrauben«) verändert werden müssen, falls die Planabweichungen nicht aufgefangen werden können.

Überwachung der Realisation. Hierbei geht es um den permanenten Vergleich der geplanten Zielgrößen Sachleistung, Personalkapazität, Kosten und Zwischentermine mit dem, was tatsächlich realisiert wird.

Frühzeitig erkannte Soll-Ist-Abweichungen lassen sich leichter korrigieren.

Je früher Probleme erkannt und angegangen werden, die zu Abweichungen führen werden oder bereits geführt haben, desto einfacher und kostengünstiger lassen sie sich in aller Regel lösen. Sie haben also ein großes Interesse daran, frühzeitig über alle Durchführungsprobleme informiert zu sein.

Frühzeitig bearbeitete Probleme und kleinere Abweichungen vom Plan lassen sich oft beheben, ohne dass die wesentlichen Zielgrößen in Frage gestellt werden. Die Planung muss nicht oder nur unwesentlich verändert werden. Solange dies der Fall ist, brauchen Sie auch Ihren Auftraggeber nicht zu informieren.

Rollierende Planung. Bei größeren Soll-Ist-Abweichungen hingegen müssen Sie Ihren Auftraggeber informieren, denn sie führen in aller Regel dazu, dass einzelne oder gar alle vier Projektzielsetzungen nicht erfüllt werden können. So erweist sich etwa das Sachziel als illusorisch, der Endtermin kann nicht gehalten werden oder das Budget droht überzogen zu werden. Jetzt entsteht die gleiche Situation wie vorher bei der Feinplanung. Die Ziele und Maßnahmen müssen erneut geplant werden, da die bisherige Planung nicht mehr zu halten ist.

Planung ist also eine kontinuierliche Aufgabe, sie hört nicht mit Beginn des Realisierung des Projekts auf. Die ständige Fortschreibung der Planung in der Durchführungsphase ist Bestandteil der Projektsteuerung. Man spricht deshalb auch von rollierender Planung und meint damit einen Prozess, der erst mit Abschluss des Projekts wirklich beendet ist:

Planung ⇨ Realisation ⇨ Feststellung von Abweichungen ⇨ neue Planung ⇨ Realisation und so weiter.

Die Koordination der Überarbeitung der Planung gehört als Teil der Projektsteuerung zu Ihren Aufgaben als Projektmanager. Sie sollten hier genauso vorgehen wie bei der ursprünglichen Feinplanung. Lassen Sie den betroffenen Bereich oder Ihr Team eine Lösung entwickeln oder besser noch: mehrere Lösungsalternativen. Zur Umsetzung brauchen Sie aber die Genehmigung Ihres Auftraggebers, da Ihr neuer Plan veränderte Zielsetzungen enthält.

Sie informieren also Ihren Auftraggeber über die Probleme und offerieren ihm gleichzeitig die möglichen Lösungsansätze. Zum Beispiel:

- Alternative 1 ermöglicht die Erreichung des Sachziels im Zeitplan, aber nur wenn erheblich mehr Fremdleistungen zugekauft werden.
- Alternative 2 bedeutet, dass sich der Endtermin um vier Wochen verzögert, der Ressourceneinsatz aber nicht erhöht wird.
- Alternative 3 sieht einen abgespeckten Leistungsumfang vor, der aber ohne Veränderung der anderen Ziele erreichbar ist.

Die Gesprächssituation ist die gleiche wie bei der Verabschiedung der Feinplanung. Ihr Auftraggeber wird über die aufgetretenen Probleme nicht gerade glücklich sein und veränderte Zielsetzungen vielleicht nicht auf Anhieb akzeptieren. Aber er ist auch Realist.

Wenn Sie ihm klarmachen, dass die bisherige Planung unter keinen Umständen mehr eingehalten werden kann, wird sich das Gespräch nur noch darum drehen, wie Sie »die Kuh vom Eis kriegen« können.

Eine Soll-Ist-Abweichung ist für Sie als verantwortlicher Projektmanager natürlich ärgerlich. Aber wenn *Sie* Ihre Hausaufgaben gemacht haben, ist es nicht Ihre Schuld! Sie sind für die *Steuerung* des Projekts zuständig, nicht für die Durchführung der Arbeiten, nicht für die Lösung der sachlichen Probleme. Im Übrigen ist es alles halb so schlimm, wenn Sie sich an folgende Regel halten: Informieren Sie ihren Auftraggeber immer so früh wie möglich über größere Probleme. Nennen Sie ihm aber nie nur das Problem allein, sondern präsentieren Sie ihm immer gleichzeitig Lösungsvorschläge, die mit Ihrem Team abgestimmt sind.

Und bedenken Sie: Je besser Ihre Planung, das heißt je realistischer und je intensiver mit den Verantwortlichen abgestimmt, desto weniger Korrekturen sind später bei der Ausführung nötig. Deshalb ist es so wichtig, dass Sie bei der Verabschiedung der Detailplanung dafür kämpfen, dass sie auf realistischen Annahmen beruht.

Tipps für Ihren Erfolg

- Um möglichst frühzeitig über Probleme informiert zu sein, reden Sie oft mit den Mitgliedern Ihres Teams.
- Wenn die ursprüngliche Planung überarbeitet werden muss, informieren Sie Ihren Auftraggeber so schnell wie möglich. Präsentieren Sie ihm, wenn möglich, mehrere Lösungsalternativen.

Endlich geschafft: der Projektabschluss

Es wurde bereits erwähnt, wie wichtig es ist, vor dem Start das Projektziel genau festzulegen und damit das Projektende zu definieren. Wenn dieses dann endlich erreicht ist, sind noch einige Abschlussaktivitäten zu erledigen:

Erstellen Sie einen Abschlussbericht. Dieser sollte die Aufgabenstellung, die erbrachten Leistungen und Ergebnisse, die Kosten sowie besonders erwähnenswerte Punkte enthalten, beispielsweise unvorhergesehene Ereignisse oder Schwierigkeiten, besondere Probleme oder wichtige neue Erkenntnisse. Lassen Sie den Abschlussbericht von Ihrem Auftraggeber mit unterschreiben. Damit übergeben Sie ihm quasi das Ergebnis, und er nimmt es ab. Wenn Ihr Projekt erfolgreich gelaufen ist, schicken Sie den Bericht an einen möglichst großen, möglichst hochrangigen Verteiler. Dies ist eine sehr gute Gelegenheit, das Topmanagement positiv auf sich aufmerksam zu machen.

Besprechen Sie das weitere Vorgehen. Besprechen Sie mit Ihrem Auftraggeber das weitere Vorgehen, beispielsweise den Umfang der erforderlichen Dokumentation, die Modalitäten der Übergabe an die Projektanwender oder eventuelle Anschlussprojekte.

Übergeben Sie die Ergebnisse an die Nutzer. Je nach Art des Projekts und der Aufgabenstellung müssen die Projektergebnisse an die Anwender übergeben werden. Dies geschieht häufig in Form einer Abschlusspräsentation vor den Nutzern. Sie wird entweder von Ihnen oder Ihrem Auftraggeber gehalten, in jedem Fall müssen *Sie* sie aber vorbereiten.

Führen Sie ein Abschlussgespräch mit Ihrem Team. Lassen Sie sich von den Mitgliedern Ihres Teams Feedback geben. Was ist gut gelaufen, was weniger? Wo können Sie sich als Projektmanager noch verbessern? Was sollte man beim nächsten Mal anders machen? Und zu guter Letzt geben Sie für Ihr Team noch eine Flasche Champagner aus (oder auch zwei).

Projektmanagement: die Schule der Manager

In vielen Fällen muss der Projektmanager sein Team ohne jede Weisungsbefugnis führen. Er trägt Verantwortung für das Ergebnis und damit für das, was die Mitglieder seines Teams leisten, ohne deren Vorgesetzter zu sein. Das geht nur, wenn er über – natürliche oder erworbene – Management- und Führungskompetenz verfügt, also über die Fähigkeit, dem Team Ziele zu setzen und seine Mitglieder durch Überzeugungskraft zu motivieren.

Diese Fähigkeit ist von zentraler Bedeutung für den späteren Erfolg als Führungskraft mit Personalverantwortung. Das Projektmanagement wird deshalb in vielen Unternehmen sowohl als Ausbildungsstation als auch als Bewährungstest für den Managementnachwuchs genutzt. Denn wer es schafft, andere ohne Weisungsbefugnis zu führen, der wird erst recht Mitarbeiter führen können, denen er als Vorgesetzter Anweisungen erteilen kann.

Das Wichtigste in Kürze

- Projekte sind neuartige, einmalige, komplexe und mehr oder weniger riskante Aufgabenstellungen, die interdiziplinär gelöst werden müssen.
- Man kann offizielle und inoffizielle Projekte unterscheiden. Mit Letzteren wird jeder Nachwuchsmanager früher oder später konfrontiert.
- Man unterscheidet in der Projektorganisation zwischen Auftraggeber, Projektleiter, Teammitgliedern und Projektnutzern. Der Projektleiter berichtet an den Auftraggeber; er ist für die Koordination aller Arbeiten verantwortlich und muss die Teammitglieder führen, auch wenn er ihnen gegenüber nicht weisungsbefugt ist.
- Im Rahmen der Grobplanung werden die vier Rahmenziele (»Stellschrauben«) zwischen Auftraggeber und Projektleiter vereinbart: Sachziel, Umfang der internen Kapazität, Kostenbudget und Endtermin. Auch bei großer Unsicherheit sollte die Grobplanung so realistisch und präzise wie möglich sein. Jede Veränderung an einer Stellschraube zieht zwangsläufig Änderungen an den anderen nach sich.
- Der Projektmanager koordiniert den Prozess der Detailplanung, die von den Teammitgliedern durchgeführt wird. Zu-

nächst wird ein Strukturplan, danach der Terminplan erstellt. Sehr empfehlenswert ist auch eine Risikoanalyse. Die Detailplanung muss vom Auftraggeber genehmigt werden.

- Der Projektmanager steuert das Projekt in der Realisationsphase: Er überwacht den planmäßigen Ablauf der Durchführung und leitet bei Problemen Korrekturmaßnahmen ein. Hierfür sollte er sehr engen persönlichen Kontakt zu den Teammitgliedern halten. Wenn die Rahmenziele zu ändern sind, muss er den Auftraggeber von der überarbeiteten Planung überzeugen.

8.
Wie Sie Gleichgestellte ohne Weisungsbefugnis führen

Im vorherigen Kapitel ging es darum, die »technischen« Aspekte des Projektmanagements darzustellen: Was sind Projekte? Wie sind sie organisiert? Wie laufen sie ab? In diesem Kapitel soll nun die menschliche Seite des Projektmanagements aufgezeigt werden.[18] Projektarbeit ist Teamarbeit unter Gleichberechtigten, und als Projektmanager sind Sie für das Ergebnis verantwortlich. Die Frage lautet also: Wie führt man ein Team, ohne der Chef zu sein, also ohne Weisungsbefugnis?

Diese Frage gilt sowohl für offiziell ernannte Teams als auch für Ihre Zusammenarbeit mit anderen im Rahmen inoffizieller Projekte. In diesem Fall gibt es ja kein eigentliches Team, sondern lediglich eine Anzahl von Gleichgestellten, die an der Erfüllung Ihrer Aufgabe mitwirken sollen. Trotzdem ist es manchmal sinnvoll, dass Sie als Verantwortlicher aus eigener Initiative ein Team bilden, indem Sie die Fachleute, die Sie unterstützen sollen, zusammenbringen und so führen, als wären sie ein offizielles Team. In Fällen, in denen dies nicht sinnvoll erscheint, sollten Sie trotzdem jeden Einzelnen, der Ihnen zuarbeiten muss, so behandeln, als sei er ein Mitglied Ihres Teams. Insofern gelten die Anregungen dieses Kapitels zur Teamarbeit auch für inoffizielle Projekte.

Vom Kennenlernen bis zur vollen Arbeitsfähigkeit: Die Phasen der Teamentwicklung. Wenn Ihr Team sich aus Personen zusammensetzt, die sich vorher nicht oder nur wenig kannten, wird es eine Weile dauern, bis es intensiv und fruchtbar zusammenarbeitet. Man unterscheidet im Allgemeinen vier Phasen der Teamentwicklung:

- *Formierungsphase.* Die Gruppe hat zunächst noch keine Struktur und Regeln. Jeder prüft die gemeinsame Arbeits- und Bezie-

hungssituation und beobachtet die anderen und besonders den Projektmanager sehr genau. Alle treten sich höflich, vorsichtig und gespannt abwartend gegenüber.
- *Konfliktphase.* Es entstehen unterschwellige oder sogar offene Sach- und Beziehungskonflikte. Es bilden sich Bündnisse (»Cliquen«). Die Zusammenarbeit ist mühsam, es geht nicht voran. Ihr Verhalten als Projektleiter in dieser Phase ist entscheidend für die Qualität der weiteren Zusammenarbeit.
- *Normierungsphase.* Die Konflikte werden im Konsens beigelegt. Neue Umgangsformen und Verhaltensweisen entwickeln sich. In der Gruppe entsteht ein Wir-Gefühl, ein Teamgeist.
- *Arbeitsphase.* Die Mitglieder haben erkannt, dass sie gemeinsam mehr erreichen können. Im Idealfall arbeiten sie eng zusammen, sind hoch motiviert und bekennen sich zu ihrem Team. Ihre Arbeit ist voll auf das gemeinsame Ziel ausgerichtet, wobei jeder dem anderen hilft. Sie kommunizieren wirkungsvoll miteinander und vertrauen sich gegenseitig. Alle Entscheidungen werden gemeinsam getroffen und konsequent umgesetzt.

Für eine optimale Zusammenarbeit sollte ein Team nicht mehr als sechs oder sieben Mitglieder haben. Sind mehr Mitglieder beteiligt, sollten Sie ein Kernteam bilden und die anderen nur fallweise hinzuziehen.

So motivieren Sie Ihr Team

Wie stark die Mitglieder Ihres Teams zur Mitarbeit motiviert sind, hängt nicht allein von Ihnen ab. Wenn zum Beispiel jemand im Team Karriereprobleme hat und deswegen frustriert ist oder gar innerlich gekündigt hat, so können Sie nichts dafür. Trotzdem haben Sie die Möglichkeit, durch Ihr Verhalten erheblichen Einfluss auf die Motivation Ihres Teams nehmen. Beachten Sie deshalb die folgenden Anregungen:

Sorgen Sie für ein gutes Klima. Für eine gute Atmosphäre in Ihrem Team ist es zum einen unerlässlich, dass alle Meinungsverschiedenheiten offen ausgetragen werden. Es ist normal und unvermeidlich, dass unterschiedliche Meinungen bestehen. Entscheidend für das Klima ist, wie man damit umgeht. Jeder unterschwellige Konflikt verschlechtert das Klima und demotiviert nicht nur die unmittelbar Betroffenen, sondern das Team als Ganzes. Sorgen Sie also dafür, dass alles auf den Tisch kommt.

Zum anderen können Sie ein gutes Klima in Ihrem Team – vor allem in der Anfangszeit der Projekts – durch gemeinsame Freizeitaktivitäten fördern. Geben Sie den Mitgliedern (und sich selbst!) Gelegenheit, einander in zwangloser Atmosphäre persönlich kennen zu lernen und über ihre Probleme und Interessen hinsichtlich des Projekts zu reden. Im einfachsten Fall bedeutet es, regelmäßig gemeinsam zum Mittagessen zu gehen. Auch ein gemeinsames Bier oder Abendessen nach der Arbeit oder einen Ausflug am Wochenende – wenn es geht, auf Kosten der Firma – sollten Sie in Erwägung ziehen.

Begeistern Sie Ihr Team für das Projekt. Als Projektleiter sollten Sie voll und ganz hinter Ihrem Projekt stehen und von seinem Erfolg überzeugt sein. Im Idealfall sind Sie sogar begeistert von Ihrem Projektziel. Aber selbst wenn das nicht ganz zutrifft – in jedem Fall müssen Sie Ihre Erfolgsüberzeugung gegenüber Ihrem Team deutlich zum Ausdruck bringen. Sie müssen ihm eine Vision geben, es »mitreißen«. Antoine de Saint-Exupéry drückte es so aus: »Wenn Du ein Schiff bauen willst, dann trommle nicht die Männer zusammen, um Holz zu beschaffen, Aufgaben zu vergeben und die Arbeit einzuteilen, sondern lehre die Männer die Sehnsucht nach dem weiten, endlosen Meer.« Zeigen Sie den Mitgliedern auf, welche Vorteile die Zielerreichung für das Unternehmen, aber auch für sie persönlich hat. Verdeutlichen Sie ihnen, dass ihre persönlichen Ziele und die des Projekts übereinstimmen. Flößen Sie ihnen Vertrauen ein, indem Sie ihnen aufzeigen, dass das Projektziel realistisch ist. Geben Sie *jedem* Teammitglied – auch dem weniger wichtigen, auch dem nicht so brillanten – das Gefühl, wichtig zu sein, indem Sie ihm den Beitrag seiner Tätigkeit zum Erfolg aufzeigen. Und betonen Sie immer das *gemeinsame* Ziel, die gemeinsame Anstrengung und Verantwortung: Nur das Team als

Ganzes kann gewinnen, nicht der Einzelne, und sei er noch so gut auf seinem Gebiet. Jedes Mitglied ist mitverantwortlich für das Gesamtergebnis.

Delegieren Sie Aufgaben. Es wurde bereits im vorherigen Kapitel gesagt: Die Teammitglieder sollten nicht nur für die Ausführung Ihrer Arbeitspakete, sondern bereits im Vorfeld für die Feinplanung zuständig und verantwortlich sein. Von Anfang der Planung an dabei zu sein und Verantwortung zu tragen motiviert Mitarbeiter ungemein. Denn sie sind die Fachleute, die Experten für das Was, Sie als Projektmanager hingegen sind der Experte für das Wie. Sie sind der Koordinator, nicht der fachliche Problemlöser! Reden Sie Ihren Teammitgliedern also nicht bei der Planung und Durchführung ihrer Sachaufgaben hinein. Die Versuchung ist für Sie besonders auf dem Gebiet sehr groß, auf dem Sie fachlich versiert sind. Lernen Sie auch dort zu delegieren. Denken Sie immer daran: Jede inhaltliche Einmischung in ihre Arbeit demotiviert die Mitglieder Ihres Teams.

Geben Sie Anerkennung. Gute Leistungen von Teammitgliedern sollten Sie anerkennen, denn Lob motiviert. Tun Sie dies so oft wie möglich. Falls nötig, suchen Sie nach einem Grund für ein Kompliment. Selbst wenn zum Beispiel ein Arbeits*ergebnis* nicht gut ausgefallen ist, kann immer noch der *Einsatz* des Mitglieds anerkennenswert sein. Richten Sie ihr Lob immer in erster Linie an die Person und nicht an die Handlung oder das Ergebnis. Also nicht: »Das Debitorenmodul ist gut programmiert worden«, sondern: »Herr Hofer, Sie haben das gut gemacht«. Betonen Sie auch immer Ihre eigenen Gefühle, ihre subjektive Sichtweise. Denn das Bedürfnis nach Anerkennung ist ein emotionales Bedürfnis. Man hat Angst, die anderen könnten schlecht von einem denken, also einen subjektiv schlechten Eindruck haben. Der beste Weg, Anerkennung zu geben, besteht deshalb darin, dem anderen einen Blick auf Ihre eigenen subjektiven Gefühle zu erlauben, zum Beispiel: »Ich bin von Ihnen beeindruckt« oder »Ich weiß, dass ich mich auf Sie verlassen kann«. Ein weiterer Tipp: Warten Sie nicht zu lange, etwa bis zum Projektende, mit Ihrer Anerkennung. Ein kleines Lob, ein aufrichtiges Dankeschön zwischendurch muntert immer auf; es kostet Sie nichts, erhöht aber schlagartig die Motivation.

Seien Sie kommunikativ. Um erfolgreich im Projekt zu arbeiten, müssen Sie und Ihre Teammitglieder jederzeit gut informiert sein. Hierfür gelten die Regeln des Informationsmanagements, die weiter unten dargelegt werden. Darüber hinaus bedeutet Information auch Motivation. Seien Sie also offen zu den Mitgliedern Ihres Teams. Motivieren Sie sie dadurch, dass Sie sie immer umfassend über alles informieren, was für das Projekt insgesamt relevant ist, auch wenn vielleicht nicht jede Information für die Erfüllung ihrer speziellen Einzelaufgaben unbedingt nötig wäre. Denn dadurch fühlen sie sich ernst genommen und aufgewertet.

Tipps für Ihren Erfolg

- Wichtig für ein gutes Arbeitsklima in Ihrem Team sind zwei Dinge:
  - Alle Konflikte müssen offen ausgetragen und gelöst werden.
  - Es müssen gute persönliche Beziehungen zwischen den Mitgliedern bestehen, die Sie durch gemeinsame Freizeitaktivitäten fördern können.
- Begeistern Sie Ihr Team für das Projekt. Zeigen Sie jedem auf, welche Vorteile das Projekt hat – auch für ihn persönlich. Betonen Sie immer wieder die gemeinsame Anstrengung und dass jeder einen wichtigen Beitrag leistet.
- Delegieren Sie. Mischen Sie sich nicht in die Aufgaben Ihrer Teammitglieder ein. Ihre Aufgabe besteht darin, Arbeiten zu koordinieren, und nicht darin, sie selber auszuführen.
- Anerkennung motiviert. Loben Sie die Mitglieder Ihres Teams so oft wie möglich.
- Information motiviert. Informieren Sie Ihre Teammitglieder immer umfassend über alles, was mit dem Projekt zu tun hat.

Lassen Sie Ihr Team Regeln für die Zusammenarbeit entwickeln

Die Erfahrung zeigt, dass es für das optimale Funktionieren von Projektteams notwendig ist, gewisse Spielregeln der Zusammenarbeit festzulegen. Diese Regeln sollte sich das Team selbst geben, und zwar am besten ganz am Anfang des Projekts, wenn die Detailplanung in einer gemeinsamen Besprechung festgelegt wird. *Ihre* Aufgabe besteht darin, dafür zu sorgen, dass dies geschieht. Als Ergebnis können viele oder wenige Regeln beschlossen werden. Nicht die Anzahl ist wichtig, sondern entscheidend ist, dass am Ende der Diskussion alle Mitglieder der Festlegung jeder einzelnen Spielregel ausdrücklich zustimmen. Im Übrigen kann jede Regel vom Team einstimmig wieder aufgehoben werden, wenn sie sich als untauglich erweisen sollte.

Grundsätzlich kann jedes Mitglied die Regeln vorschlagen, die es für notwendig hält. In der Praxis hat sich jedoch eine Reihe von Spielregeln bewährt, die Sie als Projektmanager Ihrem Team vorschlagen sollten. Sie sind in Übersicht 5 aufgeführt und betreffen einerseits das Verhalten allgemein, andererseits speziell das Verhalten in Teamsitzungen.

Allgemeine Regeln der Zusammenarbeit im Team

- *Gleichheit.* Alle Teammitglieder haben die gleichen Rechte und Pflichten. Auch wenn zwischen ihnen Rangunterschiede bestehen, werden alle Diskussionen hierarchiefrei geführt.
- *Offenheit.* Jeder vertritt jederzeit ehrlich seine Meinung. Jeder sollte auch über seine Ängste und Unsicherheiten sprechen können. Kritik wird vorbehaltlos geübt und angenommen. Und keiner hält Informationen zurück.
- *Umgang mit Konflikten.* Alles gehört auf den Tisch, keiner soll etwas schlucken müssen. Jede Art von Störung und Konflikt soll sofort vorgebracht und behandelt wer-

den. Meinungsverschiedenheiten müssen restlos geklärt werden. Dabei müssen individuelle Standpunkte weitestgehend berücksichtigt werden. Späteres Nachkarten ist verboten.
- *Verhalten nach außen.* Jede Art von Kritik wird nur innerhalb des Teams geübt, nicht gegenüber Dritten. Noch nicht verabschiedete Ergebnisse oder Entscheidungen dürfen nicht nach außen kommuniziert werden.
- *Eigenverantwortlichkeit.* Auch im Rahmen von Teamarbeit ist jeder für sich und seine Arbeit selbst verantwortlich. Schlechte Leistungen auf die anderen zu schieben ist nicht erlaubt. Das gilt auch für Informationen, die sich das Teammitglied selbst besorgen kann, um seine Aufgaben gut zu erfüllen. Es besteht eine Hol-Schuld. Andererseits braucht es sich auch von niemandem in seinen Arbeitsbereich hineinreden zu lassen.
- *Abgrenzung der Bereiche.* Die Zuständigkeiten und Vollmachten der einzelnen Teammitglieder müssen am Anfang klar definiert und falls notwendig voneinander abgrenzt werden.
- *Verbindlichkeit.* Vereinbarungen und Entscheidungen aller Art, die das Team trifft, sind für alle verbindlich und werden umgesetzt. Dies gilt auch für die vereinbarten Regeln der Zusammenarbeit. Sie gelten, bis das Team sie wieder aufhebt.

Spezielle Regeln für das Verhalten in Teamsitzungen

- Die Einladung zur Teambesprechung enthält eine Tagesordnung. Jeder bereitet sich auf die Punkte der Tagesordnung vor.
- Jeder erscheint pünktlich.
- Die Sitzung wird von *einer* Person geleitet beziehungsweise moderiert. Entweder übernehmen Sie als Projektmanager immer die Leitung oder sie wird abwechselnd

von allen übernommen. Darüber müssen Sie sich im Team einigen.
- Jeder hört aktiv zu, was der andere zu sagen hat. Ihn zu ignorieren oder zu unterbrechen ist verboten. Wenn vor Beginn der Sitzung eine Redezeitbegrenzung vereinbart wurde, ist sie einzuhalten.
- Killerphrasen (Beispiel: »Das funktioniert doch sowieso nicht.«) sind verboten. Genauso persönliche Angriffe auf andere Teammitglieder.
- Jeder spricht nur für sich. Kritik darf nur in Ich-Form vorgetragen werden.
- Jeder – auch Sie als Projektleiter – hat das Recht, Fehler zu machen. Denn Fehler sind keine Schande, sondern menschlich und gerade bei der Projektarbeit nicht zu vermeiden. Damit entfallen gegenseitige Schuldzuweisungen und die unproduktive Suche nach dem Sündenbock. Der Blick kann sofort wieder nach vorn gerichtet werden, also darauf, wie der Fehler am besten zu beheben ist.

Übersicht 5
Regeln der Zusammenarbeit im Team

Zusätzlich zu den Spielregeln der Zusammenarbeit muss sich das Team noch über zwei Dinge einigen. Erstens: Wie soll die gegenseitige Information geregelt werden? Diese Frage wird im nächsten Abschnitt behandelt. Und zweitens: Wie sollen Entscheidungen getroffen werden?

Grundsätzlich sollten die Entscheidungen so weit wie möglich einstimmig getroffen werden. Das Konsensprinzip führt natürlich leicht zu langwierigen Diskussionen. Es kann dauern, bis der Letzte überzeugt ist und alle einer Meinung sind. Trotzdem sollte das Team diese Zeit unbedingt investieren, zumindest wenn es sich um wichtige Entscheidungen handelt. In diesen Fällen müssen alle Mitglieder restlos überzeugt sein. Bei weniger wichtigen Themen kann eine Mehrheitsentscheidung sinnvoller sein. Allerdings sollte jeweils eine große Mehrheit nötig sein, zum Beispiel zwei Drittel oder drei Viertel der Teammitglieder. Hierüber muss das Team im Konsens entscheiden. Gleichzeitig muss es bestimmen, welche Art von Entscheidung einstimmig und welche mit Mehrheit zu treffen ist. Es muss allen Teammitgliedern klar sein, dass sie eine Mehrheitsentscheidung auch dann voll mittragen müssen, wenn sie zur ablehnenden Minderheit gehört haben.

Regeln brauchen Sanktionen. Regeln werden auf Dauer nur dann eingehalten, wenn der Verstoß dagegen mit Strafen belegt ist. Deshalb sollten Sie sich auch gleich über Sanktionen einigen. In der Praxis hat sich eine Teamkasse bewährt, in die der Regelbrecher abhängig vom Ausmaß seines Vergehens einzahlen muss, beispielsweise einen Euro pro Minute Verspätung bei einer Teamsitzung. Bei extrem oder wiederholten Verstößen kann als härteste Sanktion auch der Ausschluss aus dem Team vorgesehen werden. (Dem sollten Sie als Projektleiter aber nur zustimmen, wenn Sie die Aussicht auf Ersatzteilnehmer haben.)

Regeln brauchen Übung. Auch wenn sich am Anfang alle vornehmen, die Spielregeln einzuhalten, verstoßen manche doch immer wieder dagegen, oft unabsichtlich. Es braucht eben eine Weile, bis alle alles kapiert haben. Seien Sie ein geduldiger, aber hartnäckiger Erzieher Ihres Teams. Dulden Sie keine Regelverstöße, aber geben Sie den anderen die Chance zu lernen. Die Sanktionen werden Ihnen dabei helfen.

Tipps für Ihren Erfolg

- Die Zusammenarbeit im Team braucht Spielregeln. Sorgen Sie dafür, dass Ihr Team sich welche gibt.
- Schlagen Sie Ihrem Team die aufgeführten bewährten Regeln vor.
- Legen Sie im Team gemeinsam fest, welche Entscheidungen einstimmig und welche mit Mehrheit getroffen werden sollen.
- Regeln sind dazu da, eingehalten zu werden. Dulden Sie

keine Regelverstöße, und vereinbaren Sie Sanktionen dagegen.

Optimale Kommunikation im Team

Gute Kommunikation ist bei weitem der wichtigste Erfolgsfaktor im Projektmanagement.

Nur durch schnelle und umfassende Kommunikation werden Sie als Projektleiter frühzeitig auf befürchtete oder eingetretene Störungen und Probleme aufmerksam. Nur so erfahren Sie von Ideen, wie die Projektziele einfacher erreicht werden können, und anderen Verbesserungsmöglichkeiten. Gute Kommunikation ist auch nötig, damit Ihr Team optimal arbeitet und hoch motiviert bleibt. »90 Prozent des Projektmanagements sind reine Kommunikation.«[19]

Wichtige Grundregeln der Kommunikation wurden bereits in Kapitel 4 behandelt. Im Folgenden geht es nun darum, *wie* innerhalb des Teams kommuniziert werden sollte, um optimale Ergebnisse zu erreichen. Hierbei kann man unterscheiden zwischen der Regelkommunikation, das heißt vorher festgelegten Arten der Kommunikation, und der persönlichen Kommunikation in Einzelgesprächen, insbesondere zwischen Ihnen und Ihren Teammitgliedern.

Die Regelkommunikation. Es wurde bereits oben erwähnt: Als Projektleiter müssen Sie jederzeit über den Stand der Bearbeitung aller Arbeitspakete im Bilde sein. Auch Ihre Teammitglieder sollten über den Projektfortschritt laufend informiert werden. Beides kann am besten durch eine systematische Informationsübermittlung gewährleistet werden. Die im Rahmen von Projektarbeit üblichen Instrumente der regelmäßigen Kommunikation sind: schriftliche Statusberichte der einzelnen Teammitglieder und Teamsitzungen.

Genau wie über die anderen Spielregeln, so sollte sich das Team auch über Art und Umfang der regelmäßigen gegenseitigen Information zu Beginn der Zusammenarbeit, also bei der Detailplanung, einigen. Ihre Aufgabe besteht wieder darin, dafür zu sorgen, *dass* das Team entscheidet und dass die Regeln auch eingehalten werden. Sie müssen also zum Beispiel zu den Teambesprechungen einladen oder die Teammitglieder dazu anhalten, ihre Berichte termingerecht zu liefern.

Regelmäßige Statusberichte. Die Berichte der einzelnen Teammitglieder über den Fortschritt ihrer Arbeitspakete sollten für alle standardisiert sein, damit sichergestellt ist, dass jeder Informationen zu den gleichen Fragen liefert:

- Welchen Zielerreichungsgrad hat das Arbeitspaket? Was fehlt noch zur Planerreichung?
- Gibt es unvorhergesehene Probleme?
- Wird der Fertigstellungstermin aller Voraussicht nach eingehalten?

Die formelle Berichterstattung darf aber nicht den alltäglichen Informationfluss ersetzen, sondern sollte ihn ergänzen. Das heißt vor allem für Sie als Projektleiter, dass Sie laufend persönliche Gespräche über den Projektfortgang mit den Teammitgliedern führen müssen. Hierzu unten mehr.

Besprechen Sie auch mit Ihrem Auftraggeber, in welcher Form und in welchen Abständen er informiert werden möchte.

Regelmäßige Teamsitzungen. Neben den Statusberichten dienen auch regelmäßige Besprechungen (oder Telefonkonferenzen) der gegenseitigen Information. Wenn möglich sollten sie in kurzen Abständen immer am gleichen Ort und zur gleichen Zeit stattfinden. Vor allem sollten sie nicht zu lange dauern. Dies kann man dadurch erreichen, dass jedem Teammitglied nur eine vorher festgelegte, kurze Zeit zur Darstellung der aktuellen Situation gegeben wird. Grundsätzlich sollte jedes Mitglied immer teilnehmen. Auch wenn es bei einer bestimmten Sitzung nichts Neues mitzuteilen hat, wird es doch von den anderen etwas erfahren, so dass die Teilnahme normalerweise keine Zeitverschwendung darstellt. Wenn hingegen jedem Teammitglied seine Teilnahme freigestellt wird, besteht die große Gefahr, dass jeweils nur ein Teil des Teams anwesend ist. Dadurch kann sich der Informationsaustausch im Team leicht verschlechtern. Außerdem fördert jedes Meeting auch das Zusammengehörigkeitsgefühl im Team, jedenfalls wenn es gut geleitet wurde.

Wie der Name schon sagt, finden regelmäßige Sitzungen auch dann statt, wenn kein konkreter Anlass besteht. Darüber hinaus müssen Sie natürlich in begründeten Fällen auch außerordentliche Besprechungen einberufen.

Wie häufig Statusberichte erstellt oder Teamsitzungen abgehalten werden sollten, hängt von der Art des Projekts ab. In vielen Fällen hat sich ein wöchentlicher Rhythmus bewährt.

Einzelgespräche. Regelmäßige Berichte und gemeinsame Besprechungen reichen meist nicht aus, um Sie jederzeit vollständig über alle Einzelheiten des Fortgangs Ihres Projekts zu informieren. Deshalb sollten Sie auch immer wieder das persönliche Gespräch mit den Mitliedern Ihres Teams suchen. Warten Sie nicht, bis die anderen Sie informieren, sondern werden Sie selbst aktiv. Umfassende Information ist eine Hol-Schuld.

Besuchen Sie Ihre Teammitglieder immer wieder in deren Büro oder an ihrem Arbeitsplatz, und führen Sie kurze informelle Gespräche – »Management by walking around« nennt man das. Es verbessert die Gesprächsatmosphäre zwischen Ihnen und dem anderen, denn die meisten Menschen fühlen sich in ihrem eigenen Büro wohler als in den Büros anderer. Darüber hinaus bezeugen Sie dem anderen Respekt dadurch, dass Sie sich die Mühe machen, ihn aufzusuchen. Auch wenn es Sie mehr Zeit kostet, als wenn Sie Ihre Teammitglieder zum Gespräch zu sich bitten: Diese Zeit ist gut investiert.

So erfahren Sie oft schon im Vorfeld von auftauchenden Problemen – noch bevor diese ihnen offiziell gemeldet werden. Je schwieriger das Arbeitspaket, desto häufiger sollten Sie den Kontakt suchen, im Extremfall täglich. Klaus Tumuscheit, Projektmanagement-Experte, bringt es auf den Punkt: »Projektmanagement heißt mit den Leuten reden.«[20]

Vermeiden Sie jedoch bei Ihren Gesprächen den Eindruck, Sie seien der Aufpasser und Antreiber. Kritisieren Sie die Teammitglieder nicht, und seien Sie kein Besserwisser. Vielmehr sollten Sie bei entstandenen Problemen den Fachleuten die Lösung überlassen und ihnen dafür Ihre Hilfe anbieten.

Außer mit den Leuten persönlich zu sprechen, können Sie natürlich auch mit ihnen telefonieren oder E-Mails austauschen. Besonders wenn Sie am Anfang des Projekts jemanden noch nicht oder nicht gut kennen, empfiehlt sich aber immer das Vier-Augen-Gespräch. Es hat gegenüber den anderen Kommunikationsformen wesentliche Vorteile:

- Der Kontakt zwischen Ihnen und dem anderen ist viel intensiver. Durch den Blickkontakt und die Körpersprache erfahren Sie in der Regel sehr viel mehr als am Telefon.
- Sie haben durch den intensiveren zwischenmenschlichen Kontakt eine viel höhere Überzeugungskraft.
- Sie haben eher die Chance, dass Ihr Gesprächspartner über persönliche Dinge mit Ihren spricht, was Voraussetzung für den Aufbau eines guten persönlichen Verhältnisses zu ihm ist.

Gute persönliche Beziehungen. Sie werden als Projektmanager umso erfolgreicher sein, je mehr es Ihnen gelingt, zu den Mitgliedern Ihres Teams gute persönliche Beziehungen aufzubauen. Einerseits erfahren Sie mehr. Je mehr jemand Sie mag, desto weniger Grund hat er, Ihnen wichtige Informationen über das Projekt, aber auch darüber hinaus, vorzuenthalten. Auch vertrauliche Informationen wird er Ihnen viel eher zukommen lassen.

Andererseits gibt Ihnen ein gutes Verhältnis auch in gewissem Umfang Macht über den anderen. Er wird sich Ihrer Meinung leichter anschließen. Er wird kooperativ sein, das heißt bereit, Ihren Vorschlägen zu folgen, also das zu tun, was Sie wollen. Er wird sogar freiwillig Aufgaben übernehmen. Er wird engagiert mitarbeiten, nach besten Kräften seine Ziele erfüllen und seine Termine einhalten.

Kritisches Feedback geben und annehmen. Ein wichtiger und allgemein als schwierig angesehener Teilbereich der Kommunikation betrifft die Kritik am Verhalten anderer oder an ihrer Leistung. Das Problem besteht häufig einerseits darin, dass der Angesprochene sich als Person angegriffen fühlt und entsprechend ungehalten reagiert. Andererseits kritisieren viele Menschen ihre Kollegen nicht gern, gerade weil sie deren negative Reaktion befürchten und folglich Angst haben, die persönliche Beziehung durch das Feedback zu belasten.

Kritik ist aber in der Zusammenarbeit mit anderen immer wieder notwendig, um ihre Leistung zu verbessern. Wenn Sie die Leistung einer Person kritisieren, geben Sie ihr damit gleichzeitig den Ratschlag, es besser zu machen. Wenn es Ihnen schwer fällt, andere zu kritisieren und Kritik von anderen zu ertragen, beachten Sie die in Übersicht 6 aufgeführten Hinweise für das Geben und Annehmen von Feedback.

Feedback geben

- Suchen Sie im Normalfall das Gespräch unter vier Augen. Niemand lässt sich gern vor anderen kritisieren. Eine Ausnahme von dieser Regel besteht, wenn es in einem Meeting unumgänglich ist, das negative Verhalten eines Teilnehmers zur Sprache zu bringen.
- Versuchen Sie nicht, den Menschen zu verbessern, sondern seine Arbeitsweise oder seine Arbeitsergebnisse. Konzentrieren Sie sich also in dem, was Sie ihm sagen, auf seine Leistung und nicht auf ihn als Person.
- Stellen Sie neben den Schwächen seiner Leistung immer auch deren Stärken dar. Damit zeigen Sie ihm, dass Sie sich gut informiert haben und ausgewogen urteilen.
- Kritisieren Sie konstruktiv, das heißt machen Sie Vorschläge, was der andere besser machen könnte.
- Formulieren Sie Ihre Kritik immer so positiv es geht, also zum Beispiel »Hier können Sie Verbesserungen erzielen« anstatt »Das haben Sie falsch gemacht« oder: »Tun Sie *mehr* von Y« anstatt »Tun Sie *weniger* von X«.

- Seien Sie bei Ihrer Kritik so konkret wie möglich. Vermeiden Sie Verallgemeinerungen.
- Genau wie Anerkennung sollten Sie auch kritisches Feedback möglichst unmittelbar nach dem Ereignis oder Resultat geben.
- Bevor Sie Feedback geben, stellen Sie sicher, dass der andere es auch wünscht. Bitten Sie ihn um Erlaubnis. Fragen Sie ihn gegebenenfalls, wann er für ein Kritik-Gespräch bereit ist. Dies gibt ihm ein Gefühl der Kontrolle über die Situation.
- Sprechen Sie nur für sich. Sagen Sie ihm in der Ich-Form, wie Sie ganz subjektiv sein Verhalten oder seine Leistung beurteilen.

Feedback annehmen

- Lassen Sie den anderen ausreden. Kritisches Feedback zu geben fällt ihm vielleicht schon schwer genug. Wenn Sie ihn unterbrechen, wird es nur noch unangenehmer.
- Seien Sie dankbar für die Kritik. Sie zeigt Ihnen vielleicht Möglichkeiten auf, sich zu verbessern, auf die Sie vorher nicht von allein gekommen sind.
- Verteidigen Sie sich nicht. Stellen Sie nichts klar. Akzeptieren Sie, dass der andere Ihnen nur sagt, was er subjektiv wahrgenommen hat, wie Ihre Leistung auf ihn gewirkt hat. Auch wenn er sich irrt und seine Wahrnehmung nicht den Tatsachen entspricht, ist es *Ihr* Problem, nicht seines. *Sie* müssen dafür sorgen, dass andere Ihre Leistungen richtig wahrnehmen und beurteilen.
- Bedenken Sie immer: Jede Kritik von einem Gleichgestellten ist ein Angebot. Sie können Ihr Verhalten ändern, müssen es aber nicht. (Anders ist es, wenn Ihr Chef Sie kritisiert. Dann müssen Sie reagieren.)

Übersicht 6
Feedback geben und annehmen: So verhalten Sie sich richtig.

Tipps für Ihren Erfolg

- Ihr oberstes Ziel muss es sein, jederzeit über alles, was Ihr Projekt betrifft, umfassend informiert zu sein.
- Sorgen Sie für einen regelmäßigen gegenseitigen Informationsaustausch in Ihrem Team. Vereinbaren Sie regelmäßige Statusberichte und Teamsitzungen.
- Suchen Sie darüber hinaus immer wieder das Gespräch mit einzelnen Teammitgliedern. Vier-Augen-Gespräche sind effektiver als alle anderen Formen der Kommunikation, besonders wenn Sie jemanden noch nicht gut kennen.
- Je besser Ihr persönliches Verhältnis zu den Teammitgliedern ist, desto besser wird die Zusammenarbeit funktionieren. Bauen Sie deshalb zu allen gute persönliche Beziehungen auf.
- Lernen Sie, wie man Feedback richtig gibt und annimmt.

So gehen Sie richtig mit Konflikten um

Konflikte entstehen bei der Teamarbeit permanent. Entweder betrifft der Konflikt einzelne Teammitglieder untereinander, oder einzelne Mitglieder oder das Team als Ganzes stellen sich gegen den Projektmanager.

Ein Konflikt kann viele Ursachen haben. Besonders häufig entstehen folgende Konflikte:

- *Interessenkonflikte.* Es bestehen gegensätzliche Interessen und Ziele. Einzelne Mitglieder identifizieren sich nicht mit dem Projekt und verfolgen vom Projektziel abweichende Zielsetzungen.
- *Beziehungskonflikte.* Zwischen einzelnen Teammitgliedern herrschen Antipathie, Misstrauen und Vorurteile. Die Ursachen hierfür haben häufig nichts mit dem Projekt zu tun, sondern lie-

gen in der Vergangenheit. Beziehungskonflikte können auch entstehen, wenn einzelne Teammitglieder sich bei der Projektarbeit als nicht teamfähig erweisen, also sich zum Beispiel nicht an die Spielregeln halten.
- *Beurteilungskonflikte.* Trotz übereinstimmender Zielsetzung gibt es unterschiedliche Meinungen über den richtigen Weg zur Zielerreichung.
- *Kompetenzkonflikte.* Sie sind die Folge, wenn es innerhalb des Teams Unklarheiten und Missverständnisse über die Rollen, Funktionen und Kompetenzen der einzelnen Mitglieder gibt.
- *Verteilungskonflikte.* Es entsteht eine Auseinandersetzung um die Anteile einzelner Bereiche am Projektbudget.

Konfliktmanagement. Eine wichtige Voraussetzung für den Erfolg Ihres Projekts besteht in dem richtigen Umgang mit Konflikten. Sie müssen sie möglichst schnell erkennen, ihre Ursachen richtig analysieren und eine konstruktive Lösung erarbeiten.

> **Konfliktmanagement besteht aus drei Schritten: Konflikterkennung, Ursachenanalyse und Konfliktlösung.**

Aus der Ursachenanalyse ergeben sich natürlich oft schon Ansätze zur Beilegung des Konflikts. Insofern finden die Schritte zwei und drei oft gleichzeitig statt. Zum besseren Verständnis werden sie trotzdem getrennt dargestellt.

Der oberste Grundsatz des Konfliktmanagements besagt, dass Konflikte ausgetragen werden müssen. Hierauf wurde am Anfang des Kapitels bereits hingewiesen. Nichts darf unter den Teppich gekehrt werden, denn Konflikte lösen sich nicht von allein. Im Gegenteil: Wenn Sie einen Konflikt nicht aktiv angehen, sondern schwelen lassen, kann er sich immer weiter verschlimmern und letztlich den Erfolg Ihres Projekts in Frage stellen.

Konflikte erkennen. Nicht jeder Konflikt wird offen und für alle sichtbar ausgetragen. Viele werden verdeckt geführt und sind damit für Sie nicht unmittelbar erkennbar. Je früher Sie einen Konflikt erkennen, desto schneller können Sie wirksame Maßnahmen ergreifen, um ihn zu lösen. So erkennen Sie verdeckte Konflikte:

- *Analysieren Sie mögliche Konfliktherde im Vorfeld.* Manche Konflikte entstehen keinesfalls überraschend, sondern können schon vor Beginn des Projekts geradezu erwartet werden. Beispiel: Sie wissen, dass zwei Ihrer Teammitglieder sich spinnefeind sind. Oder: In Ihrem Team sind Mitglieder aus zwei Abteilungen, die unterschiedliche Interessen haben und deren Mitglieder noch nie besonders gut zusammengearbeitet haben.
- *Achten Sie auf Signale.* Schlechte Stimmung in Teambesprechungen etwa ist ein Warnsignal. Sie äußert sich zum Beispiel in aggressivem Diskussionsstil, Killerphrasen, subtilen persönlichen Angriffen (»Spitzen«) und mangelnder Kompromissbereitschaft. Auch das Verhalten einzelner Teammitglieder kann Hinweise geben: Wenn sich etwa jemand weigert, Aufgaben zu übernehmen, oder zugesagte Termine nicht einhält oder sich in Meetings unaufmerksam oder passiv verhält, liegt die Ursache oft in Konflikten verborgen.
- *Halten Sie engen persönlichen Kontakt zu allen Teammitgliedern.* Wie oben bereits gesagt wurde, werden Teammitglieder, zu denen Sie einen engen persönlichen Draht haben, Sie mit Informationen aller Art versorgen. Dazu zählen natürlich auch Hinweise auf verdeckte Konflikte. Je besser Ihr Verhältnis zu den Mitgliedern Ihres Teams, desto besser wissen Sie Bescheid, was in Ihrem Team »läuft«.
- *Führen Sie ein Blitzlicht durch.* Mit Blitzlicht bezeichnet man eine Momentaufnahme der Empfindungen und Gefühle einer Arbeitsgruppe. Sie können ein Blitzlicht am Ende einer Teambesprechung durchführen oder auch zwischendurch, wenn das Verhalten von Mitgliedern dazu konkreten Anlass gibt. Die Technik ist einfach: Sie bitten jeden Einzelnen, kurz zu sagen, wie er sich gerade fühlt, wie zufrieden er mit dem bisher erreichten Ergebnis ist und wie er die Zusammenarbeit in der Gruppe erlebt. Jeder antwortet, so ausführlich er will. Seine Aussagen dürfen aber von den anderen nicht kommentiert werden. Es soll keine Diskussion stattfinden, sondern eine Momentaufnahme.

Konflikte analysieren. Bei der Analyse geht es darum zu bestimmen, wer beteiligt ist, worum es genau geht und welche Ursachen der Konflikt hat. Sie müssen zunächst die Interessen und Ziele sowie die Standpunkte und Argumente der Parteien herausfinden. Führen Sie hierzu entweder Einzelgespräche oder berufen Sie ein Reflexionsmeeting ein. In dieser Art von Teamsitzung wird nicht über Sachfragen, sondern ausschließlich über die Zusammenarbeit gesprochen. Bitten Sie zu Beginn der Sitzung jeden, seine Meinung zu zwei oder drei Fragen, die Sie formuliert haben, in Stichworten zu Papier zu bringen. Beispiele für solche Fragen: Welche zwischenmenschlichen Probleme gibt es bei der Zusammenarbeit im Team? Was fehlt der Gruppe zur Verbesserung ihrer Leistungsfähigkeit? Danach findet ein offener Austausch über die angesprochenen Probleme und Konflikte statt.

Konstruktive Konfliktlösung. Eine Lösung des Konflikts ist nur möglich, wenn alles offen ausgesprochen und ausdiskutiert wird. Die dafür notwendigen Einzel- oder Gruppengespräche können im Einzelfall sehr zeitaufwändig sein, und Zeit ist bei Projekten fast immer knapp. Nehmen Sie sich trotzdem ausreichend Zeit für die Gespräche und Verhandlungen. Wenn der Konflikt restlos aus der Welt geräumt wurde, wird das frisch motivierte Team die entstandene Verzögerung wieder aufholen. Wenn umgekehrt der Konflikt nur oberflächlich beigelegt wurde und einzelne Mitglieder weiterhin verärgert und frustriert sind, wird viel mehr Zeit durch die weiterhin schlechte Zusammenarbeit verloren gehen.

Der Zeitaufwand zur Konfliktlösung kann sehr hoch sein, weil Sie in jedem Fall einen Konsens im Team anstreben sollten. Es darf keinen Verlierer geben, alle müssen sich am Ende als Gewinner fühlen. Denn »nur Gewinner sind produktive Leistungsträger«[21]. Auf gar keinen Fall sollte der Konflikt durch die Entscheidung eines höheren Vorgesetzten »gelöst« werden.

Je nach Art der Auseinandersetzung und Anzahl der Beteiligten erreichen Sie eine Konsenslösung entweder durch Einzelgespräche mit den Beteiligten oder durch eine gemeinsame Teambesprechung, wie das oben genannte Reflexionsmeeting. Wenn Sie nicht selbst am Konflikt beteiligt sind, sollten Sie als Vermittler fungieren. Setzen Sie dafür die in Kapitel 6 dargestellten Prinzipien der Verhandlungstechnik ein. Bei sehr schwierigen Auseinandersetzungen, oder wenn Sie selbst Konfliktpartei sind, kann es sinnvoll sein, einen Moderator als neutralen Vermittler einzuschalten. Nehmen Sie dafür am besten einen Externen, der nicht zur Firma gehört. Seine Neutralität wird eher von allen anerkannt.

Wenn Sie in den Konflikt verwickelt sind. Konflikte können zwischen Ihnen und dem Team als Ganzem oder zwischen Ihnen und einzelnen Mitgliedern entstehen. Wenn Sie das gesamte Team gegen sich haben, machen Sie höchstwahrscheinlich etwas Gravierendes falsch. Möglicherweise bringen Sie die Mitglieder durch Boss-Gehabe gegen sich auf. Was auch immer es sei, lassen Sie sich vom Team Feedback geben. Sie wirken vielleicht auf die anderen ganz anders, als Sie wollen.

Konflikten mit Teammitgliedern können Sie vorbeugen, indem Sie von Anfang an versuchen, gute persönliche Beziehungen zu allen aufzubauen. Das verringert die Wahrscheinlichkeit, dass es zu einer Auseinandersetzung kommt, und erhöht die Chancen, Meinungsverschiedenheiten schnell zu erkennen und gütlich beizulegen.

Tipps für Ihren Erfolg

- Gutes Konfliktmanagement bedeutet, Konflikte möglichst schnell zu erkennen, zu analysieren und beizulegen.
- Um verdeckte Konflikte aufzudecken,
  - analysieren Sie mögliche Konfliktherde im Vorfeld,
  - achten Sie auf Signale im Verhalten von Teammitgliedern,
  - halten Sie engen persönlichen Kontakt zu allen Teammitgliedern,
  - führen Sie ein Blitzlicht durch.
- Analysieren Sie den Konflikt, indem Sie Einzelgespräche führen oder ein Reflexionsmeeting mit dem ganzen Team durchführen.

- Nehmen Sie sich Zeit für die restlose Klärung des Konflikts. Niemand soll Verlierer sein. In besonders schwierigen Fällen, oder wenn Sie selbst Partei sind, setzen Sie einen externen Moderator als Vermittler ein.

So führen Sie Besprechungen zum Erfolg

Es gibt drei verschiedene Arten von Besprechungen, die sich in ihrer Zielsetzung unterscheiden: Informations-, Problemlösungs- und Entscheidungsbesprechungen. Im ersten Fall geht es hauptsächlich um den Austausch von Informationen, wie bei der oben erwähnten regelmäßigen Teamsitzung. Im zweiten ist die Lösung von sachlichen oder zwischenmenschlichen Problemen das Ziel, wie zum Beispiel beim Reflexionsmeeting. Wenn Probleme zu lösen sind, steht nicht so sehr die Information, sondern vielmehr der Einsatz der Kreativität der Teilnehmer im Vordergrund. Im dritten Fall schließlich geht es darum, betriebliche Entscheidungen zu treffen. Diese wurden von Mitarbeitern durch die Ausarbeitung von Entscheidungsvorlagen vorbereitet. In der Praxis gibt es oft Mischformen zwischen diesen idealtypischen Besprechungsarten: Es werden sowohl Informationen ausgetauscht als auch Probleme gelöst sowie Entscheidungen getroffen.

Ob eine Besprechung von den Teilnehmern als erfolgreich angesehen wird, hängt davon ab, ob die jeweilige Zielsetzung erreicht wurde *und* wie viel Zeit man dafür gebraucht hat. Beides wiederum beeinflusst der Leiter der Besprechung ganz erheblich. Beachten Sie die folgenden Tipps, um Ihre Besprechungen erfolgreich werden zu lassen.

Bereiten Sie die Besprechung gut vor. Die Vorbereitung eines Meetings umfasst verschiedene Aspekte:

- *Inhalt und Ziel.* Überlegen Sie sich genau, welches Thema mit welcher Zielsetzung besprochen werden soll. Hierzu gehört

auch, sich zu fragen, ob überhaupt ein Meeting notwendig ist oder ob das Thema nicht genauso gut in Zweiergesprächen besprochen werden kann.
- *Organisation.* Stellen Sie sicher, dass die Organisation klappt. Kümmern Sie sich um die Raumreservierung, die notwendige technische Ausstattung (zum Beispiel Beamer, Tageslichtprojektor oder Flipcharts einschließlich Stifte und Ersatzlampen) und die Tagungsgetränke. Das alles mag banal klingen, aber nichts ist ärgerlicher, als wenn eine Besprechung mit organisatorischen Problemen anfängt. Das drückt von vornherein auf die Stimmung der Teilnehmer und lässt Sie schnell inkompetent erscheinen. (»Der kann ja noch nicht einmal ein einfaches Meeting organisieren.«)
- *Einladung.* In aller Regel gilt: Je weniger Teilnehmer, desto fruchtbarer das Meeting. Laden Sie deshalb grundsätzlich nur Personen ein, deren Teilnahme unumgänglich ist. Stimmen Sie mit ihnen den Termin mündlich ab, bevor Sie Ihre schriftlichen Einladungen versenden. Das erspart Ihnen unangenehme Überraschungen. In der schriftlichen Einladung sollten Sie möglichst konkret den Anlass und die Zielsetzung des Gesprächs nennen und notwendige Sitzungsunterlagen mitschicken. So können sich die Adressaten darauf vorbereiten. Falls Ihre Tagesordnung mehrere Punkte umfasst, gilt das für jeden Punkt entsprechend. Des Weiteren sollten Sie nicht nur die Anfangszeit, sondern auch den Zeitpunkt des Besprechungsendes angeben (und ihn dann auch einhalten!).

Bestimmen Sie den Gesprächsleiter. Am Anfang des Meetings muss bestimmt werden, wer die Diskussion moderieren soll. Der Gesprächsleiter muss sich neutral verhalten, das heißt, er sollte in der Diskussion nicht Partei für ein bestimmtes Ergebnis ergreifen und keine der geäußerten Meinungen und Teilnehmerbeiträge kommentieren oder bewerten. Vielmehr ist er dafür verantwortlich, dass überhaupt ein Ergebnis zustande kommt. Er führt die Diskussion, indem er die Einhaltung der Gesprächsregeln überwacht. Der ideale Gesprächsleiter wäre ein externer Moderator, in der Praxis ist es fast immer einer der Teilnehmer: entweder der ranghöchste oder – bei regelmäßig wiederkehrenden Besprechungen – immer ein anderer Teilnehmer oder – bei Besprechungen im Rahmen von Projekten – der Projektleiter.

Wenn Sie als Projektmanager Gesprächsleiter sind, entsteht ein Rollenkonflikt, da Sie auch inhaltlich Betroffener sind. Sie wollen und müssen sich in die Diskussion einmischen, gleichzeitig aber neutraler Moderator sein. Dieser Doppelrolle müssen Sie sich bewusst sein und so handeln, dass Sie beiden Rollen gerecht werden.

- Immer wenn Sie etwas sagen, fügen Sie hinzu, in welcher Rolle Sie gerade sprechen.
- Trennen Sie Ihre Rollen optisch, indem Sie bei Aussagen in der einen Rolle sitzen und bei Wortbeiträgen in der anderen Rolle stehen.
- Formulieren Sie Ihre inhaltlichen Beiträge eher in Form von Fragen als von Aussagen, etwa: »Könnte es sein, dass ... ?«
- Hüten Sie sich davor, die Wortbeiträge anderer pauschal zu bewerten (»gut/schlecht; hat Recht/hat Unrecht; richtig/falsch«).

Stellen Sie Gesprächsregeln auf. Innerhalb eines Teams sollten gleich zu Anfang der Zusammenarbeit Gesprächsregeln definiert werden. Dies wurde oben bereits gesagt. Wenn Sie aus anderem Anlass ein Meeting einberufen, sollten Sie am Beginn vorschlagen, dass Gesprächsregeln vereinbart werden.

Legen Sie die Gesprächsziele fest. Zwar sollten Sie die Zielsetzung und Tagesordnung der Besprechung bereits in der Einladung mitteilen, aber betrachten Sie dies nur als einen Vorschlag von Ihrer Seite. Zu Beginn des Meetings sollten Sie Ihren Vorschlag zur Diskussion stellen und darüber abstimmen lassen. Stellen Sie die Frage: »Was wollen wir am Ende dieser Besprechung unbedingt erreicht haben?« Damit binden Sie alle Teilnehmer inhaltlich ein und geben der Besprechung eine klare Zielvorgabe. Gehen Sie die Tagesordnung Punkt für Punkt durch. Legen Sie gemeinsam fest, welche Punkte in welcher Reihenfolge besprochen werden sollen und wie viel Zeit für jedes Thema vorgesehen werden soll. Wenn Sie feststellen, dass Sie mit der vorgesehenen Zeit nicht auskommen werden, vertagen Sie die übrigen Punkte. Visualisieren Sie anschließend die verabschiedeten Gesprächsziele und die Tagesordnung, zum Beispiel auf einem Flipchart-Blatt.

Führen Sie die Besprechung nach den Regeln des strukturierten Denkens. Die in Kapitel 2 dargestellten Regeln des strukturierten Denkens zur Lösung von Problemen lassen sich auch anwenden, wenn *mehrere* Personen gemeinsam über eine Problemlösung nachdenken. Schlagen Sie der Gruppe die folgende Vorgehensweise vor:

- *Faktensammlung.* Zunächst definieren Sie genau, wie sich das Problem äußert. Alle relevanten Fakten werden gesammelt, alle Symptome aufgeführt, alle Aspekte genannt.
- *Diagnose.* Als Nächstes versuchen Sie, die Ursachen für die beobachteten Fakten zu bestimmen.
- *Entwicklung der Strategie.* Nun müssen Sie gemeinsam Lösungsmöglichkeiten finden und eine davon auswählen. Versuchen Sie zunächst, möglichst viele Optionen zu entwickeln. Dann überlegen Sie sich geeignete Bewertungskriterien und bewerten die Alternativen danach. Schließlich entscheiden Sie sich für eine der Optionen.
- *Festlegung der Einzelschritte.* Bestimmen Sie abschließend, wie die gefundene Lösungsstrategie umgesetzt werden soll. Ihr Maßnahmenplan sollte die Fragen beantworten: Wer macht was bis wann? Stellen Sie immer sicher, dass Vereinbarungen über die konkrete Umsetzung der Strategie getroffen werden.

Erstellen Sie ein Protokoll. Von jeder Besprechung sollte ein Ergebnisprotokoll erstellt werden, das sich auf die Darstellung der beschlossenen Maßnahmen beschränkt: Wer macht was bis wann? Am besten ist es, wenn das Protokoll simultan zur Besprechung angefertigt wird, auch wenn es nur aus Stichworten besteht. Dann können nämlich alle Teilnehmer ihre Zustimmung zum Protokoll sofort geben, was die Abläufe beschleunigt. Nutzen Sie hierfür technische Hilfsmittel wie Pinwand-Kopierer oder Laptop mit Beamer. Damit wird der visualisierte Maßnahmenplan gleichzeitig zum fertigen Protokoll.

Visualisieren Sie alle wichtigen Punkte. Alles Wichtige, angefangen mit Zielen und Tagesordnung, über Fakten, Ideen und Vorschlägen bis zu den Ergebnissen, sollte von Ihnen oder einem anderen Teilnehmer visualisiert, also für alle Teilnehmer für die Dauer der Besprechung sichtbar gemacht werden. Benutzen Sie hierfür ein Flipchart oder eine Pinwand mit Karten. Visualisieren hat mehrere Vorteile:

- Sie konzentrieren damit die Aufmerksamkeit der Teilnehmer auf das, was wichtig ist. Die Diskussionsbeiträge werden in die richtige Richtung gebündelt, die Gefahr der Verzettelung verringert sich.
- Visualisierung zwingt zu Präzisierung. Wenn man Begriffe, Ideen oder Ergebnisse aufschreiben will, muss man sich – noch mehr als beim Reden – darüber im Klaren sein, wie sie genau definiert sind.
- Das Gesagte wird verfügbar gehalten. In lebhaften Diskussionen werden viele Gedanken, Ideen und Argumente geäußert, die sich aber oft schnell wieder verflüchtigen. Visualisierung verhindert dies.

So meistern Sie schwierige Situationen. In Besprechungen entstehen häufig schwierige Situationen. Sie können dazu führen, dass es zu erheblichen Zeitverzögerungen kommt oder dass im Extremfall das Meeting ohne Ergebnis endet und die Teilnehmer völlig frustriert nach Hause gehen. Es gibt bestimmte Standardsituationen, mit denen Sie immer rechnen und die Sie als Moderator in den Griff bekommen müssen; hier die wichtigsten und wie Sie reagieren sollten:

- *Ein Vielredner produziert sich.* Manche Leute können sich nicht auf das Wesentliche konzentrieren und müssen jedes Detail erwähnen. Andere hören sich einfach nur gerne reden. Der Vielredner frustriert die anderen. Sie können seinen Redefluss elegant stoppen, indem Sie seine Aussage visualisieren. Dazu bitten Sie ihn einfach, Ihnen den wesentlichen Punkt zu nennen, damit Sie ihn aufschreiben können. Sobald sein Beitrag visualisiert ist, besteht für ihn keine Notwendigkeit mehr weiterzureden. Im Extremfall bremsen Sie den Vielredner aus, indem Sie jeden neuen Aspekt visualisieren, den er erwähnt. Sie können

ihn dann immer unterbrechen und fragen: »Sagen Sie mir bitte, wie ich das formulieren soll?« Ein anderer Tipp: Sprechen Sie die stilleren Teilnehmer gezielt an und bitten Sie sie um Ihre Meinung.
- *Jemand schweift vom Thema ab.* Wer abschweift, verschwendet die Zeit der Teilnehmer und verführt andere, ihm zu antworten und damit ebenfalls abzuschweifen. Gegen das Abschweifen hilft zunächst einmal generell die visualisierte Zielsetzung und Tagesordnung, die eine gewisse disziplinierende Wirkung auf die meisten Teilnehmer ausüben. Den geborenen »Abschweifer« beeindruckt das aber wenig. Ihn müssen Sie unterbrechen, wenn er vom Thema abkommt. Fassen Sie das bis dahin Gesagte kurz zusammen, lassen Sie ihn bestätigen, dass Ihre Zusammenfassung korrekt ist, und erteilen Sie dann einem anderen das Wort. Beispiel: »Wenn ich Sie richtig verstehe, meinen Sie ...«. Sobald der Angesprochene genickt hat, bitten Sie jemanden anderen um seine Meinung: »Danke, Herr Meier. – Herr Müller, was meinen Sie denn zu ...«
- *Die Diskussion dreht sich im Kreis.* Es entsteht ein endloses Gerede, bei dem immer wieder die gleichen Argumente genannt werden. Unterbrechen Sie die Diskussion, und wenden Sie auch hier die Visualisierungstechnik an. Bitten Sie die Teilnehmer, ihre Beiträge, also ihre Meinungen, Ideen oder Vorschläge, auf Karten zu schreiben. Diese heften Sie an eine Pinwand und strukturieren sie gemeinsam mit den Teilnehmern.
- *Es kommt zu gegenseitigen Schuldzuweisungen.* Wenn im Projekt etwas nicht geklappt hat – und das kommt häufig vor –, schiebt jeder gerne die Schuld von sich auf andere. Dies führt zu unfruchtbaren, rückwärtsgerichteten Diskussionen. Hiergegen hilft die oben erwähnte Regel der Zusammenarbeit »Jeder darf Fehler machen«. Verweisen Sie auf diese gemeinsam beschlossene Regel, und richten Sie den Blick der Teammitglieder nach vorn: »Was ist jetzt zu tun? Wie können wir das Problem lösen?«

Schließen Sie die Besprechung positiv ab. Die Teilnehmer sollen das Meeting motiviert verlassen. Bedanken Sie sich für die Teilnahme, und lassen Sie sich ein kurzes Feedback geben. Fragen Sie die Teilnehmer, wie zufrieden sie mit dem Verlauf und den Ergebnissen der Besprechung sind und was Sie als Moderator das nächste Mal besser machen können. So können Sie einerseits dazulernen, andererseits nehmen Sie die Teilnehmer in die Pflicht. Sie können dann nicht mehr über die Zeitverschwendung in Meetings einfach nur meckern, sondern sind aufgefordert, selbst Verbesserungsvorschläge zu machen.

Tipps für Ihren Erfolg

- Je besser die Vorbereitung (Zielsetzung, Tagesordnung, Einladung mit Sitzungsunterlagen, Organisation), desto effektiver die Besprechung.
- Wenn Sie als Projektmanager Gesprächsleiter sind, müssen Sie beide Rollen trennen.
- Legen Sie am Anfang gemeinsam mit den Teilnehmern die Gesprächsziele und -regeln fest.
- Führen Sie Problemlösungsgespräche nach den Regeln des strukturierten Denkens durch.
- Visualisieren Sie alles Wichtige.
- Erstellen Sie immer ein Ergebnisprotokoll, am besten schon während der Besprechung: Wer macht was bis wann?
- Beherzigen Sie die Tipps, wie Sie in schwierigen Situationen reagieren sollten.
- Lassen Sie sich am Ende der Besprechung Feedback von allen Teilnehmern geben.

Sanfter Druck auf Gleichgestellte

Es wurde bereits verschiedentlich erwähnt: Sie sind denjenigen hierarchisch gleichgestellt, die in Ihrem Projektteam oder in anderer

Weise mitarbeiten sollen. Sie können ihnen deswegen keine Anweisungen erteilen. Trotzdem sind Sie für die erfolgreiche Durchführung des Projekts verantwortlich. Es gibt einige Möglichkeiten, auf Gleichgestellte sanften Druck auszuüben, um sie dazu zu bewegen, das zu tun, was Sie für notwendig halten.

Protokolle machen Druck. Es wurde im vorherigen Abschnitt deutlich gesagt: keine Besprechung ohne Protokoll, in dem festgelegt wird, wer was bis wann zu erledigen hat. Mit ihrer Zustimmung zum Protokoll verpflichten sich die Teammitglieder, die dort angegebenen Aufgaben, die auf sie entfallen, bis zum angegebenen Termin durchzuführen. Das gibt Ihnen als Projektleiter ein wesentliches Druckmittel in die Hand, um Ihr Projekt voranzutreiben. Denn wer seine Zusagen nicht erfüllt, gerät zumindest in Erklärungszwang. Passiert das häufiger, riskiert er, bald als unzuverlässig zu gelten.

Einbindung in die Planung macht Druck. Dasselbe gilt für die Detailplanung, denn in gewissem Sinne ist eine von allen Teammitgliedern ausgearbeitete und verabschiedete Feinplanung mit einem »Riesenprotokoll« vergleichbar. Wenn die Teammitglieder die Detailplanung für ihren Bereich selbst ausgearbeitet haben, so motiviert sie dies einerseits, wie bereits erwähnt. Andererseits verpflichtet es sie aber auch stark, die selbst geplanten Vorgaben zu erfüllen, da es keinen guten Grund gibt, es nicht zu tun (vorausgesetzt, die Rahmenbedingungen bleiben unverändert). Sie stehen ja mit ihrem Wort für die Machbarkeit der Planung.

Zusammenfassungen und Gesprächsnotizen machen Druck. Am Ende jedes Zweiergesprächs sollten Sie immer das Ergebnis mündlich zusammenfassen und festhalten: Wer macht was bis wann? Durch die konzentrierte Wiederholung dessen, was im Gespräch gesagt wurde, gewinnt das Ergebnis stärkeres Gewicht. Sie verpflichten damit Ihren Gesprächspartner (und gegebenenfalls sich selbst) noch stärker. Weiterer Vorteil der Zusammenfassung: Etwaige Missverständnisse kommen zum Vorschein. Sie können viel sicherer sein, dass der andere die Abmachungen genauso verstanden hat wie Sie. Denn in Arbeitsgesprächen kommt es immer wieder vor, dass hin und her diskutiert wird. Dinge werden vorgeschlagen und wieder verworfen. Vorgehensweisen werden besprochen und dann doch noch abgeändert. Zum Schluss haben die beiden Gesprächspartner manchmal ganz unterschiedliche Ergebnisse im Kopf.

Darum ist es auch empfehlenswert, dass Sie nach jedem Gespräch eine kurze Gesprächsnotiz anfertigen. Sie entspricht dem Ergebnisprotokoll eines Meetings und hält Ihre Zusammenfassung schriftlich fest: Wer macht was bis wann? Eine solche Gesprächsnotiz hat viele Vorteile. Die Tatsache, dass sie überhaupt geschrieben wird, wertet den Inhalt des Gesprächs für den anderen auf. Denn nur über wichtige Gespräche wird in der Regel Protokoll geführt. Zweitens gibt die schriftliche Form den getroffenen Abmachungen mehr Gewicht. Die Beteiligten fühlen sich stärker verpflichtet, ihre Zusagen einzuhalten. Schließlich hat die Gesprächsnotiz natürlich die gleichen Vorteile wie die mündliche Zusammenfassung der Gesprächsergebnisse: Missverständnisse werden ausgeräumt; jeder hat den gleichen Informationsstand.

Mit der gleichen Logik sollten Sie auch nach jedem wichtigen Telefonat eine Protokoll-Notiz anfertigen, in der die getroffenen Abmachungen festgehalten werden.

Protokolle und Gesprächsnotizen haben im Übrigen noch den Nebeneffekt der eigenen Absicherung. Sollten Termine platzen, können Sie im Zweifelsfall beweisen, dass der andere die Termineinhaltung zugesagt hatte.

Kopien an die Vorgesetzten machen Druck. Der Effekt des sanften Drucks wird im Allgemeinen noch erhöht, wenn Sie Protokolle und Gesprächsnotizen in Kopie an die Vorgesetzten Ihrer Gesprächspartner verschicken. Dann sind sie nicht nur Ihnen verpflichtet, sondern auch ihren Vorgesetzten. Allerdings gilt diese Regel nur so lange, wie der Vorgesetzte eines Teammitglieds Ihnen und Ihrem Projekt wohlgesonnen ist. Ist er das nicht, wird er es für unproblematisch halten, wenn sein Mitarbeiter die Zusagen, die er Ihnen gegeben hat, nicht einhält.

Nachfassen macht Druck. Es reicht nicht aus, Protokolle und Gesprächsnotizen zu schreiben, um die rechtzeitige Fertigstellung von

Aufgaben sicherzustellen. Zusätzlich müssen Sie nachfassen – schon während die anderen ihre Aufgaben erledigen und wenn ein Termin nicht eingehalten wurde. Wie oben erwähnt, sollten Sie zu jeder Zeit intensiven persönlichen oder telefonischen Kontakt zu den Mitgliedern Ihres Teams halten. So erzeugen Sie auf freundliche Weise Druck. Die anderen haben ja oft noch viele andere Aufgaben außer der Mitarbeit an Ihrem Projekt. Indem Sie engen Kontakt halten, sorgen Sie dafür, dass die termingerechte Fertigstellung nicht vergessen wird. Darüber hinaus hat der enge Kontakt den Vorteil, dass Sie sofort merken, wenn es unvorhergesehene Probleme gibt. Sie können dann entsprechend schnell gegensteuern.

Trotz intensiven Kontakts werden Sie es immer wieder erleben, dass eine Terminzusage nicht eingehalten wird. Wenn Ihr Zeitplan noch etwas Luft enthält, ist das vielleicht nicht so tragisch. Aber so oder so müssen Sie nun auf Erledigung drängen, den anderen immer wieder anmahnen, wenn es sein muss, sogar täglich. Zunächst sollten Sie telefonisch oder persönlich mahnen. Wenn dies trotz mehrmaliger Versuche nicht fruchtet, verschicken Sie eine schriftliche Mahnung – zunächst nur an den Adressaten.

Noch mehr Druck können Sie auch hier erzeugen, wenn Sie eine Kopie an den Vorgesetzten des anderen schicken. Als letzte Möglichkeit bleibt die offizielle Beschwerde über den anderen bei seinem Chef. Die beiden letztgenannten Optionen führen zwar in vielen Fällen kurzfristig zum Erfolg, haben aber einen gravierenden Nachteil. Indem Sie seinen Vorgesetzten informieren, riskieren Sie eine ernsthafte Verschlechterung der Beziehung zum anderen, denn Sie stellen ihn gegenüber seinem Vorgesetzten als unzuverlässig dar. Der andere wird wahrscheinlich nach Vergeltung trachten und versuchen, Ihnen zu einem späteren Zeitpunkt zu schaden. Sie sollten es sich also gut überlegen, ob Sie seinen Chef informieren und einschalten.

> **Tipps für Ihren Erfolg**
>
> Auch ohne Weisungsbefugnis können Sie sanften Druck auf Gleichgestellte ausüben, damit sie in Ihrem Projekt mitarbeiten und gegebene Zusagen einhalten. Benutzen Sie folgende Instrumente:
>
> - von den Teilnehmern genehmigte Ergebnisprotokolle (»Wer macht was bis wann?«),
> - intensive Einbindung aller Beteiligten in die Planung des Projekts,
> - Gesprächs- und Telefonnotizen, die Zusagen enthalten, die im Zweiergespräch gegeben worden sind,
> - Kopien von Protokollen und Gesprächsnotizen, die Sie an die Vorgesetzten der Beteiligten schicken,
> - Nachfassen durch engen Kontakt schon während der Aufgabenbearbeitung,
> - konsequentes Nachfassen, wenn Termine nicht eingehalten werden. Benutzen Sie aber nur im Notfall Vorgesetzte als Druckmittel.

Wie Sie mit Hierarchen umgehen

Mit dem Begriff Hierarchen sind hier alle Vorgesetzten gemeint, Ihre eigenen sowie die der Mitglieder Ihres Projektteams. Für Ihr Verhältnis zu Hierarchen gilt naturgemäß erst recht: Sie können Ihnen keine Anweisungen erteilen, und in einem offenen Konflikt ziehen Sie fast immer den Kürzeren. Wie also mit ihnen umgehen, wenn es Probleme gibt? Hier die häufigsten Problemfälle und wie Sie reagieren sollten:

Ein Hierarch sabotiert Ihr Projekt. Auch wenn Ihr Auftraggeber Ihnen eindringlich aufgezeigt hat, wie wichtig Ihr Projekt für die Firma als Ganzes ist – glauben sie nur nicht, dass alle Mächtigen das genauso sehen. Es kann leicht passieren, dass Vorgesetzte aus anderen Abteilungen versuchen, Ihnen Steine in den Weg zu legen. Dadurch droht Ihr Projekt, sich zu verzögern oder gar zu scheitern. In solchen Fällen müssen Sie sofort Ihren Auftraggeber informieren. Sichern Sie sich ab, indem Sie genau darstellen, was vorgefallen ist und welche Folgen das für Ihr Projekt haben wird. Ihr Auftraggeber hat dann den schwarzen Peter. Schließlich können Sie nicht selbst gegen einen Hierarchen vorgehen.

Ein Bereichsleiter zieht Kapazitäten ab. Im Rahmen der Projektplanung haben sich die Leiter der beteiligten Unternehmensbereiche – oft zähneknirschend – verpflichtet, Personalkapazität in bestimmter Höhe für das Projekt bereitzustellen, unter anderem indem sie Mitarbeiter in Ihr Projektteam entsandt haben. Nun passiert immer wieder Folgendes: In einem Bereich gibt es plötzlich ein dringendes Problem, Personal ist dort knapp, und der Bereichsleiter ordnet an, dass Ihr Teammitglied sich mit Priorität um das Bereichsproblem kümmern soll. Dadurch bleibt ihm weniger oder keine Zeit mehr für seine Projektaufgaben. Ihr Projekt verzögert sich. Dies merken Sie aber nicht unbedingt sofort, sondern nur wenn Sie sehr engen Kontakt zu Ihren Teammitgliedern halten.

Die Lösung ist nicht einfach: Sie müssen mit dem Bereichsleiter sprechen und ihn an seine Zusage erinnern. Zeigen Sie ihm auf, welche Konsequenzen es für Ihr Projekt hat, wenn er seine versprochene Personalkapazität reduziert. Solche Gespräche sind weder angenehm noch einfach. Denn der Bereichsleiter steht wegen seines Problems selbst unter Druck. Und da ist ihm das Hemd näher als der Rock. Sie dürfen aber nicht locker lassen, sondern müssen zäh mit ihm verhandeln, dass er Ihnen die notwendige Kapazität zur Verfügung stellt. Das kann mühsam und manchmal wiederholt nötig sein. Aber es gehört zu Ihren Aufgaben.

Sie sollten aber nicht nur verhandeln, sondern auch Ihren Auftraggeber informieren. Auch hier gilt wieder: Sichern Sie sich ab. Dokumentieren Sie gegenüber Ihrem Auftraggeber genau, was passiert ist, das heißt vor allem: Datieren Sie jeden Vorgang. Wenn es dann später zu Verzögerungen kommt, können Sie immer darauf verweisen, dass Sie rechtzeitig gewarnt haben. Wenn Sie den

Bereichsleiter durch Verhandeln nicht überzeugen konnten, die zugesagte Kapazität bereitzustellen, muss ihr Auftraggeber es versuchen – genau wie bei der Grobplanung.

Entscheidungen werden in der Hierarchie blockiert. Viele Organisationen sind sehr bürokratisch organisiert. Es gibt lange Entscheidungswege, das heißt, dass kleinste Dinge erst dann entschieden sind und in die Tat umgesetzt werden können, wenn mehrere Personen aus verschiedenen Bereichen oder Hierarchiestufen zugestimmt haben. Es handelt sich dabei um Ihren Auftraggeber und Ihre Linienvorgesetzten sowie um die Vorgesetzten Ihrer Teammitglieder. Solche Entscheidungsprozesse brauchen Zeit – zum einen aus rein »technischen« Gründen (zum Beispiel ist nicht jeder immer da und hat immer Zeit, sich mit der Entscheidung zu befassen), zum anderen, weil manche Hierarchen die Entscheidung bewusst verschleppen. Was können Sie tun? Zunächst gilt auch hier: Informieren Sie Ihren Auftraggeber darüber, woran oder an wem es liegt, dass eine Entscheidung blockiert ist und welche Konsequenzen das für den Zeitplan Ihres Projekts hat. Sie haben aber auch noch andere Möglichkeiten, Entscheidungen zu beschleunigen:

- *Verkürzen Sie die Entscheidungswege.* Dies gilt insbesondere für Entscheidungen über externe Kosten. In vielen Firmen müssen selbst kleine Ausgaben von mehreren Personen genehmigt werden. Hier können Sie viel Zeit sparen. Zeigen Sie Ihren Vorgesetzten dies konkret auf und bitten Sie um Entscheidungsfreiheit bis zu einem bestimmten Geldbetrag.
- *Geben Sie sich Mühe bei Ihren Entscheidungsvorlagen.* Hierarchen wollen das Gefühl haben, umfassend informiert zu sein, bevor sie entscheiden. Je besser Ihre Vorlagen ausgearbeitet sind, desto leichter fällt ihnen die Entscheidung. Wenn Sie zwei oder mehr Optionen aufzeigen, weisen Sie auf die Konsequenzen einer jeden im Hinblick auf die vier Projekt-Stellschrauben hin: Projektziel, interne Kapazität, externe Kosten und Terminziel. Wenn die Entscheidung trotzdem auf sich warten lässt, fassen Sie nach und fragen Sie den Hierarchen, welche Informationen ihm noch fehlen.

- *Helfen Sie dem Blockierer.* Es kann vorkommen, dass ein Bereichsleiter oder sogar einer Ihrer Chefs eine Entscheidung verzögert, weil er sich nicht entscheiden kann. Sie haben alles perfekt vorbereitet, aber er schiebt die Entscheidung ganz einfach auf, entweder weil er allgemein entscheidungsschwach ist oder weil er – egal wie er sich entscheidet – mit Nachteilen für seinen Bereich rechnen muss. Zeigen Sie ihm die Konsequenzen der Blockade auf – für Ihr Projekt, aber auch für ihn selbst. Zum Beispiel könnte sein Ruf leiden, wenn bekannt wird, dass er die Verzögerung verursacht hat. Versuchen Sie aber auch herauszufinden, worin genau sein Problem liegt. Und versuchen Sie, ihm zu helfen.
- *Berücksichtigen Sie die Abwesenheitsplanung der Entscheider.* Erkundigen Sie sich, wann die Hierarchen ihren Urlaub und längere Dienstreisen geplant haben. Berücksichtigen Sie dies bei Ihrer Planung, wann wichtige Entscheidungen zu treffen sind. Wenn es dabei Probleme gibt, drängen Sie darauf, dass der betreffende Entscheider einen Stellvertreter benennt.
- *Das können Sie gegen die Terminnot tun.* Viele Entscheidungen werden in Besprechungen getroffen, an denen alle betroffenen Bereiche teilnehmen. Je mehr Teilnehmer und je höher ihre Position, desto schwieriger ist es, einen gemeinsamen Termin zu finden. Allein dieser Grund kann zu erheblichen Verzögerungen führen. Was können Sie tun? Zunächst sollten Sie prüfen, ob ein Meeting wirklich unbedingt notwendig ist oder ob Sie die Entscheidung nicht auch mit einer Serie von Einzelgesprächen herbeiführen können. Eine andere Möglichkeit besteht darin, positiv auf die Sekretärinnen der Hierarchen einzuwirken. Meist vergeben sie die Termine ihrer Chefs. Also bemühen Sie sich um ein gutes Verhältnis zu ihnen. Seien Sie nett und freundlich, und behandeln Sie sie mit Respekt. Gehen Sie persönlich zu ihnen und bitten um einen Termin. Sie werden sehen: So können Sie manches beschleunigen.

Ein Topmanager mischt sich ein. Es passiert nicht selten, dass sich ein Mitglied des Topmanagements in ein laufendes Projekt einmischt und von Ihnen eine nachträgliche Veränderung einer der vier Stellschrauben verlangt. Das Projekt soll nach seinen Vorstellungen noch besser werden: ein ehrgeizigeres Projektziel, geringere Kosten oder eine schnellere Fertigstellung. Und das natürlich umsonst, das heißt ohne Veränderung der übrigen Stellschrauben. Die Gründe für seine Einmischung können vielfältig sein. Beispielsweise kann sich die Strategie des Unternehmens kurzfristig geändert haben, weshalb die Zielsetzung anders definiert werden muss. Es kann sich aber auch nur um eine persönliche Marotte des betreffenden Topmanagers handeln.

Wie auch immer: Sie als Projektmanager können seinen Wunsch selbstverständlich nicht ablehnen. Aber Sie dürfen ihn auch nicht einfach akzeptieren. Denn Sie sind verantwortlich für die Einhaltung des Projektplans, und die wird durch den Sonderwunsch unmöglich. Und den Ärger deswegen haben am Ende Sie, nicht er. Sagen Sie also stattdessen: »Ja, aber ...« Kalkulieren Sie, was die verlangte Veränderung der einen Stellschraube für die anderen bedeutet. Vieles ist möglich, aber alles hat seinen Preis. Zeigen Sie dies dem Topmanager, Ihrem Auftraggeber und allen betroffenen Hierarchen ganz deutlich auf. Der Topmanager wird darüber wahrscheinlich nicht glücklich sein, aber er wird sich damit abfinden müssen. Holen Sie sich für Ihren überarbeiteten Plan das Okay von allen Beteiligten. Wenn Sie es bekommen, dann bedeutet dies nur eine weitere Veränderung der Detailplanung während der Dauer Ihres Projekts.

In Gremien wird gegen Sie entschieden. Wie oben erwähnt werden viele Sachentscheidungen in Gremien getroffen, die sich in der Regel aus den Leitern der verschiedenen am Projekt beteiligten Bereiche zusammensetzen. Im Verlauf des Projekts, spätestens aber zu den Meilensteinen, stehen also immer wieder Entscheidungssitzungen von Gremien an. Sie haben die Aufgabe, die jeweilige Entscheidung durch eine mit Ihrem Team abgestimmte Vorlage vorzubereiten. Diese sollte einen Vorschlag beinhalten, hinter dem Sie und Ihr Team stehen. Normalerweise ist es dann auch Ihr innerer Wunsch, dass das Gremium so und nicht anders entscheidet.

Das große Problem mit solchen Meetings ist nun aber, dass eine von Ihnen nicht kontrollierbare Gruppendynamik entstehen kann.

Plötzlich verschieben sich zum Beispiel die inhaltlichen Gewichte: Randaspekte werden zu großen Problemen aufgebauscht, und die aus Ihrer Sicht wirklich wichtigen Dinge werden kaum beachtet. Die Gefahr ist groß, dass am Ende etwas ganz anderes entschieden wird, als Sie wollten.

Deshalb gehören zur Vorbereitung jeder größeren Besprechung auch intensive Vorgespräche mit allen Teilnehmern. Besprechen Sie mit ihnen alle Themen der Tagesordnung und »verkaufen« Sie Ihre Vorschläge. Wenn Sie mit jedem Einzelnen einen gleichlautenden Konsens finden, können Sie hoffen, dass alle auch im großen Kreis zu Ihren Vorschlägen nicken. Im Idealfall schaffen Sie es, dass das Ergebnis der Besprechung durch Ihre Vorgespräche bereits vorher festliegt.

Binden Sie vor allem Ihre direkten Vorgesetzten, die an dem Meeting teilnehmen, in den Konsens ein. Es ist ausgesprochen peinlich, wenn Ihre Vorgesetzten Sie in einer größeren Runde »zurückpfeifen«. Zudem schadet es Ihrem Ruf in anderen Abteilungen des Unternehmens und damit auch Ihrer Durchsetzungskraft bei den anderen. Holen Sie sich also vorher Rückendeckung von Ihren Vorgesetzten.

Falls Sie trotz aller Ihrer Bemühungen Widerstände von Personen aus anderen Abteilungen zu einzelnen Punkten erwarten, sollten Sie vorher eine Abwehr- oder Verhandlungsstrategie entwickeln. Stimmen Sie sich auch hierbei mit Ihren Vorgesetzten ab.

Tipps für Ihren Erfolg

- Informieren Sie Ihren Auftraggeber sofort, wenn ein Hierarch Kapazitäten aus Ihrem Projektteam abzieht oder Ihr Projekt sonstwie sabotiert. Dokumentieren Sie alles schriftlich. Dadurch sichern Sie sich ab. Verhandeln Sie mit dem Hierarchen. Wenn Sie dabei keinen Erfolg haben, muss Ihr Auftraggeber es tun.
- Entscheidungsblockaden in der Hierarchie können verschiedene Gründe haben. Wenn sie zu Verzögerungen

führen, informieren Sie sofort Ihren Chef. Folgendes können Sie sonst noch tun:
- Verkürzen Sie die Entscheidungswege. Bitten Sie um Entscheidungsfreiheit, etwa bei Geldausgaben.
- Bereiten Sie alle Entscheidungen durch professionelle Vorlagen bestmöglich vor.
- Helfen Sie den blockierenden Hierarchen, wenn Sie können.
- Berücksichtigen Sie längere Abwesenheiten der Entscheider bei Ihrer Terminplanung, besonders im Hinblick auf Meilensteine.
- Bemühen Sie sich um einen guten Kontakt zu den Sekretärinnen der Hierarchen, die deren Termine vergeben.
• Wenn ein Topmanager Änderungen an einer der Stellschrauben verlangt, überarbeiten Sie den Projektplan entsprechend. Zeigen Sie ihm, Ihrem Auftraggeber und allen betroffenen Hierarchen damit auf, welche Konsequenzen die Änderung hat. Lassen Sie sich den geänderten Plan genehmigen.
• Bereiten Sie Entscheidungsbesprechungen vor, indem Sie mit allen Entscheidern Vorgespräche führen. Sorgen Sie dafür, dass Sie die volle Rückendeckung Ihrer Vorgesetzten haben. Das ist besonders wichtig.

Führung von Externen

An den meisten Projekten arbeiten auch unternehmensfremde Personen als Vertreter von Zulieferfirmen in mehr oder weniger großem Umfang mit. Einerseits ist es einfacher, sie zu führen als Mitarbeiter des eigenen Unternehmens, denn als Projektmanager vertreten Sie Ihre Firma als Auftraggeber. Sie nehmen damit gegenüber den Externen die starke Stellung eines Kunden ein und können verlangen, dass Ihre Wünsche respektiert werden (solange Sie aus Ihrem Projektbudget die Rechnung bezahlen können).

Andererseits haben Sie keinen direkten Einblick, inwieweit der Lieferant seine Zusagen, insbesondere im Hinblick auf Liefertermine, einhalten wird. In der Regel sehen Aufträge bei Lieferverzögerungen zwar Konventionalstrafen vor. Aber wenn Ihr Projekt sich durch die Unzuverlässigkeit eines Zulieferers erheblich verzögert, nützen Ihnen solche Mittel wenig.

Um hier vorzubeugen, sollten Sie auch zu Externen engen persönlichen Kontakt halten und sich regelmäßig nach dem Stand der Dinge erkundigen. Darüber hinaus empfiehlt es sich, Zwischenziele zu vereinbaren, deren termingerechte Erfüllung nachprüfbar ist.

Das Wichtigste in Kürze

- Sie können viel für die Motivation Ihres Teams tun. Begeistern Sie Ihr Team für das Projekt, sorgen Sie für ein gutes Arbeitsklima, delegieren Sie, geben Sie Anerkennung und seien Sie kommunikativ.
- Die Zusammenarbeit funktioniert besser, wenn es Regeln dafür gibt. Lassen Sie Ihr Team die Regeln selbst festlegen, wobei Sie bewährte Regeln vorschlagen sollten.
- Sorgen Sie für optimale Kommunikation im Team. Organisieren Sie die Regelkommunikation. Halten Sie zusätzlich immer engen Kontakt zu allen Teammitgliedern. Bemühen Sie sich um ein gutes Verhältnis zu ihnen allen. Und lernen Sie, Feedback zu geben und anzunehmen.
- Sie müssen alle Konflikte innerhalb Ihres Teams erkennen und konstruktiv lösen, auch wenn dies viel Zeit kostet. Denn schwelende Konflikte kosten noch mehr Zeit oder können gar zum Scheitern des Projekts führen.
- Bereiten Sie Besprechungen gut vor. An deren Beginn lassen Sie das Team einen Gesprächsleiter und Gesprächsregeln bestimmen sowie die Zielsetzung und Tagesordnung festlegen. Führen Sie Besprechungen nach der Methode des strukturierten Den-

kens. Visualisieren Sie alles Wichtige, und erstellen Sie ein Protokoll. Lernen Sie, schwierige Situationen zu meistern.
- Sanften Druck auf Gleichgestellte können Sie durch Protokolle und Gesprächsnotizen ausüben, besonders wenn Sie davon Kopien an deren Vorgesetzte schicken. Auch Nachfassen macht Druck. Halten Sie intensiven Kontakt zu allen, die für Ihr Projekt arbeiten. Und fassen Sie konsequent nach, wenn Termine nicht eingehalten werden.
- Bei Problemen mit Hierarchen informieren Sie sofort Ihren Auftraggeber über die zu erwartenden Konsequenzen. Dokumentieren Sie alles zu Ihrer Absicherung. Beherzigen Sie die Empfehlungen gegen Entscheidungsblockaden. Versuchen Sie, vor Entscheidungsbesprechungen alle Beteiligten, besonders Ihre Chefs, »mit ins Boot zu kriegen«.

Schlussbemerkungen

Nun haben Sie es geschafft. Sie *wissen* eine ganze Menge über die Voraussetzungen für die Karriere. Sie wissen, *was* Sie tun und lassen sollten. Sie wissen, *wie* Sie es machen sollten. Das alles heißt aber leider noch nicht, dass Sie es von jetzt an auch *können*. Die meisten nicht-fachlichen Fertigkeiten erwerben Sie nur, indem Sie sie in der täglichen Praxis immer wieder einüben. Vorher jedoch müssen Sie wissen, »wie es geht« und worauf es ankommt. Und hierbei wollte dieses Buch Ihnen helfen.

Es ist wie beim Erlernen des Autofahrens. Zunächst müssen Sie die Theorie beherrschen: Sie müssen wissen, wie man ein Auto bedient, und Sie müssen die Regeln des Straßenverkehrs kennen. Erst dann folgt die praktische Übung, zuerst in der Fahrschule, später allein. Dieses Buch entspricht dem Theoriekurs der Fahrschule. Es bildet die Grundlage für Ihre erfolgreiche Praxis. Dann folgen die Fahrstunden und das tägliche Autofahren. Wenden Sie das Gelesene konsequent im Tagesgeschäft an, und mit der Zeit werden Sie es immer besser beherrschen – genau wie das Autofahren.

Um die angesprochenen Kompetenzen noch schneller zu erwerben, besuchen Sie Seminare. Warten Sie nicht, bis Ihr Chef Sie dorthin schickt, sondern werden Sie selbst aktiv. Berufliche Weiterbildung ist – zumindest für nicht-fachliche Kompetenzen – in den meisten Unternehmen eine Hol-Schuld! Zu den in diesem Buch angesprochenen Themen wie Rhetorik, Verhandlungstechnik oder Projektmanagement gibt es eine große Auswahl an Seminaren. Die meisten bestehen aus einer Kombination von Theorievermittlung und praktischen Übungen.

Feedback. Wenn Sie mir ein Feedback zu diesem Buch geben würden, wäre ich Ihnen sehr dankbar. Es würde mir helfen, eine eventuelle zweite Auflage weiter zu verbessern. So erreichen Sie mich:

Prof. Dr. Jürgen Lürssen
Fachhochschule Nordostniedersachsen
Volgershall 1
D-21339 Lüneburg

Fax: 0 41 31/67 71 40
E-Mail: luerssen@fhnon.de

Anmerkungen

1 Seiwert 1993, S. 14. Lothar J. Seiwert ist einer der führenden deutschen Zeitmanagement-Experten. Aus seinen Büchern »Mehr Zeit für das Wesentliche« und »Wenn Du es eilig hast, gehe langsam« wird in diesem Kapitel wiederholt sinngemäß zitiert.
2 Seiwert 1993, S. 137.
3 In meinem Buch »Die heimlichen Spielregeln der Karriere« beschreibe ich die einzelnen Aktivitäten ausführlicher.
4 Rückert 2001, S. 101.
5 Vgl. zu diesem und zum nächsten Abschnitt: Fisher und Sharp (1998).
6 von Kleist, S. 836.
7 Das Phänomen »Wissen ist Macht« wird in »Die heimlichen Spielregeln der Karriere« ausführlich behandelt.
8 Krämer 2000, S. 15-26.
9 Lay 1989, S. 268.
10 Ulsamer 1996, S. 64 – 67.
11 Thiele 1999, S. 61 – 67.
12 Vgl. die guten Darstellungen zu diesem Thema von Zelazny (2001), Thiele (1999), Püttjer und Schnierda (2001) sowie Kratz (1989), aus denen in diesem Kapitel sinngemäß zitiert wird.
13 Zelazny 2001, S. 137.
14 Thiele 1999, S. 76.
15 Kratz 1989, S. 117.
16 Vgl. Fisher, Ury und Patton (2000), Fisher und Ertel (2000) sowie Fisher und Brown (1992); einzelne Sätze aus diesen Büchern sind wörtlich zitiert.
17 Zum Thema Projektmanagement gibt es zwei sehr gute Darstellungen von Tumuscheit (2001) und Boy, Dudek und Kuschel (2000), aus denen in diesem Kapitel wiederholt sinngemäß zitiert wird.
18 Vgl. zu den Abschnitten dieses Kapitels die Bücher von Tumuscheit (2001), Boy, Dudek und Kuschel (2000) sowie Seifert (1999), die verschiedentlich zitiert werden.
19 Tumuscheit 2001, S. 41.
20 Tumuscheit 2001, S. 54.
21 Boy, Dudek und Kuschel 2000, S. 63.

Literatur

Boy, J., Dudek, C. und Kuschel, S.: *Projektmanagement. Grundlagen, Methoden und Techniken, Zusammenhänge.* 8. Auflage, Offenbach 2000.
Brenner, D.: *Karrierestart nach dem Studium. Vom Einsteiger zum Insider.* Frankfurt/New York 2000.
Bürkle, H.: *Aktive Karrierestrategie. Erfolgsmanagement in eigener Sache.* Frankfurt/Wiesbaden 1986.
Carnegie, D.: *Wie man Freunde gewinnt.* Bern/München 1999.
Carnegie, D. und Assoc.: *Der Erfolg ist in Dir.* 12. Auflage, Bern/München 1998.
Domke, B.: *Meetings:* »Palavern ohne Pardon«. In: *junge karriere*, Heft 3/2001, S. 68-71.
DuBrin, A. J.: *Human Relations for Career and Personal Success.* 5. Auflage, Upper Saddle River, NJ 1999.
DuBrin, A. J.: *Applying Psychology. Individual and Organizational Effectiveness.* 5. Auflage, Upper Saddle River, NJ 2000.
Fisher, R. und Brown, S.: *Gute Beziehungen. Die Kunst der Konfliktvermeidung, Konfliktlösung und Kooperation.* Frankfurt/New York 1992.
Fisher, R. und Sharp, A.: *Führen ohne Auftrag. Wie Sie Ihre Projekte im Team erfolgreich durchsetzen.* Frankfurt/New York 1998.
Fisher, R., Ury, W. und Patton, B.: *Das Harvard-Konzept. Sachgerecht verhandeln – erfolgreich verhandeln.* Frankfurt/New York 2000.
Fisher, R. und Ertel, D.: *Arbeitsbuch verhandeln. So bereiten Sie sich schrittweise vor.* München 2000.
Harrison, T.: *Produktmanagement. Ein Handbuch für die Praxis.* Frankfurt/New York 1991.
Kellner, H.: *Sind Sie eine gute Führungskraft? Was Mitarbeiter und Unternehmen wirklich erwarten.* Frankfurt/New York 1999.
Kessler, H. und Winkelhofer, G.: *Projektmanagement. Leitfaden zur Steuerung und Führung von Projekten.* Berlin u. a.1997.
Kleist, H. von: *Über die allmähliche Verfertigung der Gedanken beim Reden.* In: *Sämtliche Werke.* München.
Kotter, J. P.: *Überzeugen und Durchsetzen: Macht und Einfluss in Organisationen.* Frankfurt/Main 1987.

Kotter, J. P.: *Wie Manager richtig führen*. München/Wien 1999.
Kratz, H.-J.: *Rhetorik. Schlüssel zum Erfolg*. Wiesbaden 1989.
Krämer, W.: *So lügt man mit Statistik*. München 2000.
Lay, R.: *Führen durch das Wort*. Frankfurt/Berlin 1989.
Lay, R.: *Dialektik für Manager*. 11. Auflage, München 1999.
Leeds, D.: *Die Kunst der Kommunikation. Erfolgreiche Gesprächsführung im Geschäftsleben*. Zürich/Wiesbaden 1988.
Lürssen, J.: *Die heimlichen Spielregeln der Karriere. Wie Sie die ungeschriebenen Gesetze am Arbeitsplatz für Ihren Erfolg nutzen*. Frankfurt/New York 2001.
Mackenzie, R. A.: *Die Zeitfalle. Sinnvolle Zeiteinteilung und Zeitnutzung*. 7. Auflage, Heidelberg 1985.
McCormack, M. H.: *What they don't teach you at Harvard Business School*. Toronto 1986.
Mell, H.: *Bewerben, Beruf, Karriere. 300 praxisbewährte Regeln zum Erfolg*. Düsseldorf 1990 (a).
Mell, H.: *Karriereplanung*. Stuttgart 1990 (b).
Mell, H.: *Spielregeln für Beruf und Karriere*. 2. Auflage, Düsseldorf 1996.
Püttjer, C. und Schnierda, U.: *Optimal präsentieren. So überzeugen Sie mit Körpersprache*. Frankfurt/New York 2001.
Rohm, A.: *Karriereplanung. Erfolgreiches Marketing in eigener Sache*. München/Wien 1997.
Roth, E.: *Erfolgreich Projekte leiten*. Braunschweig/Wiesbaden 1998.
Rückert, H.-W.: *Schluss mit dem ewigen Aufschieben. Wie Sie umsetzen, was Sie sich vornehmen*. 4. Auflage, Frankfurt/New York 2001.
Schur, W. und Weick, G.: *Wahnsinnskarriere*. Frankfurt 1999.
Scott, M.: *Zeitgewinn durch Selbstmanagement. So kriegen Sie Ihre neuen Aufgaben in den Griff*. 2. Auflage, Frankfurt/New York 2001.
Seifert, J. W.: *Besprechungs-Moderation*. 5. Auflage, Offenbach 1999.
Seifert, J. W.: *Moderation und Kommunikation*. 3. Auflage, Offenbach 2000.
Seifert, J. W.: *Visualisieren, Präsentieren, Moderieren*. 15. Auflage, Offenbach 2000.
Seiwert, L. J.: *Mehr Zeit für das Wesentliche*. 15. Auflage, Landsberg am Lech 1993.
Seiwert, L. J.: *Wenn Du es eilig hast, gehe langsam*. Frankfurt/New York 1998.
Steinbuch, P. A.: *Projektorganisation und Projektmanagement*. 2. Auflage, Ludwigshafen 2000.
Sprenger, R. K.: *Das Prinzip Selbstverantwortung. Wege zur Motivation*. 2. Auflage, Frankfurt/New York 1995.
Storey, R.: *Kommunizieren wie ein Profi*. Landsberg am Lech 1999.
Thiele: A.: *Die Kunst zu überzeugen: Faire und unfaire Dialektik*. 5. Auflage, Berlin/Heidelberg 1999.

Tumuscheit, K. D.: *Überleben im Projekt. 10 Projektfallen und wie man sie umschifft.* 5. Auflage. Zürich 2001.
Ulsamer, B.: *Karriere mit Gefühl. So nutzen Sie Ihre emotionale Intelligenz.* Frankfurt/New York 1996.
Zelazny, G.: *Das Präsentationsbuch.* Frankfurt/New York 2001.

Danksagung

Allen, die mich während der Entstehung dieses Buches unterstützt haben, sei an dieser Stelle herzlich gedankt. Besonders danke ich meiner Frau Marlies und meinen Kindern David und Miriam, die einmal mehr Verständnis für die nicht unerheblichen zeitlichen Belastungen aufbrachten, die ein solches Buchprojekt beim Autor verursacht. Meine Frau und auch meine Cousine Maria Tautz haben das Manuskript Korrektur gelesen und mich in bewährter Weise mit wertvollen Hinweisen und Anregungen versorgt. Vielen Dank dafür. Für verbliebene Unklarheiten oder Fehler übernehme ich natürlich die volle Verantwortung. Dank auch an das Bibliotheksteam des Fachbereichs Wirtschaft, allen voran an Frau Christine Wiesner, für die Unterstützung bei der Beschaffung der Literatur.

Register

Alternative, beste 140-147
Arbeitsorganisation 29
- -plan 33
- -produktivität 29

Argumentation/Argumente 72 f., 73, 83-88, 91, 93-95, 98, 126, 139
Aufgaben/Aufträge, unwichtige 18, 22, 25 f., 38
- wichtige 17-20, 25 f., 28, 38

Ausgleich der Standpunkte 120
Autosuggestion 104

Besprechungen führen 192-198, 209
- vorbereiten 192 f., 198, 209

Beziehungsebene *(s. auch emotionale Ebene)* 123 f., 127
Biorhythmus 31, 35
Blackout 114, 117
Blickkontakt herstellen 98, 101, 105-109, 111, 115, 118, 184
Brainstorming 43, 45, 133
Bürokommunikation 17

Darstellung von Zahlen 96, 98
Delegieren von Aufgaben 26-28, 37 f., 175 f., 209
Denken, abstraktes 39 f.
- analytisches 43
- konkretes 39 f.
- kreatives 43
- strukturiertes 39 f., 43 f., 46-49, 55, 61, 195, 198, 209

Diagnose von Problemursachen *(s. auch Ursachenanalyse)* 41, 45, 48, 50, 195

Einmischung von Vorgesetzten 205 f., 208

Einschätzungen, unterschiedliche 134 f., 137
Einwände parieren im Gespräch 85-89
- als Vortragender 102, 115-117

emotionale Ebene 71-73, 80 f., 83, 86, 88 f., 92, 133
Emotionen 125
Entscheidungen beschleunigen 204 f., 208
Entscheidungsblockaden 204, 207 f., 210
Entwicklung der Strategie *s. Planung der Strategie*
»Executive Summary« 61

»fact book« (Unterlagensammlung) 64, 66
Faktensammlung 41, 44, 48, 50, 195
Feedback 184-187, 191, 198, 209
Feilschen 119-122, 128, 137, 140
Festlegung der Einzelschritte *s. Planung konkreter Einzelschritte*
Flipcharteinsatz 99, 101 f., 118, 196
Folieneinsatz 96-102, 105-108, 116, 118
- -erstellung 96 f., 99, 107
Fragen, geschlossene 78 f., 83
- offene 78 f., 82-84, 89
- des Publikums 115-117
Führen ohne Weisungsbefugnis 155, 169 f., 172, 202
Führungsschwäche 38

Gespräch unter vier Augen *(s. auch Zweiergespräch)* 11, 71, 184 f., 187
Gesprächsatmosphäre 76 f., 85
- -eröffnung/-einstieg 76, 78

-führung 71, 73, 75, 89
-strategie 73
-vorbereitung 74 f.
Gesten/Gestik 105, 108-111, 118, 125

Handeln, praktisches 47-50, 55
Handlungsaufforderung 94-96
»Harvard-Konzept« 119, 122
Hierarch s. *Umgang mit Hierachen*

Informationsmanagement 176
inoffizielle Informationen 54 f., 67
Interessen, eigene 127-133, 144, 147
– gegensätzliche 128-133, 136 f., 146 f.
– gemeinsame 128 f., 131, 134, 137, 147
Interessenkonflikte 119
»Intrapreneur« 51, 55

Kenntnisse und Fähigkeiten
  s. *Kompetenz*
Kern- und Schlüsselaufgaben 20-22, 24
Körperhaltung *(s. auch Gesten/ Gestik)* 108-110, 118
-sprache 98, 108, 118, 184
Kommunikation 10 f., 52, 71, 73, 88, 124-127, 181, 184, 187, 209
– non-verbale 68
– schriftliche 11, 56-61, 63, 70
Kommunikationssituation 11
-verhalten 10
Kompetenz, fachliche 10
– nicht-fachliche 10, 211
Konflikt 187-192, 202, 209
-analyse 189-191
-erkennung 188, 191
-lösung 188, 190, 209
-management 188, 191
Kosten-Nutzen-Überlegung 38
Kriterien, objektive 137-140

Lampenfieber 103-105, 114, 118
Laptop-Beamer-Einsatz 100, 102, 106, 195
Leistungsfähigkeit 31, 190
Lösungsmöglichkeit, alternative/kreative 132-134, 143, 147, 168

»Macht des Schweigens« 80

Machtposition, innerbetriebliche 23, 54, 91
Machtverhältnisse, innerbetriebliche 23, 25
Managementarbeit 56
Managementkompetenz 10 f., 56, 63, 70, 170
Managementwerkzeuge 56
Manuskripterstellung 96, 98
Mimik 108 f.

Netzwerk, innerbetriebliches 23 f.

PC-Präsentationen 97, 100
Perfektionismus 15, 36-38, 46, 48
Planung/Plan 46-52, 55
– Revision der 48-50
Planung konkreter Einzelschritte 43, 46, 48, 195
Planung der Strategie 42 f., 45, 48, 50, 195
Position, alternative 128
Powerpoint, Verwendung von 97, 99, 101
Präsentation *(s. auch Vortrag)* 11, 19, 37, 65, 90-92, 94-96, 98-104, 107, 115-117
Präsentationsgliederung 96
-technik 90
Prioritäten, eigene 16, 19, 23 f., 27-29, 37 f.
– des Chefs/Auftraggebers 20-26
-management 17
Pro-und-Kontra-Formel 93, 95
Problemlösung 71, 84 f., 93
Problemlösungsformel 93, 95
Projekt 11, 22 f., 149-165, 167-170, 172, 174, 177, 183, 187, 190, 194, 197, 199 f., 203-210
– Feinplanung 160, 162-165, 167, 170 f., 175, 199
– Grobplanung 155 f., 159 f., 164, 170
-abschluss 167
-leiter/-manager 151-155, 162 f., 167-175, 177-179, 181 f., 184, 187, 194, 198 f., 206, 208
-management 11, 149, 154, 169 f., 172, 181, 183, 211
-steuerung 165-168

-team/-gruppe s. Team
-termin 150, 153, 156, 158-161, 165, 167, 169
-ziel 150-152, 154-157, 159, 166-168, 174, 181, 187, 204, 206
Protokollerstellung 195, 198-200, 202, 210
Publikumsreaktionen 91
rationale Ebene 71, 73, 81, 83, 88
Rationalität 125
Redeangst 104
-stil 111 f., 118
Reflexionsmeeting 190-192
Routineaufgaben 32, 149

Sachebene *(s. auch rationale Ebene)* 123 f., 127
Schaubilder 96 f., 105-108
Schuldzuweisungen 126 f., 179, 197
Selbstmanagement 14
Soll-Ist-Abweichung 41, 166, 168
Sonderaufgaben 24
Sprechpausen 113 f.
-technik 111 f., 118
-tempo 112 f.
Stichwortmanuskript 98 f.
Strategie, konstruktive 124, 127
Strategieplanung/-festlegung
s. Planung der Strategie

Tagesplan 29-31, 35
Team/-mitglieder 11, 24, 149 f., 152-155, 157, 162 f., 165, 168-170, 172-184, 187-191, 197-200, 202-204, 209
-entwicklung 172 f.
-geist 173
-motivation 173-176, 209
-regeln 177-180, 182, 188, 209
Telefonnutzung, effiziente 56, 67-70
Textfolien 96, 98, 105-107

Überlastung 13 f., 38
Überzeugungsgespräch 71, 73 f.
-versuch 71 f., 82 f., 85, 89, 93
Umgang mit Hierarchen 202-208, 210
Unruhe im Publikum 115, 117
Unterbrechungen 13, 34, 36
Ursache-Wirkung-Zusammenhang 40, 42

Ursachenanalyse *(s. auch Diagnose von Problemursachen)* 41, 61 f., 93, 188

Verhandeln, sachgerechtes 119, 121 f., 139, 147
Verhandlungsabbruch 121, 123, 141 f., 148
-führung 123
-methode 120
-position 141, 143, 145, 147
-situation 119
-stil 121
-technik 11, 119
Visualisierung 96, 99, 195-198, 210
Vorbereitungen, administrative 46
Vorteile, einseitige 120
Vorteile-Nachteile-Methode 87, 89
Vortrag *(s. auch Präsentation)* 61, 90-94, 96, 98, 102-104, 107-109, 111-116
Vortragender 101 f., 113, 115
Vortragsgliederung 91, 93, 95, 98, 101, 118
-technik 105
-ziel 90, 117

Wertschätzungen, unterschiedliche 134 f., 137
Wochenplan 29, 35

Zahlen, effizienter Umgang mit 56, 63-67, 70
Zeitbudget 16, 19
-management 13-17, 28 f., 38
-mangel 13 f., 38
-plan 28-31, 38
-vergeudung 15, 19, 36
-verluste 14 f.
Zielerreichung 16, 21 f.
-festlegung 62, 89, 95
-setzung, persönliche 17, 19, 67, 70, 75, 78, 84, 90
-vereinbarung 21 f., 24
Zuhören, aktives 78-83, 86, 125 f.
– empathisches 81 f.
Zuhöreranalyse 90 f., 95, 117
Zusatzaufgaben 23 f., 27
Zweiergespräch *(s. auch Gespräch unter vier Augen)* 71, 90, 108, 199, 202